NITA SWEENEY

Make every move a meditation

AF186309

GOLDMANN

Buch

Viel zu lange hat man sich bei der Meditation auf Stillsitzen und fest-
gelegte Meditationszeiten konzentriert. Was wäre, wenn wir stattdessen
Bewegungsformen wie das Gehen, das Tanzen mit dem Liebsten oder
das Heben von Gewichten zur Meditation nutzen könnten? Nita Sweeney zeigt uns, wie wir Meditation und Achtsamkeit in jede Aktivität integrieren können, indem wir jahrhundertealte Techniken anwenden.
Der zugängliche Leitfaden, der uns hilft, präsenter im Alltag zu sein,
und dies mit Spiel und Begeisterung.

Autorin

Nita Sweeney ist preisgekrönte Autorin, zertifizierte Meditationsleiterin, Mental Health Advocate und Ultramarathonläuferin. Sie lebt mit
ihrem Mann und ihrem Labrador-Retriever in Zentral-Ohio.

NITA SWEENEY

MAKE EVERY MOVE A MEDITATION

Achtsame Bewegung für
mentale Gesundheit, Wohlbefinden
und Klarheit

Aus dem Amerikanischen von Marion Zerbst

GOLDMANN

Penguin Random House Verlagsgruppe FSC® N001967

1. Auflage
Originalausgabe Mai 2024
Copyright © 2022 Nita Sweeney, this Translation published by
exclusive license from Mango Publishing and
by the agency of Agence Schweiger
Copyright © 2024: Wilhelm Goldmann Verlag, München,
in der Penguin Random House Verlagsgruppe GmbH,
Neumarkter Str. 28, 81673 München
Umschlag: Uno Werbeagentur, München
Umschlagmotiv: Covergestaltung UNO Werbeagentur nach einem
Entwurf von Mango Publishing
Redaktion: Judith Mark
Satz: Satzwerk Huber, Germering
Druck und Bindung: GGP Media GmbH, Pößneck
Printed in Germany
LG · CB

ISBN 978-3-442-22395-4

Für meine vielen Lehrerinnen und Lehrer, unter anderen:
Natalie Goldberg
Shinzen Young
Bhante Gunaratana
Sean Tetsudo Murphy, Sensei
Lama Jacqueline Mandell
Marcia Rose
Katherine und Danny Dreyer

Und für meinen ersten Lehrer Ed, der mir riet:
»Versuche, nicht herumzuzappeln.«

INHALT

EINFÜHRUNG

An einem sonnigen Samstagmorgen lief ich mit drei anderen Mitgliedern unserer Laufgruppe den Olentangy Trail entlang. Wir unterhielten uns über Meditation. Genauso gut hätten wir darüber reden können, in welchem Restaurant wir anschließend frühstücken wollten – oder über unsere nächsten Wettbewerbe oder über die Sportereignisse der letzten Woche. Stattdessen fragte eine Frau mich, wie ich meditiere.

»Ich mache *Sitz*meditation«, antwortete ich. »Aber ich meditiere auch beim Laufen. Gerade eben habe ich zum Beispiel meditiert.«

»Und das funktioniert tatsächlich?«, wollte eine andere Frau wissen.

»Für mich schon«, sagte ich. »Heute konzentriere ich mich beispielsweise auf meinen linken Fuß. Wenn meine Gedanken abschweifen, bringe ich sie ganz sanft wieder dorthin zurück.«

»Während des ganzen Laufs?«

»Meistens.«

»Aber wie lange kannst du über deinen Fuß nachdenken? Wird das denn nicht langweilig?«

»Ich *denke* nicht über meinen Fuß nach. Ich nehme ihn wahr. Ich spüre, wie er den Boden berührt, und achte dabei auf jede Veränderung – zum Beispiel, wie er sich in meinem Schuh anfühlt. Ich spüre, ob er härter auf dem Boden aufkommt als mein rechter Fuß, und wenn meine Gedanken abschweifen, zähle ich meine Schritte. Wenn ich auf alles genau achte, ist das überhaupt nicht langweilig.«

Schweigen.

Dann brachte irgendjemand das Thema Frühstück zur Sprache.

Doch ein paar Wochen später kam die Frau, die mich nach meiner Meditationspraxis gefragt hatte, wieder auf mich zu. »Ich habe deine Meditation über den linken Fuß ausprobiert. Das ist wirklich interessant. Normalerweise achte ich nur selten auf meine Füße. Doch seit ich diese Meditation ausprobiert habe, fühle ich mich beim Laufen viel entspannter.« Sie bedankte sich bei mir für den Tipp.

Dieses kurze Gespräch hat zur Entstehung des Buches geführt, das du jetzt in der Hand hältst. Wie viele andere Menschen, mit denen ich gesprochen habe, fand diese Frau die Idee der Bewegungsmeditation seltsam, aber auch irgendwie reizvoll. Also lohnte es sich offenbar, sich genauer mit diesem Thema zu beschäftigen und es meinen Mitmenschen zu erklären. Natürlich habe ich die Bewegungsmeditation nicht erfunden; sie beruht auf jahrhundertealten Traditionen. Aber für diese Frau war sie etwas Neues.

Eines hatte ich meiner Laufgefährtin nicht gesagt: nämlich, dass es bei diesem Weg des Wahrnehmens – ob wir uns dabei nun auf unseren linken Fuß, unseren Atem oder unser Denken konzentrieren – um viel mehr geht als um bloße körperliche Aktivität.

Meditation könnte diese Frau zu einer besseren Läuferin oder jemand anderen zu einem besseren Golfer, Tennisspieler, Tänzer, Turner oder Gewichtheber machen; aber was noch viel wichtiger ist: Eine konsequente Bewegungsmeditationspraxis kann Erkenntnisse vermitteln, die unser tägliches Leben verbessern. Sie kann uns sogar von einem Leid befreien, von dem wir vielleicht noch nicht einmal wissen, dass wir es haben. Und wenn Bewegungsmeditation nur einen einzigen Menschen auf diese Weise weiterbringt, dann ist sie jede Anstrengung wert.

KAPITEL 1

WARUM ÜBERHAUPT DIE MÜHE?

Die meisten Menschen treiben aus verschiedenen Gründen Sport. (Das gilt übrigens auch für mich.) Vielleicht bist du deprimiert und machst Sport, um dich aufzuheitern, oder du bist nervös und willst dich beruhigen. Vielleicht möchtest du dich auch einfach nur entspannen oder abschalten. Vielleicht suchst du nach einem Glücksgefühl – einer Auszeit von deinen Problemen. Oder du willst dich stark fühlen. Womöglich hast du aber auch einfach nur den Ehrgeiz, in deinem Badeanzug fantastisch auszusehen. Das ist keine Schande. Der Strand lockt.

Im Übrigen hast du ohnehin schon jede Menge zu tun. Partner oder Partnerin, die Kinder, der Hund: Alle wollen etwas von dir. Du musst den Rasen mähen. Deine Chefin wartet (immer noch!) darauf, dass du endlich mit diesem Projekt fertig wirst, und die Lebensmittel kaufen sich auch nicht von selber ein.

Warum also solltest du dir unbedingt *noch eine* Aufgabe aufbürden? Dein Geist wird sowieso schon jeden Tag gründlich beansprucht – von morgens bis abends. Solltest du deinen grauen Zellen beim Sport denn nicht endlich mal eine Pause gönnen?

Schließlich erfordert jede Art von Meditation Zeit, Energie, Ausdauer, Entschlossenheit und Disziplin. Oder wie der moderne buddhistische Mönch Bhante Gunaratana (Bhante G.) in seinem Buch *Mindfulness in Plain English* (deutsch: *Die Praxis der Achtsamkeit*) sagt: »Zum Meditieren braucht man Grips.«[1]

Wieso um alles in der Welt solltest du deine körperliche Aktivität dann mit etwas kombinieren, das noch zusätzliche Anstrengung und Engagement erfordert?

Dafür gibt es verschiedene Gründe.

Wahrscheinlich weißt du inzwischen schon, wie sehr du in deinem Leben von Bewegung profitierst. Meditation verstärkt diesen Effekt sogar noch. Studien haben gezeigt, wie positiv Meditation sich auf unseren Körper, unseren Geist und unsere Emotionen auswirkt – sie verbessert nicht nur die sportliche Leistung, sondern regt sogar das Wachstum neuer Gehirnzellen an.[2] Sport und Meditation miteinander zu kombinieren, ist also in jeder Hinsicht das beste Rezept, um sich weiterzuentwickeln.

Aber es gibt sogar noch einen wichtigeren Grund, Meditation in dein Bewegungsprogramm aufzunehmen: Freiheit.

Im Grunde steckt hinter dem Wunsch nach Entspannung, Abschalten oder körperlicher Ertüchtigung – der Sehnsucht danach, körperlich und geistig besser in Form zu sein und dich wohler zu fühlen – nämlich der Drang nach Freiheit.

Freiheit wovon?

Freiheit von Leid.

Und genau das – die Freiheit von Leid – ist der Hauptgrund, warum ich mir die Mühe mache, bei meinem Sport zu meditieren.

In dem Winter, nachdem ich 49 Jahre alt geworden war, fiel mein Blick auf den Social-Media-Post einer früheren Schulfreundin. »Auch wenn ihr mich für verrückt haltet – allmählich macht mir das Laufen richtig Spaß!«, schrieb sie.

Ich hielt sie tatsächlich für verrückt; doch andererseits sah sie so aus, als hätte sie wirklich Spaß daran. Und das konnte ich von mir selber beim besten Willen nicht behaupten.

Die chronische Depression, die mich die meiste Zeit meines Lebens gequält hatte, war zurückgekommen, nachdem sieben geliebte Menschen – darunter meine 24-jährige Nichte und meine Mutter – alle im selben Jahr gestorben waren. Als ich die Nachricht dieser Freundin las, saß ich gerade auf der Couch. Ich weiß nicht mehr, ob ich damals gerade Bonbons in mich hineinstopfte, doch übermäßiges Essen war in meinem Leben zu einer festen Gewohnheit geworden und hatte die Anzeige meiner Waage rapide in die Höhe schnellen lassen. Sport trieb ich schon lange nicht mehr, und ich glaubte auch nicht, dass er mir helfen würde. Ich litt so sehr, dass ich mir nicht einmal sicher war, ob ich überhaupt noch länger am Leben bleiben wollte.

In der Zwischenzeit joggte meine frühere Schulfreundin immer weiter.

Während ich ihre allmählichen Fortschritte verfolgte, fielen mir die Prinzipien, die ich in jahrelanger Meditation und in früheren Phasen körperlicher Aktivität gelernt hatte, wieder ein. Die positiven Veränderungen bei ihr und mein plötzliches interessiertes Aufhorchen waren beide auf ein und dasselbe Prinzip zurückzuführen: die Veränderlichkeit allen Seins. In ihren Fortschritten und meinem Interesse daran spiegelte sich das ganz normale Auf und Ab des Lebens wider, das vielen Menschen gar nicht auffällt.

In ihrem Online-Trainingsplan stand: »60 Sekunden joggen.« Das war zwar nicht das Einzige, was mir auffiel, aber dieser Satz blieb mir wie ein Mantra im Gedächtnis hängen, und im Lauf des Winters wurde ich allmählich immer neugieriger.

An einem Wochentag im März, als mein Mann Ed und die meisten Nachbarn bei der Arbeit waren, zog ich meine ausgebleichten, zu eng gewordenen Trainingsklamotten an, steckte einen digitalen Küchentimer ein, nahm unseren blonden Labrador Morgan an die Leine und wanderte zu einer abgelegenen Schlucht in der Nähe unseres Hauses, wo uns niemand sehen konnte. Ich stellte den Timer auf 60 Sekunden ein und blieb so lange stehen, bis der Hund weggelaufen war, um einen in der Nähe wachsenden Strauch zu »gießen«. Als ich schließlich auf den Startknopf des Timers drückte, setzte das eine Reihe von Veränderungen bei mir in Gang, die mich heute noch staunen lassen.

Aber das Laufen war hart.

In meinem ersten Buch mit dem Titel *Depression Hates a Moving Target*, in dem es um meine persönlichen Erfahrungen mit psychischen Problemen und dem Laufen geht, erzähle ich, wie ein angeborener Sprunggelenkdefekt, mein Gewicht, ein Arzt, der mir leider überhaupt keine Hilfe war, und ständige negative innere Dialoge mich von meinen guten Vorsätzen abzubringen drohten. An manchen Tagen habe ich auch heute noch den altbekannten Refrain im Ohr: »Was glaubst du eigentlich, wer du bist?«

Ich bin dankbar dafür, dass ich schon 15 Jahre lang meditiert hatte, bevor ich mit dem Laufen anfing. Außerdem schrieb ich damals bereits regelmäßig, hatte eine gute Community, die mich unterstützte, mehrere großartige Lehrer, nahm Medikamente gegen meine psychischen Probleme ein und ging regelmäßig zur Therapie. Die körperliche Aktivität, die ich jetzt aufnahm, vervollständigte dieses Instrumentarium.

Ich merkte schnell, dass ich während des Joggens meditieren konnte. Ruhige, konzentrierte Aufmerksamkeit in die Gedanken und körperlichen Empfindungen hineinfließen zu lassen, die dabei in mir aufsteigen, macht das Laufen für mich einfacher und interessanter. Meine meditativen Fähigkeiten geben mir die Kraft zum Weitermachen, wenn mein guter Wille versagt.

In den Jahren seit jenem Social-Media-Post, der mein Leben verändert hat, bin ich fast 20 000 Kilometer gelaufen, darunter zwei Ultramarathons, drei volle Marathons, 36 Halbmarathons in 23 Staaten und über 100 kürzere Rennen.

So eindrucksvoll diese Zahlen auch klingen mögen – das eigentlich Wichtige dabei ist meine innere Fitness, die sich dadurch enorm verbessert hat. Ich bin von einer Frau, die nicht mehr leben wollte, zu einer Frau geworden, der es rundum gut geht. Ich fühle mich innerlich stabiler und ruhiger, gehe liebevoller mit meinen Mitmenschen um und interessiere mich mehr für die Welt als früher. Diese innere Wandlung hat mich dazu motiviert, meine Praxis der Bewegungsmeditation an andere Menschen weiterzugeben.

Achtsamkeitsmeditation

Es gibt Hunderte von Definitionen für das Wort »Meditation«. Die Meditationsform, die ich praktiziere, beruht auf einer jahrtausendealten Tradition: Vipassana (Einsicht), oft mit »klar sehen« übersetzt. Die Technik bezeichnet man als »Achtsamkeit«.

Jon Kabat-Zinn, Gründer der Stress Reduction Clinic und des Center for Mindfulness in Medicine, Health Care, and Society an der medizinischen Fakultät der Universität von Massachusetts, hat eine elegante Definition dafür gefunden:

»Achtsamkeit bedeutet, auf eine bestimmte Art und Weise aufmerksam zu sein – bewusst, im jetzigen Augenblick, wertfrei und als würde dein Leben davon abhängen.«
– Jon Kabat-Zinn[3]

Statt vor unseren Erfahrungen zu fliehen, lehrt uns die Achtsamkeitsmeditation, voll und ganz bei diesen Erfahrungen präsent zu sein. Statt vor unserem Leben zu flüchten, flüchten wir *in das Leben hinein.*

Ich habe gelernt, zu meditieren, während ich mich bewege. Das kannst du auch!

Warum gerade diese Form der Meditation?

Meine eigene Erfahrung, die Erfahrungen zahlloser anderer Menschen und die Ergebnisse wissenschaftlicher Studien bestätigen,[4] dass diese Praktiken – bei denen man lernt, sich mit dem Kopf in seine Füße hineinzuversetzen – uns von Leid befreien.

Wenn du bereits eine körperliche Aktivität praktizierst, die dir Spaß macht, dann lerne doch einfach, dabei zu meditieren! Dadurch kannst du deine Bewegungsabläufe von innen heraus vertiefen und erneuern und dir ganz neue Entdeckungen erschließen. Wenn du bereits regelmäßig meditierst, an Retreats teilnimmst oder vielleicht sogar einen Meditationslehrer hast, kann dieses Buch deine Meditationspraxis um eine neue Dimension bereichern: Meditation in Bewegung. Und wenn du inzwischen mit dem Meditieren aufgehört hast, können die Anregungen in diesem Buch dir vielleicht die Freude daran zurückbringen.

Falls du zurzeit keine körperliche Aktivität praktizierst, kann ich dir helfen, eine zu finden, die dir Spaß macht, und dir zeigen, wie du meditative Bewusstheit und innere Ruhe in diese Sportart hineinfließen lassen kannst, um etwas zu schaffen, das über rein körperliche Aktivität hinausgeht – eine Praxis der inneren Wandlung.

Wie kann Meditation diese innere Wandlung bewirken?

Durch Meditation lernst du, im jetzigen Augenblick zu sein. Und genau darauf kommt es an.

Warum ist der jetzige Augenblick so wichtig?

Weil er die einzige Realität ist – das Einzige, was wirklich passiert. Die Zukunft hat noch nicht stattgefunden. Die Vergangenheit ist vorbei. Nur im jetzigen Augenblick haben wir die Möglichkeit, Frieden zu finden, anderen Menschen zu vergeben, uns zu verändern und innerlich zu wachsen. Das Jetzt ist der einzige Moment, über den wir Kontrolle haben: jetzt und hier.

Aber sind wir denn nicht immer *hier? Wo liegt der Unterschied?*

Der Unterschied besteht darin, wo du mit deinen Gedanken bist.

Angenommen, du läufst gerade Schlittschuh. Es ist kühl; aber du bist warm angezogen. Während du über die Eisbahn gleitest, erwärmt sich dein Körper durch die Bewegung. Das ist die ideale Gelegenheit für eine Bewegungsmeditation.

Während des Schlittschuhlaufens nimmst du angenehme körperliche Empfindungen wahr: das leichte Hin- und Herwiegen deines Körpers, das Geräusch der Kufen auf dem Eis, die innere Wärme, die durch deine Bewegungen entsteht. Es können auch positive Gedanken in dir aufsteigen: Ich bin anmutig, ich tanze, ich bin lebendig.

Du konzentrierst deine Aufmerksamkeit auf die Gedanken und körperlichen Empfindungen, die dich beim Schlittschuhlaufen begleiten. Diese Gedanken und Empfindungen bringen dich in den jetzigen Augenblick hinein – du gehst ganz darin auf. Statt in Tagträumen zu schwelgen oder dich mit dem Läufer am anderen Ende der Eisbahn zu vergleichen, bleibst du dank deiner Meditationsfähigkeiten mit den Gedanken dort, wo dein Körper ist. Du wirst neugierig darauf, wie es sich anfühlt, Schlittschuh zu laufen; du nimmst deine körperlichen Empfindungen ganz bewusst wahr und lernst etwas aus dem, was du dabei entdeckst. Du kämpfst nicht mehr gegen deine Gedanken an. Du wirst zur Bewegung – du öffnest dich für deine Bewegungen und entspannst dich. Und wenn deine Gedanken abschweifen und du vielleicht wieder an dein wichtiges Arbeitsprojekt denken musst oder dir überlegst, was es heute zum Mittagessen geben soll, lenkst du deine Aufmerksamkeit sanft in die Gegenwart – zu deinem sich bewegenden Körper – zurück.

Denn genau das ist jetzt und hier.

Dabei passieren ein paar sehr wichtige Dinge:

Erstens erlebst du dabei eine *Geist-Körper-Verbindung*, weil die Trennung zwischen deinem Geist und deinem Körper allmählich verschwindet.

Zweitens hast du Freude an der Konzentration, die du entwickelst, und an deinen eigenen Bewegungen. Weil dir das Spaß macht, meditierst und bewegst du dich weiter und fühlst dich dabei in körperlicher und emotionaler Hinsicht immer wohler.

Drittens hilft dir diese Freude auch dabei, Widerstände oder negative Gefühle zu überwinden – zunächst im Hinblick auf die Bewegung und später auch im Hinblick auf andere alltägliche Dinge.

Viertens: Wenn diese negativen Gedanken und Gefühle von dir abfallen, wirst du auch sanfter und positiver auf dich selbst und andere Menschen reagieren. Du entwickelst mehr Gelassenheit – Neugier, ruhige Offenheit des Geistes, eine Haltung der Nicht-Reaktivität – und kannst dich mit den Gedanken und Empfindungen anfreunden, die in dir aufsteigen. Dadurch verbessert sich deine Stimmung, und du entwickelst mehr Energie.

Und schließlich kann diese Bewegung im Zustand der Meditation dich auch zu der Einsicht bringen, dass das Herumzerren an der Realität Leid verursacht – nicht nur dir, sondern auch anderen Menschen. Wenn du Schlittschuh läufst, joggst, tanzt, springst, einen Ball wirfst oder schlägst, erkennst du, welche geistigen, emotionalen und körperlichen Gewohnheiten uns allen solche Qualen bereiten.

Die Fähigkeiten und Erkenntnisse, die die Meditationspraxis uns verschafft, helfen uns überall weiter – und zwar ein ganzes Leben lang. Sobald wir einmal von dieser Weisheit gekostet haben, öffnet sich die Welt für uns. Dann sehen wir das Lächeln eines Kindes, schmecken unser Essen und riechen die Blumen – und zwar wirklich und wahrhaftig. Ganz einfachen Bewegungsabläufen nachzuspüren – zum Beispiel, welcher Fuß zuerst durch die Tür geht, wie deine Hand den Schläger umfasst – oder einen Atemzug voll und ganz wahrzunehmen, ist ein gutes Training für den Geist.

Sobald dir das klar geworden ist, kann dein Leben sich dadurch auf die gleiche positive und konstruktive Weise verändern wie meines.

Das ist eine kühne Behauptung.

Ja, und ich bin nicht der einzige Mensch, der sie aufstellt. Werfen wir einen kurzen Blick auf die Wissenschaft.

Was Bewegung uns bringt

Bevor ich auf die Vorteile der Kombination aus Bewegung und Meditation zu sprechen komme, wollen wir uns zunächst einmal anschauen, was Bewegung allein uns bringt.[5] Diese positiven Auswirkungen sind gut erforscht. Diejenigen von uns, die bereits eine Form der Bewegung praktizieren und genießen, wissen das bereits. Denn wir erleben diese Auswirkungen am eigenen Leib! Für den Fall, dass du (noch) nicht körperlich aktiv bist oder nicht weißt, wie Bewegung dein Leben verbessern kann, möchte ich dir hier ein paar dieser Vorteile aufzählen:

Positive Auswirkungen auf den Körper

- senkt den Blutdruck
- stärkt die Knochen
- senkt den Blutzucker
- erleichtert die Gewichtsabnahme
- ist gesund für Herz und Kreislauf
- wirkt sich positiv auf Atmung und Lungenkapazität aus
- lindert Wechseljahrsbeschwerden
- verlangsamt den Alterungsprozess
- hilft gegen Schmerzen

Positive Auswirkungen auf das Gehirn

- verbessert die Lesekompetenz
- fördert das Wachstum von Gehirnzellen
- erleichtert das Lernen …
- … und trägt dazu bei, dass wir uns Informationen besser einprägen können.

Positive Auswirkungen auf die Psyche

- steigert das Selbstwertgefühl
- verbessert die Aufmerksamkeit und wirkt Hyperaktivität entgegen
- hilft gegen Sucht und Abhängigkeit
- lindert depressive Symptome
- verbessert und stabilisiert die Stimmung
- lindert Angstzustände
- baut Stress ab

Apropos Stress:

> *»Auf jeder Ebene – von der mikrozellulären bis hin zur psychischen – kann körperliche Aktivität die negativen Auswirkungen von chronischem Stress nicht nur abwehren, sondern sogar rückgängig machen. Wissenschaftliche Untersuchungen zeigen, dass der geschrumpfte Hippocampus chronisch gestresster Ratten durch Bewegung wieder seine ursprüngliche Größe erreicht. Die Mechanismen, durch die Bewegung unser Denken und Fühlen verändert, sind viel wirksamer als Donuts, Medikamente und Wein. Wenn du sagst, dass du dich nach dem Schwimmen (oder auch schon nach einem flotten Spaziergang) nicht mehr so gestresst fühlst, entspricht das genau der Realität.«*
> – JOHN J. RATEY[6]

Und vergiss nicht, dass es am besten ist, zusammen mit deiner Familie oder deinem Hund, mit Freunden oder einer Gruppe von Menschen Sport zu treiben! Bewegung kann nämlich auch ein verbindendes Erlebnis sein.

Was Meditation uns bringt

Und wie steht es mit der Meditation? Was kann sie uns bringen? In seinem Artikel »30 Evidence-Based Benefits of Meditation«[7] (»30 evidenzbasierte Vorteile der Meditation«) hat der Meditationslehrer und Forscher Patrick Zeis eine umfassende Liste der positiven körperlichen, psychischen und kognitiven Auswirkungen des Meditierens zusammengestellt und als Beweise zu jedem einzelnen Punkt wissenschaftliche Untersuchungen angeführt.

Seine umfassenden Forschungsergebnisse hier wiederzugeben, würde den Rahmen dieses Buches sprengen. Daher möchte ich nur die wichtigsten Punkte kurz zusammenfassen:

Positive Auswirkungen auf den Körper

- stärkt das Immunsystem
- verbessert die Schlafqualität und hilft gegen Schlafstörungen
- senkt den Blutdruck
- hilft gegen chronische Schmerzen
- erhöht das Energieniveau
- lindert die Symptome eines prämenstruellen Syndroms
- verlangsamt den körperlichen Alterungsprozess
- hilft gegen Migräne-Kopfschmerzen
- ist gesund für das Herz
- verbessert die Blutzuckereinstellung bei Diabetikern

Positive Auswirkungen auf die Psyche

- verringert das Stressniveau
- verbessert die emotionale Intelligenz (EI)
- hilft gegen Angstzustände
- hilft gegen Depressionen
- lindert die Symptome einer Posttraumatischen Belastungs-störung (PTBS)
- hilft bei der Behandlung von Süchten und senkt die Rückfall-quote
- verbessert Beziehungen
- wirkt emotionaler Reaktivität entgegen und stärkt die Resilienz
- steigert das Selbstwertgefühl und das subjektive Wohlbefinden
- wirkt »Fressattacken« und emotionalem Essen entgegen

Positive Auswirkungen auf das Gehirn

- verbessert das Gedächtnis
- verbessert exekutive Funktionsprozesse, also unser Verhalten in Wechselwirkung mit unserer Umwelt
- senkt das Demenzrisiko
- fördert das kreative Denken
- trägt zum Wiederaufbau der grauen Zellen des Gehirns bei
- erleichtert die Bewältigung von ADHS-Symptomen (ADHS = Aufmerksamkeitsdefizit-/Hyperaktivitäts-Störung)
- steigert die Konzentration und Produktivität
- wirkt geistiger Starre entgegen
- hilft gegen Grübeleien
- fördert positive Veränderungen der Gehirnwellenfrequenz

Selbst nachdem ich jahrzehntelang meditiert hatte, war ich freudig überrascht, als ich die lange Liste dieser Vorteile schwarz auf weiß vor mir sah.

Positive Auswirkungen der Bewegungsmeditation

Welche zusätzlichen Vorteile bringt die Kombination aus Meditation und Bewegung?

- Manchen Menschen fällt es leichter, in Bewegung zu meditieren als im Sitzen.
- Durch Bewegung wird die Meditation interessanter.
- Bewegung bietet mehr Aspekte, auf die man sich während des Meditierens konzentrieren kann (und umgekehrt).
- Bewegung ist konkreter und hilft bei der Konzentration.

- Bewegung ist anfängerfreundlich.
- Man braucht keine zusätzliche Zeit für die Meditation einzuplanen, weil man sie während des Sports durchführen kann.
- Eine Bewegungsmeditation kann man überall praktizieren.
- Sie kann die Leistungsfähigkeit steigern.

Wenn wir in Bewegung meditieren, nehmen wir die Meditation mit auf den Weg. Eine Bewegungsmeditation verbindet die geistige mit der körperlichen Welt und schafft ein Erlebnis der Einheit, das sich auf jeden Augenblick und jeden Bereich unseres Lebens übertragen lässt.

Diese auf das ganze Leben übertragbare Fähigkeit hilft dir, den ganzen Tag über präsent zu sein. Denn sobald du gelernt hast, während deiner körperlichen Aktivität achtsam und hellwach zu sein, wirst du auch lernen, in der gleichen bewussten Haltung eine Tasse Kaffee zu trinken, mit deinem Chef zu sprechen, dir einen Film anzuschauen oder mit deinen Lieben zu Abend zu essen. Achtsamkeit *in Bewegung* ist ein sehr hilfreiches Werkzeug für deine Lebenskompetenz. Dadurch übst du dich darin, den ganzen Tag über achtsam zu sein.

Neuroplastizität

Ursprünglich glaubten Wissenschaftlerinnen und Wissenschaftler, dass sich an unserem Gehirn nichts mehr verändert, sobald wir das Erwachsenenalter erreicht haben: Man ging davon aus, dass das Wachstum irgendwann aufhört und das Gehirn dann so bleibt, wie es ist – bis sich die Gehirnfunktionen im Alter zurückbilden. Doch neuere wissenschaftliche Untersuchungen zeigen, dass das Gehirn viel formbarer und somit auch trainierbarer ist als bisher angenommen.

Menschen, die meditieren, wissen das schon seit Jahrhunderten; doch bisher hatte dieses Phänomen noch keinen Namen. Inzwischen gibt es einen Fachbegriff dafür: »Neuroplastizität«. Wir können unser Gehirn im wahrsten Sinn des Wortes umbauen, neu verdrahten, neue Nervenbahnen und neue Gewohnheiten schaffen. Aber das funktioniert nicht, indem man einfach nur darüber nachdenkt: Man muss *etwas tun*. Eine dieser Aktivitäten ist die Meditation.

Neuroplastizität ist »die Fähigkeit des Gehirns, seine Struktur und Funktion während unseres ganzen Lebens und als Reaktion auf Erfahrungen zu modifizieren, zu verändern und anzupassen«.[8] Kurz gesagt: Dein Gehirn ist in der Lage, sich zu verändern. Zum Beispiel als Reaktion auf Schädigungen – dann baut es neue Nervenbahnen auf, um die durch Verletzung oder Krankheit verloren gegangenen Hirnareale zu ersetzen. Es kann sich aber auch als Reaktion auf Lernprozesse verändern.

Meditation und Bewegung trainieren das Gehirn. Meditation – das ursprüngliche Gehirntraining – ist eine Methode zur Neuverdrahtung neuronaler Schaltkreise, die auf einer jahrtausendealten Praxis beruht. Neuere wissenschaftliche Untersuchungen zeigen, dass Bewegung diesen Prozess unterstützt.

»Unser Gehirn ist keineswegs fest verdrahtet, wie die Wissenschaftler es sich früher vorgestellt haben. Ganz im Gegenteil: Es verdrahtet sich ständig neu. Ich bin hier, um dir beizubringen, wie du dein eigener Elektriker sein kannst.«
– JOHN J. RATEY[9]

Leider wird dein Gehirn sich aber auch deine negativen Verhaltensmuster zur Gewohnheit machen. Wenn wir viel Zeit vor dem Bildschirm verbringen und unsere Bedürfnisse nach Interaktion mit anderen Menschen in sozialen Medien befriedigen, trainieren wir unser Gehirn darauf, unaufmerksam zu werden. Bekämpfen können wir diese Tendenz mit Aktivitäten, die unsere Aufmerksamkeit auf positive Weise trainieren.

Und schließlich und endlich solltest du trotz des Wunders der Neuroplastizität nicht auf jeden Hype hereinfallen: Du kannst nicht der Mensch werden, der du sein möchtest, indem du einfach nur fest genug daran glaubst. Man kann Dinge nicht mit bloßer Gedankenkraft herbeizwingen (oder abwenden).

Aber wir tun, was wir können – und dazu gehört auch die Bewegungsmeditation.

Einsicht

Der bereits erwähnte Erkenntnisgewinn ist vielleicht der beste Grund, Meditation in deine Bewegung einzubauen.

Als ich in mittleren Jahren mit langsamem Joggen anfing, wurde das Laufen schnell zu meinem beliebtesten Stimmungsaufheller. Doch kurz nachdem ich damit begonnen hatte, riet mir ein Arzt, das Laufen wegen eines angeborenen Defekts in meinem Sprunggelenk lieber sein zu lassen. Als ich das hörte, schlug meine Depression sofort wieder zu.

Doch zum Glück meditierte ich damals bereits regelmäßig; außerdem hatte ich einen guten Psychiater. Die Einsicht, die meine Meditation mir brachte (»Moment mal ... ich jogge doch, und meinem Knöchel geht es trotzdem gut«), und die Nachfragen meines Psychiaters (»Wer *ist* denn dieser Typ?«) gaben mir den Mut, die Aussage des Arztes anzuzweifeln und selbst herauszufinden, ob sie stimmte. (Spoiler-Alarm: Sie stimmte nicht!) Heute – zehn Jahre später – nutze ich die Bewegungsmeditation weiterhin als wichtiges Werkzeug für meine psychische Gesundheit und bin dankbar dafür.

Wenn wir meditieren, kommen uns solche Erkenntnisse sehr oft. Das kann etwas ganz Einfaches sein, zum Beispiel: »Oh! Jetzt verstehe ich, warum das Regal sich nicht zusammensetzen lässt. Dieses eine Teil passt da nicht rein«, aber auch etwas ziemlich Komplexes: »Wow! Ich habe gerade ein Gefühl der Einheit erlebt. Ist das nicht cool?«

Bei diesen Einsichten kann es um Beziehungen, um die Menschheit insgesamt oder um den Sinn deines Lebens gehen – und alle sind gleich wichtig. Später werde ich dir noch ein bisschen mehr darüber erzählen, wie du mit Erkenntnissen umgehen solltest – vor allem mit den *großen*, die deinem ganzen Leben eine neue Richtung geben können.

Eine Einsicht kann in Form eines Gedankens oder einer körperlichen Empfindung in dir aufsteigen, zum Beispiel als Bauchgefühl. Diese Erkenntnisse (vor allem solche, die deine Perspektive verändern) sind ein weiterer guter Grund, um zu meditieren. Übrigens ist das etwas ganz anderes als bloßes Nachdenken über ein Thema. Genau der gleiche Mechanismus ist beispielsweise auch am Werk, wenn dir unter der Dusche, kurz vor dem Einschlafen oder gleich morgens nach dem Aufwachen deine besten Ideen kommen: Plötzlich fällt dir etwas ein. Es ist eine Art *Aha*-Erlebnis.

Als Autorin ist mir dieser Teil des kreativen Prozesses sehr willkommen. Ich vertraue fest darauf: Wenn ich ein Problem loslasse und spazieren oder joggen gehe, kann mir das eine Lösung bringen, auf die mein logischer Verstand nie gekommen wäre. Natürlich ist es auch manchmal sinnvoll, nachzudenken, die Situation zu analysieren und Strategien zu entwickeln. Doch die Meditation ist genau der richtige Zeitpunkt, um all das loszulassen. Denn diese Technik fördert solche plötzlichen Erkenntnisse und schafft optimale Bedingungen dafür, dass Einsichten zu gegebener Zeit auf natürliche Weise in uns aufsteigen – sogar während wir uns bewegen.

Ist Bewegungsmeditation genauso wirksam wie eine Meditation im Sitzen?

Oft werde ich gefragt, ob man bei der achtsamen Bewegung die gleichen tiefen Gemütszustände, die gleiche intensive Fokussierung und Konzentration, die gleiche starke Loslass-Energie und die gleichen aufschlussreichen Erkenntnisse erzielen kann wie bei einer klassischen Sitzmeditation.

Das kommt darauf an.

Es hängt zum Beispiel davon ab, was du in diese Meditation investierst: Zeit, Anstrengung, Aufmerksamkeit, die richtige Bereitschaft und Einstellung – also genau das, was *jede* Praxis ausmacht.

Und es hängt auch davon ab, wie viel Loslass-Energie (Gelassenheit) du entwickelst. Selbst wenn du beim Meditieren alles richtig machst, passiert dabei vielleicht nicht immer das, was du erwartest oder willst. So ist das nun mal mit der Meditationspraxis: Sobald man sich zu sehr bemüht, etwas zu erreichen, ist es aus. Heißt das, dass du nicht versuchen wirst, dein Ziel zu erreichen? Doch, natürlich! Du wirst dich darum bemühen, genau wie ich. Trotzdem müssen wir alle hin und wieder daran erinnert werden: Ja, du erlernst Fähigkeiten – aber letztendlich helfen dir diese Fähigkeiten einfach nur, als der Mensch, der du bist, jetzt und hier zu sein und das zur Kenntnis zu nehmen und zu akzeptieren. Es liegt in der menschlichen Natur, nach etwas zu streben. Wir nehmen dieses Streben wahr und machen es zu einem Teil unserer Meditationspraxis.

Lange Meditations-Retreats beginnen oft damit, dass man über mehrere Tage hinweg einfach nur seine Atemzüge zählt. Manche Meditationslehrer behaupten, dass man keine richtige körper- oder gedankenfokussierte Meditation praktizieren kann, ohne vorher eine tiefe Konzentration entwickelt zu haben. Dieser Theorie zufolge springt dein Geist einfach von einem Thema zum anderen, wenn du vorher keine Aufmerksamkeitsfähigkeiten aufbaust – und dann wäre das Retreat reine Zeitverschwendung.

Durch die Reglosigkeit unseres Körpers entsteht ein Umfeld, in dem unser Geist zur Ruhe kommen kann. Denn der Geist bewegt sich automatisch in dieselbe Richtung wie der Körper. Und vielleicht stimmt es tatsächlich, dass ein regungsloser Körper eine bessere Atmosphäre dafür schafft, den Geist zur Ruhe zu bringen. Außerdem gelangte der historische Buddha zur Erleuchtung, als er unter dem Bodhi-Baum saß; er hat nicht unter dem Baum getanzt und ist auch nicht um ihn herumgelaufen.

Also ist eine Sitzmeditation besser als eine Bewegungsmeditation?

Nicht unbedingt. Es sind einfach zwei verschiedene Meditationsformen. Das ist so, als würdest du das Tippen auf dem Computer mit dem Schreiben von Hand vergleichen. Vielleicht hast du eine Vorliebe für eine bestimmte Art des Schreibens, und wenn du mit der Hand schreibst, sind andere Regionen deines Gehirns aktiv als beim Tippen, aber das Ergebnis ist trotzdem dasselbe: Wörter, die auf einer Seite stehen. Vielleicht wechselst du sogar von einer Methode zur anderen, so wie ein Tennisspieler manchmal vielleicht auch Gewichte hebt. Aber das Endprodukt ist ein Buch, Artikel oder Gedicht (oder eine Trainingseinheit). Ich bezweifle, dass ein Tai-Chi-Meister oder eine erfahrene Yogalehrerin eine Form für besser halten würde als die andere. So denkt man in der östlichen Philosophie nicht.

Abgesehen von der Frage, welche Methode wertvoller ist, sollten wir lieber über eine ganz praktische Frage nachdenken: *Welche Meditationsform würdest du auch wirklich praktizieren?*

Wenn die Meditation im Sitzen dich nicht anspricht, die Bewegungsmeditation aber schon – voilà! Es ist viel besser, überhaupt zu meditieren, als sich für eine vermeintlich bessere Praxis zu entscheiden und diese dann zu vernachlässigen.

Also zerbrich dir nicht den Kopf über diese Frage. Konsultiere einen Lehrer, eine Mentorin oder ein Buch und beobachte dich dann einfach. Finde heraus, ob du die Meditation nur vortäuschst oder halbherzig praktizierst, und denk daran, dass jede Meditation besser ist als gar keine. Vergiss deinen Perfektionismus – oder mach ihn zum Gegenstand deiner Meditation! Meditiere einfach und kümmere dich nicht darum, ob du dabei weiterkommst (es sei denn, du bist mit deinem Hund zehn Kilometer gelaufen und musst jetzt zu deinem Auto zurück). Entscheide dich einfach für *irgendetwas*. Sei zufrieden damit. Versuche dich von dem Bedürfnis zu lösen, den richtigen oder perfekten Weg zu finden.

Und warum nicht beides – Sitz- *und* Bewegungsmeditation – praktizieren?

Dieser Weg hat viele Türen. Du kannst durch jede Tür in die Meditation einsteigen. Sitze an einem Tag, mach am nächsten Tag eine Gehmeditation, und am übernächsten Tag möchtest du vielleicht lieber tanzen. Die Möglichkeiten sind unbegrenzt. Vielleicht bringt es dich weiter, dich auf eine bestimmte *Körperhaltung* (eine einzige Bewegungsform) zu konzentrieren; aber wenn diese Entscheidung bedeutet, dass du überhaupt nicht meditierst, dann sorge lieber für Abwechslung. Die beste Meditation ist die, die man macht.

Zusammenfassung

Wissenschaftliche Untersuchungen sprechen dafür, dass Bewegung und Meditation viele positive Auswirkungen auf Körper, Geist und Psyche haben. Wer hätte nicht gern mehr Gehirnzellen? Und meine Recherchen zu Einzelfallstudien zeigen, dass die Kombination aus Meditation und Bewegung sogar noch mehr Vorteile bringt.

Achtsamkeitsmeditation bedeutet …

- … den jetzigen Augenblick (Gedanken und körperliche Empfindungen) mit Gelassenheit (einem ruhigen, gleichmütigen Gemütszustand, selbst angesichts von Schwierigkeiten) zu erleben.
- … eine Reihe erlernter Fähigkeiten, die dir helfen, die Realität so zu akzeptieren, wie sie von Augenblick zu Augenblick ist.
- … im Jetzt und Hier zu sein.

Ich verstehe schon, dass es mir etwas bringen könnte, aus meiner Bewegung eine Meditation zu machen – aber wie um alles in der Welt funktioniert das?

Blättere um, dann zeige ich es dir.

KAPITEL 2

WIE MEDITIERT MAN IN BEWEGUNG?

Shinzens Antwort auf alles

Wenn du den ehrwürdigen Meditationslehrer und Vajrayana-Mönch Shinzen Young fragen würdest, wie man in Bewegung meditiert, würde er dir empfehlen, »Bewusstheit und Gelassenheit in deine Erfahrung hineinfließen zu lassen«.[10] Zumindest hat er diese Antwort auf den zahlreichen Retreats, an denen Ed und ich teilnahmen, und in seinen Vorträgen auf den über 100 Kassetten, die wir uns anhörten, auf jede Frage gegeben, die ihm gestellt wurde.

Egal, ob jemand wissen wollte, wie man mit Freude, Langeweile, Ekstase, Ärger, Entzücken, Qual, Nervenkitzel, Eifersucht, Jubel, (körperlichem oder emotionalem) Schmerz, Glück, Trauer, Habgier, Ressentiments, Traurigkeit, überwältigender Pracht oder panischer Angst umgeht – Shinzen gab immer die gleiche Antwort, und diese Anweisung ist die Essenz der Achtsamkeitsmeditation. Ich bin kein Fan von Tattoos, aber wenn, dann würde ich mir diesen Satz auf den Arm tätowieren lassen:

> »Lass Bewusstheit und Gelassenheit in
> deine Erfahrung hineinfließen.«
> – SHINZEN YOUNG[11]

Und nun wollen wir diesen Satz ein bisschen genauer analysieren.

Erfahrung

Deine »Erfahrung« besteht aus deinen Gedanken und körperlichen Empfindungen (einschließlich deiner Atmung), die in Echtzeit ablaufen, und zwar jetzt und hier; da, wo du stehst, liegst, sitzt oder – in unserem Fall – dich bewegst. Bei der Achtsamkeitsmeditation wählst du einen Aspekt deiner Erfahrung (deiner Gedanken und körperlichen Empfindungen) aus, auf den du dich konzentrieren möchtest.

Hineinfließen lassen

Mit »hineinfließen lassen« ist in diesem Zusammenhang gemeint, in welche Richtung du dein Bewusstsein lenkst – also die Konzentrationsenergie, mit der du deine Aufmerksamkeit auf deine »Erfahrung« richtest.

Bewusstheit

»Bewusstheit« (oft auch als »Aufmerksamkeit« bezeichnet) ist die Art und Weise, wie du deinen Geist lenkst. Die nun folgende Zen-Geschichte erklärt, wie wichtig Aufmerksamkeit ist:

»Ein Schüler bat Meister Ichu: ›Bitte schreibe ein paar Worte von großer Weisheit für mich auf.‹ Meister Ichu nahm seinen Pinsel in die Hand und schrieb nur ein einziges Wort: ›Aufmerksamkeit.‹ ›Ist das alles?‹, fragte der Schüler. Daraufhin schrieb der Meister: ›Aufmerksamkeit. Aufmerksamkeit.‹ Der Schüler wurde ärgerlich. ›Das erscheint mir weder besonders tiefgründig noch scharfsinnig.‹ Daraufhin schrieb Meister Ichu

einfach: ›Aufmerksamkeit. Aufmerksamkeit. Aufmerksamkeit.‹
Frustriert fragte der Schüler: ›Was bedeutet denn
dieses Wort Aufmerksamkeit?‹ ›Aufmerksamkeit bedeutet
Aufmerksamkeit‹, antwortete Meister Ichu.«
– CHARLOTTE JOKO BECK[12]

Wenn du zu meditieren beginnst, entwickelst du eine fokussierte, konzentrierte Aufmerksamkeit. Das ist ein Muskel, der durch Meditation gestärkt wird.

Gelassenheit

Zum Schluss wollen wir den Begriff »Gelassenheit« definieren; denn er ist vielleicht am allerwichtigsten. Dieser Gemütszustand ist die Fähigkeit, dich nicht gegen die Erfahrungen zu wehren, die du während deiner Meditationspraxis machst. Shinzen nennt das »nicht gegen sich selbst kämpfen«.

Das Merriam Webster-Wörterbuch definiert Gelassenheit als »geistige Gelassenheit, vor allem unter Stress«[13], Dictionary.com dagegen spricht von »geistiger Ruhe, vor allem in einer schwierigen Situation«[14] .

In seinem Online-Kurs »Dhamma Wheel« bezeichnet das *Tricycle Magazine* Gelassenheit als »die geheime Zutat der Achtsamkeit, ja der gesamten buddhistischen Praxis«[15] und erklärt dazu:

»Wie die Kupplung eines Autos, die den Motor von den Rädern
trennt, damit diese sich unabhängig vom Motor drehen können,
entbindet Gelassenheit uns von den Zwängen des Lust-/
Schmerzreflexes und gibt uns die Freiheit, verschiedene
Empfindungen ohne Verlangen zu durchleben.«
– DHAMMA WHEEL, TRICYCLE MAGAZINE[16]

Um Gelassenheit zu entwickeln, empfiehlt Dhamma Wheel:

> »… *gegenüber allem, was uns begegnet, die Haltung*
> ›*Das ist eben einfach das, was jetzt gerade passiert*‹
> *einzunehmen, statt zu denken:* ›*Das gefällt mir (oder gefällt mir*
> *nicht)*‹ *oder* ›*Das finde ich gut (oder finde ich nicht gut)*‹*.*«
> – DHAMMA WHEEL, TRICYCLE MAGAZINE[17]

Hier kommt noch eine weitere Definition:

> »*In den tiefsten Formen der Einsicht sehen wir, dass die Dinge*
> *sich so schnell verändern, dass wir an nichts festhalten können,*
> *und irgendwann gibt der Geist seine Anhaftungen auf.*
> *Dieses Loslassen bringt Gelassenheit; je größer das Loslassen,*
> *desto tiefer die Gelassenheit.*«
> – VIPASSANA-MEISTER SAYADAW U PANDITA[18]

Wenn wir Shinzens Empfehlung um diese Definitionen erweitern, wird sie zu folgender Aufforderung:

Lass
- Bewusstheit (Konzentration)
- und Gelassenheit (einen ausgeglichenen Geist)
- in deine Erfahrungen (Gedanken und körperlichen Empfindungen)
- einfließen (das heißt, fokussiere dich darauf).

So machst du jede Bewegung zu einer Meditation

Um Shinzens Antwort in die Praxis umzusetzen und jede Bewegung zu einer Meditation zu machen, halte dich an folgende Schritte:

1. Wähle irgendeine Form von Bewegung.
2. Wähle ein Intervall für deine Meditation aus.
3. Wähle einen Aspekt der Erfahrung (das heißt, ein Meditationsobjekt).
4. Beginne mit deiner Bewegungspraxis. Während du dich bewegst, richtest du deine Aufmerksamkeit auf das gewählte Objekt.
5. Wenn deine Gedanken abschweifen, hole deine Aufmerksamkeit sanft wieder zu deinem Meditationsobjekt zurück.
6. Tue das alles ganz sanft und behutsam, ohne dich dabei anzustrengen oder dein Handeln in irgendeiner Form zu bewerten. Sei neugierig und offen, interessiert und aufmerksam.
7. Wenn dein Körper und/oder Geist auf deine Praxis reagiert, nimm diese Reaktion zur Kenntnis und kehre dann entweder zu deinem ursprünglichen Meditationsobjekt zurück oder mach diese Reaktion bewusst zu deinem neuen Meditationsobjekt.
8. Wenn du nicht mehr weißt, wie man das macht, wende dich an einen qualifizierten Meditationslehrer, um es dir wieder ins Gedächtnis zurückzurufen.

Hier ein Beispiel, das zeigt, wie ich dabei vorgehe:

1. *Bewegungsform:* Laufen (Was für eine Überraschung!)
2. *Intervall:* die ersten anderthalb Kilometer

3. *Objekt (Erfahrung):* die Empfindungen in meinem linken Fuß

4. *Die Aufmerksamkeit auf das Objekt richten:* Ich fange an zu laufen und richte meine Aufmerksamkeit auf meinen linken Fuß, wobei ich mich auf meine Empfindungen in Echtzeit konzentriere. Ich denke nicht über meinen Fuß nach oder stelle ihn mir vor, sondern achte darauf, wie dieser Fuß sich wirklich anfühlt.

5. *Die Gedanken sanft wieder zurückholen, wenn sie abschweifen:* Angenommen, ich fange an, mich in Tagträumereien über mein Frühstück zu verlieren: Dann erinnere ich mich daran, dass ich ja eigentlich meditieren wollte, und lenke meine Aufmerksamkeit sanft wieder auf den linken Fuß zurück.

6. *Reaktionen »recyceln«:* Wenn ich mich darüber ärgere, dass ich nicht vom Frühstück träumen darf, nicke ich diesem Teil meines Ichs beruhigend zu, erinnere ihn daran, dass wir ja später im realen Leben frühstücken werden, und kehre mit meiner Aufmerksamkeit dann wieder zu meinem linken Fuß zurück.

7. *Sanft und behutsam:* Während ich weiterlaufe und -meditiere, achte ich auf jede körperliche Anstrengung, jedes geistige Urteil und jede emotionale Rangelei in meinem Inneren. Ich tue mein Bestes, um bei all diesen Dingen präsent zu sein, während ich meine Aufmerksamkeit gleichzeitig wieder auf meinen linken Fuß richte.

8. *Um Hilfe bitten:* Wenn ich dabei (körperliche oder emotionale) Schwierigkeiten bekomme, nicht mehr weiterweiß oder irgendetwas in mir aufsteigt, was mich zu sehr aufregt, wende ich mich an einen Meditationslehrer, Arzt oder Therapeuten.

Und nun wollen wir uns diese Schritte ein bisschen genauer anschauen.

Eins: Wähle eine Bewegungsform

Wenn man Bewegung zu einer Meditation machen möchte, besteht der erste Schritt darin, sich für eine bestimmte Bewegungsform zu entscheiden.

Ich praktiziere bereits eine Bewegungsform. Brauche ich eine andere?

Wenn es bereits eine bestimmte Art der Bewegung gibt, die dir Freude macht, kannst du sie für deine Meditation nutzen. Falls du bisher noch keine Bewegungsform praktizierst oder andere Fragen zu diesem Schritt hast, dann lies Kapitel 13 dieses Buches (»Verschiedene Arten von Bewegung«). Ansonsten kannst du einfach mit deiner jetzigen Art der körperlichen Aktivität arbeiten.

Zwei: Wähle ein Intervall

Der zweite Schritt besteht in der Wahl eines Intervalls. Oft ist das eine bestimmte Zeitspanne.

Durch die Wahl eines Intervalls schaffst du eine Struktur, einen Rahmen für deine Meditationspraxis. Bei der Sitzmeditation wird am Anfang und Ende der Meditationszeit eine Glocke geläutet. Das ist der Rahmen für diese Meditation: von Glockenton zu Glockenton.

Wenn du ein Intervall wählst, gibst du deiner Praxis damit einen Anschub.. Das schärft das Bewusstsein und erhöht deinen Einsatz ein bisschen. Du erinnerst dich daran: »Ich kann das fünf Minuten lang machen.«

Ich sage absichtlich nicht »Zeitspanne«, sondern »Intervall«, weil man dieses Intervall nicht unbedingt in Minuten messen muss. Es kann eine bestimmte Zeit oder Strecke, aber auch ein bestimmter Teil deines Trainings sein.

Zum Beispiel:

- Von dieser Einfahrt bis zu der Einfahrt dort drüben
- Jeder Refrain dieses Liedes (falls du bei deiner körperlichen Aktivität Musik hörst)
- Nur beim Aufschlagen
- Immer wenn ich an der Foullinie stehe
- Nur während der Abschläge
- Nur mittwochs beim Berglauf-Training und nur, wenn ich abwärts laufe

Definiere dein Intervall sehr genau; denn unser Verstand zappelt beim Meditieren gerne herum. Konkrete Vorgaben helfen ihm, zur Ruhe zu kommen.

Drei: Wähle ein Meditationsobjekt

Der dritte Schritt ist die Entscheidung für ein Meditationsobjekt. Das ist die »Erfahrung«, in die wir laut Shinzens Empfehlung Bewusstheit und Gelassenheit hineinfließen lassen sollen – der Ort im jetzigen Augenblick, an dem du während der Meditationssitzung deinen Geist zur Ruhe kommen lässt. Das kann ein bestimmter Körperteil oder eine bestimmte Körperfunktion sein – zum Beispiel deine Atmung oder deine Gedanken.

Normalerweise wählst du dein Meditationsobjekt selbst aus (es sei denn, ein Lehrer gibt dir Anweisungen dazu oder du hörst dir eine geführte Meditation an). Du selbst legst die Absicht fest.

Meditationsobjekte lassen sich in zwei große Kategorien einteilen: *Gedanken* und körperliche Empfindungen. Der Atem ist zum Beispiel eine körperliche Empfindung. Dagegen gehört jeder Gedanke über deine Atmung, der in dir aufsteigt, natürlich in die Kategorie »Gedanken«.

Körperliche Empfindungen und Gedanken laufen in Echtzeit ab. Wenn du deinen Geist auf eine dieser beiden Objektkategorien konzentrierst, wird er automatisch ins Jetzt gelenkt und verankert dich in der Gegenwart.

Und was ist mit den Emotionen? Kann ich die auch selbst wählen?

Ja. Aber sie gehören ebenfalls zu den Gedanken und körperlichen Empfindungen. Normalerweise sind wir uns dessen nicht bewusst, doch jede Emotion – innerer Widerstand, aber auch ein Gefühl der Ermutigung, Freude oder der Glücks – ist eine Mischung aus Gedanken und körperlichen Empfindungen. Meditation hilft dir dabei, dieses Gemisch zu entwirren (siehe Kapitel 7: »Wirrwarr der Gefühle«).

Ich dachte, ich soll nicht denken!

Du kannst nicht *nicht* denken. Aber die Meditationspraxis versetzt dich in einen Zustand, in dem deine Gedanken langsamer werden oder sogar ganz aufhören. Das geschieht nicht gewaltsam. Meditationspraxis hat nichts mit Gewalt zu tun. Du unternimmst einfach nur die Schritte, die für deine Bewegungsmeditation nötig sind, und dieser Prozess wirkt auf dich. Die einzige Gewalt – oder besser gesagt: *Kraft* –, die du dabei ausübst, ist die Absicht, es mit dieser Meditationsform zu versuchen, und vielleicht auch noch der Wille, den es erfordert, deine Laufschuhe, dein Tanztrikot oder deine Tennisshorts anzuziehen. Ansonsten lässt du den Prozess einfach geschehen. Das ist Gelassenheit.

Vier: Richte deine Aufmerksamkeit auf das Meditationsobjekt

Wenn du dein Meditationsobjekt gewählt hast, besteht der vierte Schritt darin, deine Aufmerksamkeit auf dieses Objekt zu richten – es dir bewusst zu machen.

Du kannst dir deine Aufmerksamkeit wie das Objektiv einer Kamera vorstellen. Sobald deine Konzentration zunimmt, kannst du dich auf einen bestimmten Punkt konzentrieren und tief in das Objekt deiner Meditation eindringen – es genau unter die Lupe nehmen – oder du kannst deinen Aufmerksamkeitsradius erweitern. Du kannst den Ausschnitt deiner Kamera ein bisschen weiter einstellen, ganz weit stellen oder eine Einstellung irgendwo dazwischen wählen. Doch solange du diese Konzentrationsfähigkeit noch nicht entwickelt hast, wählst du einfach nur ein Meditationsobjekt und bleibst während deines ganzen Übungsintervalls dabei. Sobald du dein Konzentrationsvermögen weiterentwickelt hast, kannst du anfangen, auch andere Methoden auszuprobieren. Konzentration bringt viele Vorteile; unter anderem macht sie die Bewegung, die du ohnehin schon genießt, für dich noch angenehmer.

Ich habe häufig Empfindungen in meinem linken Fuß. Sie rufen nach meiner Aufmerksamkeit. Zum Beispiel spüre ich Gewichtsverlagerungen und ein Pulsieren, Gefühle der Wärme und Kühle. Diese Empfindungen sind neutral, aber präsent, und das macht es mir leicht, meine Aufmerksamkeit darauf zu richten. Wenn du dich mit dieser Praxis vertraut machst, wirst du vielleicht irgendetwas Ähnliches in deinem Körper entdecken, das deine Aufmerksamkeit auf sich zieht. Nutze das als Meditationsobjekt.

Lenke deine Aufmerksamkeit

Und jetzt bist du dran:
Lenke deine Aufmerksamkeit

Richte deine Gedanken auf deinen linken Fuß. Aber schau ihn dabei nicht an, sondern »spüre ihn« mit deinem Geist. Vielleicht taucht ein Bild von deinem Fuß oder Schuh vor deinem inneren Auge auf. Lass es wieder los und spüre stattdessen in deinen Fuß hinein. Wie fühlt er sich an? Ist er warm oder kalt? Kribbelt er? Steht er regungslos da? Oder bewegt er sich? Sind diese Empfindungen angenehm, unangenehm oder neutral? Wenn dir das schwerfällt, dann wackle mit den Zehen, um die Empfindungen in deinem Fuß zu spüren. Ansonsten hältst du den Fuß still. Sei einfach bei deinem Fuß präsent, so wie er gerade ist. In den Augenblicken, in denen du deinen linken Fuß spürst, sind diese Empfindungen dein Meditationsobjekt.

Zur Kenntnis nehmen und benennen

Du kannst deine Gedanken und Empfindungen während der Meditation auch zur Kenntnis nehmen und benennen. Dann kann dein Geist leichter zur Ruhe kommen und sich wieder auf dein Meditationsobjekt konzentrieren, falls sich zu viele Gedanken dazwischendrängen sollten: Es ist eine weitere Möglichkeit, dein Konzentrationsvermögen und deine Aufmerksamkeit zu trainieren.

»Notiere« dir einen Gedanken oder eine Empfindung, indem du sie bewusst wahrnimmst, während du sie erlebst. Wenn du möchtest, kannst du sie anschließend auch benennen, indem du das Wort dafür laut oder in Gedanken vor dich hin sprichst.

Wenn du deine Gedanken oder Empfindungen auf diese Weise zur Kenntnis nimmst und benennst, so ist das kein Denken. Du beobachtest deine Erfahrung vielmehr und bezeichnest sie mit einem einzigen, neutralen Wort. Sprich dieses Wort in Echtzeit laut oder leise vor dich hin, während du die betreffende körperliche Empfindung spürst.

Hier ein paar Beispiele dafür:

- Gehen: den Fuß »heben, vorschieben, aufsetzen«
- Laufen: »links, links, links«
- Gewichtheben: »heben, hoch, ziehen«
- Tanzen: den Fuß »aufsetzen, heben, drehen«

Gib der körperlichen Empfindung einen Namen: zum Beispiel »heiß«, »pulsierend« oder »pochend«. Mach dir bewusst, dass du mit dieser Benennung automatisch ein Urteil abgibst. Füge nur dann eine Bezeichnung für eine Farbe hinzu, wenn du diese Farbe auch wirklich vor Augen hast (nicht, wenn du sie dir nur vorstellst). Wenn du eine Farbe siehst, dann benenne sie (»grün«, »blau«, »gelb« usw.). Registriere und benenne immer nur das, was du erlebst, und nicht das, was du dir vorstellst.

Achte darauf, dich nicht allzu sehr in diesen Benennungen zu verlieren, vor allem, wenn deine Sportart viele schnelle Bewegungen erfordert. Ein Eisschnellläufer wird nicht in der Lage sein, jede Bewegung genau zu benennen.

Bemiss die Intensität deiner Konzentration daran, wie oft du deine Gedanken oder Empfindungen benennst. Wenn du innerhalb kurzer Zeit viele Benennungen verwendest, springt dein Geist vielleicht gerade hektisch von einem Punkt zum anderen.

Nutze die Tätigkeit des Zur-Kenntnis-Nehmens und Benennens, um dein Bewusstsein in dein Meditationsobjekt zu versenken. Benenne deine Gedanken oder Empfindungen zunächst bei einer langsameren Bewegung. Bei schnellen Bewegungen brauchst du vielleicht gar nichts zu benennen, solange du deine Konzentration aufrechterhalten kannst.

Achte auch darauf, ob das Benennen dich zum Denken verführt. Kommt dir der jetzige Augenblick dadurch stärker zum Bewusstsein? Wenn ja, dann erfüllen diese Benennungen ihren Zweck. Das Benennen soll dich in den Moment hineinführen, nicht von ihm weg.

Wenn du anfängst, dir Sorgen darüber zu machen, ob du deine Gedanken und Empfindungen auch wirklich richtig zur Kenntnis nimmst und benennst, solltest du auch das bewusst wahrnehmen!

Und jetzt bist du dran:
Zur Kenntnis nehmen und benennen

Mach einen Spaziergang. Richte deine Aufmerksamkeit dabei auf den Körperteil, den du am deutlichsten wahrnimmst. Angenommen, es ist dein linker Fuß: Dann konzentrierst du dich während des Gehens auf deine Empfindungen in diesem Fuß. Immer wenn deine Gedanken abschweifen, lenke sie sanft auf das zurück, was du in diesem Fuß spürst; aber füge dabei auch eine Benennung hinzu: Fuß. Jedes Mal, wenn dein linker Fuß auf dem Boden aufkommt, sagst du in Gedanken oder mit leiser Stimme vor dich hin: »Fuß«. Setze diese Übung so lange fort, wie du möchtest.

Zählen

Eine weitere Möglichkeit, deinen Geist auf das gewählte Meditationsobjekt zu richten, sind Zählübungen. Zählen ist eine einfache Form des Zur-Kenntnis-Nehmens. Es fördert die Konzentration und beruhigt den Geist, indem es ihm eine kleine Aufgabe stellt.

Zählen funktioniert am besten in Kombination mit Bewegungen, die sich wiederholen. Zähle beim Gehen oder Laufen deine Schritte, beim Schwimmen deine Armzüge, bei Schlägersportarten die Schwünge.

Du kannst auch deine Atemzüge zählen, und zwar von eins bis zehn. Beim Einatmen zählst du »eins«, beim Ausatmen »zwei« und beim nächsten Einatmen »drei«. Sobald du bei zehn angekommen bist, zählst du entweder von neun rückwärts bis eins oder fängst wieder bei eins an. Jedes Mal, wenn du dich verzählst oder durch Gedanken abgelenkt wirst, beginnst du wieder bei eins.

Sei kreativ. Zähle deine Atemzüge oder Schritte, während du deine Golftasche zum nächsten Abschlag trägst. Wenn der Ball im Rough oder im Sand liegt, brauchst du diese Konzentration. Zähle deine Schritte oder Atemzüge, während du beim Basketball zur Foullinie gehst, um dich in Konzentration und Geduld zu üben. Zähle beim Laufen deine Schritte oder Wiederholungen. Jedes Zählen fördert die Konzentration und höchstwahrscheinlich auch die Geduld.

Lass dich nicht entmutigen, wenn du dabei nicht bis zehn kommst. Wie jede neue Aufgabe wird dir auch das Zählen mit der Zeit leichter fallen, wenn du deine Meditationsfähigkeiten – Konzentration und Ruhe – weiterentwickelst.

Und jetzt bist du dran: Zählen

Mach noch einen Spaziergang und richte deine Aufmerksamkeit dabei auf irgendeine Stelle deines rechten Arms. Jedes Mal, wenn dein rechter Arm nach vorne schwingt, zählst du: eins, zwei, drei usw. – bis zehn. Sobald du bei zehn angekommen bist, beginnst du wieder mit eins. Wenn deine Gedanken abschweifen, bringe sie sanft zu den Echtzeit-Empfindungen in deinem rechten Arm zurück und beginne mit dem Zählen wieder bei eins. Setze diese Übung so lange fort, wie du möchtest.

Fünf: Wenn deine Gedanken abschweifen, hole sie sanft wieder zurück

Wenn du nun schon ausprobiert hast, in Bewegung zu meditieren, hast du wahrscheinlich öfter erlebt, dass deine Gedanken dabei abschweifen. Daher ist der fünfte Schritt sehr wichtig: Hole deine Gedanken sanft wieder zu deinem Meditationsobjekt zurück. So entwickelst du geistige Ruhe: Gelassenheit.

Dass dein Geist abschweift, ist etwas ganz Natürliches. Schließlich ist es die Aufgabe des Geistes, Gedanken zu haben. Mit abschweifenden Gedanken umzugehen, ist einfach, aber nicht immer leicht. Erinnere dich in so einer Situation zunächst daran, dass du gerade beim Meditieren bist. Vielleicht lobst du dich in Gedanken sogar dafür. Immerhin können ganze Meditationssitzungen vergehen, ohne dass dir das Meditieren überhaupt zu Bewusstsein kommt. Sobald du dich daran erinnert hast, lenkst du deine Aufmerksamkeit sanft wieder auf dein Meditationsobjekt zurück.

Denk an eine analoge Radioskala – einen runden Knopf, an dem du drehst, um einen Sender einzustellen. Vielleicht erwischst du dabei eine Frequenz, die zwischen zwei Sendern liegt, und es ertönt kein klares Signal. Dann drehst du so lange weiter an dem Knopf, bis das Signal klar ist.

Vor kurzem ging ich mit Scarlet (auch »die Pupperina« genannt) – einem blonden Labrador, den wir uns anschafften, nachdem mein geliebter Morgan an Altersschwäche gestorben war – zur Schlucht hinunter, um ein paar Kilometer langsam zu joggen. Ich wählte dafür meinen guten Freund »linker Fuß« als Meditationsobjekt.

Immer wenn ich spürte, dass meine Gedanken umherschweiften, stellte ich mein Bewusstsein auf den Radiosender »linker Fuß« ein und ließ mein Bewusstsein in dieses Gefühl hineinsinken – und zwar ganz ohne Zwang. Ich lenkte meine Gedanken zwar in eine bestimmte Richtung; doch ich tat es mit fokussierter Konzentration und blendete alles aus, was nicht zu meinem linken Fuß gehörte. Ich stellte mir meinen linken Fuß dabei nicht vor. Wenn ich ein Bild vor meinem inneren Auge sah, ließ ich es wieder los. Ich achtete nur auf das *Gefühl*, das durch meinen Fuß in mich hineinfloss.

Doch trotz jahrelanger Übung – obwohl ich in meinem Leben schon Tausende von Kilometern gelaufen war und mir wirklich Mühe gab, mich zu konzentrieren – drängten sich immer wieder Gedanken zwischen mich und diesen Meditationsprozess: *Was willst du eigentlich beweisen? Du bist zu alt, zu dick und zu langsam!* Und so weiter und so fort. *Aus dir wird nie eine richtige Läuferin.*

Und dann erinnerte ich mich. Ich war doch gerade beim Meditieren! Die Empfindungen in meinem linken Fuß waren mein Meditationsobjekt.

Dieser Augenblick und das, was ich ganz persönlich damit machte, war der wichtigste Teil dieser Meditationssitzung (und auch aller anderen Meditationen, die ich in meinem Leben praktiziert habe).

Ich gab mir einen anerkennenden kleinen Klaps auf die Schulter, weil ich mich an meine Meditation erinnert hatte, und lenkte meine Gedanken dann ganz, ganz sanft wieder auf die Echtzeit-Empfindungen in meinem linken Fuß zurück.

Es wäre ein Leichtes gewesen, noch mehr tadelnde Gedanken und scheltende Worte auf die negativen inneren Stimmen draufzupacken, die mir ohnehin schon die Hölle heißmachten; aber ich tat es nicht.

Mit ein bisschen Übung habe ich gelernt, mir niemals Vorwürfe zu machen, wenn ich mich von meiner Meditation ablenken ließ. Ich ging stets sanft und behutsam mit mir um – egal, was mich abgelenkt hatte.

Wenn deine Gedanken abschweifen, solltest du auf zwei Dinge achten.

Erstens: Erinnere dich.

Ah! Ich bin gerade beim Meditieren. Ah! Das hatte ich ganz vergessen. Ah! Ich habe mich ablenken lassen. Klopfe dir in Gedanken anerkennend dafür auf die Schulter, dass dir das aufgefallen ist. Unser Verstand springt oft von unserem linken Fuß zum Rotkehlchen vor dem Fenster und von da weiter zum singenden Nachbarn, zum hechelnden Hund, zur Einkaufsliste, zu den Lokalnachrichten, zum Schicksal der Nation und zur Sinnlosigkeit der Existenz, und dabei vergessen wir völlig, dass wir gerade beim Meditieren sind. An manchen Tagen wird deine ganze Meditationserfahrung aus diesem Hin-und-her-Springen deiner Gedanken bestehen. Also rechne es dir als Verdienst an, wenn du dich zwischendurch daran erinnerst, beim Meditieren zu sein. Das ist ein enormer Fortschritt.

Zweitens: Geh sanft und liebevoll mit dir um.

Achte darauf, in welchem Ton du mit dir selbst sprichst, wenn du dich daran erinnerst, dass du ja eigentlich weitermeditieren wolltest. Redest du auf grobe oder lieblose Art mit dir selbst? Oder schreist du dich womöglich sogar wütend an? Mach dir deinen Tonfall bewusst. Versuche nicht, etwas daran zu ändern. Halte dir einfach nur vor Augen, dass du so mit dir umgehst. Lass den Gemütszustand, in den dich dieser Umgangston versetzt, zu einem Teil deiner Meditationspraxis werden. Öffne dich für diesen rauen Ton. Tu dein Bestes dazu, dass er sich ganz von selbst in eine Haltung des Selbstmitgefühls verwandelt. Es genügt schon, wenn dir dieser unfreundliche Umgang mit dir selbst auffällt. Wenn du deine liebevolle Aufmerksamkeit darauf richtest, wird er sich ganz von selbst verändern.

Dafür gibt es ein sehr treffendes Bild – vor allem für Hundeliebhaber wie mich: Stell dir deinen Geist wie einen Welpen vor, dem du beibringen möchtest, an der Leine zu gehen. Der junge Hund hat keine Ahnung, was er soll. Einerseits möchte er dir gefallen, aber andererseits will er auch spielen. Er weiß noch nicht, was für eine Freude es für ihn ist, dich glücklich zu machen. Wie würdest du mit diesem jungen Hund umgehen? Würdest du ihn anschreien, ihm einen Tritt geben oder so heftig an der Leine zerren, dass seine kleinen Pfötchen vom Boden weggerissen werden? Nur ein Ungeheuer würde so etwas tun – oder ein völlig unbeherrschter Mensch, dem man keinen Welpen anvertrauen kann.

Doch leider gehen viele Menschen genau so mit ihrem Geist um: Sie bestrafen den Welpen oder sie geben die Hoffnung auf, weil sie ihn für unerziehbar halten. Dabei haben sie einfach nur nicht die nötige Geduld.

Die Besitzerin, die den Welpen auf liebevolle Weise zu einer Verhaltensänderung motiviert, wählt eine sanfte Erziehungsmethode. Sie versucht ihn durch behutsames Anstupsen auf den richtigen Weg zu bringen. Sie erinnert den Hund daran, wo er hingehen soll. Vielleicht zieht sie sanft an der Leine, um seine Aufmerksamkeit zu wecken und ihn in die gewünschte Richtung zu lenken.

Aber sie wird ihn bei jedem kleinen Schritt mithilfe positiver Verstärkung anspornen und ihn immer wieder loben: »Guter Hund!«, »So ist's brav!« Auf diese Weise habe ich zuerst Morgan und später Scarlet das Bei-Fuß-Gehen beigebracht: sanfte Stupser und viel Lob.

Und genau mit dieser Einstellung solltest du auch an deiner Meditationspraxis arbeiten. Das gelingt freilich nicht von heute auf morgen.

Du erlernst gerade Fähigkeiten, die sich nur wenige Menschen aneignen. Du bringst deinem Geist, der wie ein junger Hund ist, etwas Neues bei. Anfangs wird dein Geist den Nutzen dessen, was du ihm beibringen möchtest, nicht verstehen. Vielleicht wird er sich dagegen wehren. Vielleicht wird er sogar einen kleinen Wutanfall bekommen. Vielleicht wird er dir sagen, dass du mit deinen Erziehungsversuchen aufhören sollst, oder dich davon zu überzeugen versuchen, dass das alles reine Zeitverschwendung ist. Doch ich verspreche dir, dass das nicht stimmt. Deine Bemühungen werden sich auf jeden Fall lohnen – aber nur, wenn du nicht gleich aufgibst.

Und jetzt bist du dran:
Hole deine Gedanken zurück

Wie wäre es mit einem dritten Spaziergang? Achte auf deine Atmung, während du dich bewegst. Finde die Stelle in deinem Brustkorb oder Bauch, an der du deine Atemzüge am deutlichsten spürst, und lenke deine Aufmerksamkeit dorthin. Lass dein Bewusstsein dort hineinsinken und mach diese Stelle zu deinem Meditationsobjekt. Achte weiter auf deine Atmung, bis deine Gedanken abschweifen. Sobald du das merkst, klopfe dir im Geist anerkennend auf die Schulter, weil du dich daran erinnerst, dass du gerade beim Meditieren bist. Dann lenkst du deine Aufmerksamkeit gelassen wieder darauf zurück, wie sich deine Atemzüge anfühlen. Falls du damit Probleme haben solltest, bedanke dich bei deinem Geist für diese Gedanken und lenke deine Aufmerksamkeit dann sanft wieder auf deine Atmung zurück. Setze diese Übung so lange fort, wie du möchtest.

Sechs: Geh sanft mit dir selbst um

Der sechste Schritt auf deinem Weg, aus jeder Bewegung eine Meditation zu machen, ist eigentlich gar kein Schritt, sondern ein Geisteszustand, den man als Gelassenheit bezeichnet – ein wichtiger Teil von »Shinzens Antwort auf alles« und ein unverzichtbares Element jeder Meditationspraxis. In den vorigen Schritten und Übungen habe ich das Wort »sanft« verwendet und davon gesprochen, dass man seinen Welpengeist trainieren muss. Gelassenheit ist eine so wichtige Voraussetzung für jede

Bewegungsmeditation, dass ich mich für diese Wiederholung nicht zu entschuldigen brauche.

Unsere Erfahrungen (Gedanken und körperliche Empfindungen) führen einen kleinen Tanz auf und lösen sich dann in einem Prozess namens Vergänglichkeit in nichts auf. In einer Haltung der Gelassenheit können wir diesen Prozess nicht nur zulassen, sondern gleichzeitig auch in Echtzeit wahrnehmen. Indem wir nicht an unseren inneren Erfahrungen herumzerren (also nicht um jeden Preis etwas daran verändern wollen), können wir voll und ganz für unsere äußeren Erfahrungen – einschließlich unserer Bewegungspraxis – präsent sein.

Eine Möglichkeit, Gelassenheit zu entwickeln, ist die Neugier. Wenn ich mit der Pupperina spazieren gehe, dabei anfange, über Politik nachzudenken und daraufhin Werturteile in mir aufsteigen, nehme ich diese Gefühle zur Kenntnis, aber ich versuche auch, neugierig darauf zu werden. Kann ich mich für meine Emotionen öffnen, statt mich dagegen zu sperren? Liegt unter der Oberfläche meines Unbehagens womöglich ein anderes Gefühl? Kann ich dieses Gefühl entspannt zur Kenntnis nehmen? Selbst wenn es sich wie ein Stein im Magen oder wie ein Ziegelstein auf meinen Schultern anfühlt, gibt es normalerweise irgendwo ein bisschen Freiraum. Auch das nehme ich zur Kenntnis. Dieser innere Prozess ist Gelassenheit.

Und jetzt bist du dran: Gelassenheit

Du hast es erraten: Mach noch einen Spaziergang. Das tut dir gut! Konzentriere dich dabei wieder auf deine Atmung. Wenn du die Stelle in deinem Bauch oder deiner Brust gefunden hast, an der du jeden Atemzug am deutlichsten spürst, dann nimm dir während des Gehens ein paar Minuten Zeit, um deinen Geist dort zur Ruhe kommen zu lassen. Lass dich vom natürlichen Rhythmus deiner Atemzüge beruhigen. Sobald du deine Konzentration dort hingelenkt hast, nimmst du auch andere Gedanken und körperliche Empfindungen wahr, die in dir aufsteigen. Genießt du deine Atmung und deine Gehbewegungen? Oder wehrt sich irgendetwas in dir dagegen? Langweilst du dich? Was auch immer gerade in dir hochkommt – tue dein Bestes, um es wahrzunehmen und zu akzeptieren. Lass es einfach in dir aufsteigen und dann wieder vorüberziehen. Abschweifende Gedanken oder deine Unfähigkeit, Abschweifen deines Geistes zu erkennen, könnten dich frustrieren. Nimm auch das Frustriert-Sein zur Kenntnis. Setze diese Übung so lange fort, wie du möchtest.

Sieben: Recycle deine Reaktionen

Der siebte Schritt auf deinem Weg zur Bewegungsmeditation ist das, was Shinzen »Recyceln der Reaktion« nennt: Alles, was während der Meditation an Gedanken und Gefühlen in dir aufsteigt, bietet dir eine zusätzliche Gelegenheit zum Üben – es ist also gewissermaßen Wasser für deine Meditationsmühle.

Vielleicht hast du an einem bestimmten Tag beim Zumba die Fingerspitzen deiner rechten Hand als Meditationsobjekt gewählt, weil du dort von Natur aus besonders sensibel bist. Doch beim zweiten Song ist dir diese Meditation plötzlich zuwider. Du spürst, wie sich dein Nacken verspannt und ein angewidertes Stirnrunzeln auf deinem Gesicht erscheint. »Warum ausgerechnet dieses Lied?«, denkst du dir. Du nimmst deine negativen Gedanken und deine Frustration zur Kenntnis und wendest deine Aufmerksamkeit wieder deinen Fingern zu. Das gelingt dir zwar bis zum Ende dieses Songs, aber das dritte Musikstück gefällt dir erst recht nicht. Deine Frustration wächst. Und hier kommt die Entscheidungsfreiheit ins Spiel, die ich vorhin erwähnt habe.

Obwohl du eigentlich die Absicht hattest, auf deine Fingerspitzen zu meditieren, kannst du dir nun bewusst etwas ganz anderes vornehmen: Du kannst deine Aufmerksamkeit auf dieses Gefühl der Frustration richten und es zu deinem neuen Meditationsobjekt zu machen. Damit hast du »deine Reaktion recycelt«, also gewissermaßen wiederverwertet und für die Meditation nutzbar gemacht.

Und jetzt bist du dran: Recycle deine Reaktion

Zeit für einen weiteren Spaziergang. Diesmal wählst du als Meditationsobjekt irgendeine körperliche Empfindung aus und beginnst dich dann zu bewegen. Falls dein Geist abschweift und sich irgendein Gedanke zwischen dich und deine Meditation schiebt, nimm ihn zur Kenntnis, gratuliere dir dazu, dass du dich an deine Meditation erinnert hast, und lenke deine Aufmerksamkeit dann sanft und gelassen wieder auf dein Meditationsobjekt zurück. Achte beim Gehen auch auf andere körperliche Empfindungen. Oft steigen nämlich mehrere Empfindungen gleichzeitig in uns auf. Vielleicht spürst du die Verlagerung deines Gewichts beim Gehen und bist dir gleichzeitig des kühlen Luftzugs an deinen Wangen bewusst.

Um dir die Konzentration zu erleichtern, habe ich dir empfohlen, jeweils nur auf eine einzige Empfindung zu achten. Wenn du noch eine weitere Empfindung wahrnimmst, musst du dich entscheiden: Möchtest du bei dem Meditationsobjekt bleiben, das du ursprünglich gewählt hattest, oder willst du deine Absicht ändern und dich auf etwas anderes konzentrieren? Da du diese Entscheidung bewusst triffst, ist die eine Option genauso gut wie die andere. Und wenn du irgendetwas an dieser Meditation als schwierig empfindest, kannst du auch *das* zu deinem Meditationsobjekt machen! Setze diese Übung so lange fort, wie du möchtest.

Acht: Bitte um Hilfe

Der letzte Schritt in diesem Prozess ist eine Art Warnhinweis, auf den ich später noch näher eingehen werde. Dabei geht es darum, um Hilfe zu bitten, wenn du welche brauchst.

Dieses Prinzip gilt – wie vieles in diesem Buch – gleichermaßen für die Bewegung, die Meditation und das Leben. Schmerzen oder andere Wehwehchen? Lass dich von einem Trainer beraten. Verletzt? Geh zu einem Physiotherapeuten. Krank? Suche deinen Arzt auf. Ich werde an späterer Stelle noch ausführlicher auf das Thema »Lehrer und Therapeuten« eingehen. Vorläufig genügt es für dich, zu wissen, dass ein ausgebildeter Meditationsprofi dir viele deiner Fragen beantworten kann, wenn du verzweifelt bist oder nicht mehr weiterweißt.

Und jetzt bist du dran: Um Hilfe bitten

Diesmal gibt es keinen Spaziergang – es sei denn, du hast Lust dazu.

Wenn du mit deiner Meditationspraxis nicht weiterkommst oder Fragen dazu hast, wende dich an einen Menschen, der in Meditation ausgebildet ist und sich damit auskennt.

Lies weiter, um noch andere Hilfsquellen zu finden.

Absicht

Sicherlich ist dir inzwischen schon aufgefallen, dass bei vielen in diesem Kapitel beschriebenen Schritten von »Wahl« oder »Entscheidung« die Rede ist. Mit der Wahl deiner Bewegungsform, deines Intervalls und deines Meditationsobjekts hast du eine Absicht gefasst. Ich hätte diese Absicht auch »Schritt Null« nennen können, denn sie beeinflusst deine anderen Entscheidungen und deine Einstellung zu Beginn der Meditation.

Du wählst für jede Meditationssitzung bestimmte Parameter aus. Diese Parameter werden zu deinem Ziel und bestimmen, was du während deines Meditationsintervalls tust. Dabei visualisierst du kein bestimmtes Ergebnis und erstellst auch keine Checkliste von Zielen, die du erreichen musst. Es ist eher so, als würdest du dich für ein bestimmtes Training entscheiden. Möchtest du deinen Aufschlag oder deinen Rückschlag trainieren? Willst du schnell rennen oder lieber langsamer laufen und dabei viele Kilometer zurücklegen? Du nimmst dir irgendetwas vor und wartest ab, wie es läuft.

Normalerweise sind Meditationsabsichten umfassend und universell und gehen über ein individuelles Ziel hinaus. Sie helfen uns zu erkennen, wie wir mit dem Rest der Welt verbunden sind und dass all unsere Gedanken und Handlungen Konsequenzen haben. Frage dich einmal, was dir wichtig ist. Was stellt für dich einen Wert dar? Du könntest dir zum Beispiel vornehmen, herauszufinden, wie du dich in deiner Gemeinde (oder in globaler Hinsicht) besser einbringen und etwas Sinnvolles bewirken kannst. Deine Meditationsabsicht kann aber auch etwas Persönliches sein: zum Beispiel, dass du dir vornimmst, sanfter mit dir selbst umzugehen und deiner Familie oder deinen Kolleginnen und Kollegen mehr Mitgefühl entgegenzubringen. Und sie kann auch etwas ganz Einfaches sein: Vielleicht nimmst du dir einfach nur vor, dich beim nächsten Intervalltraining nicht zu übergeben.

Bei der Bewegungsmeditation kommen mehrere verschiedene Ebenen der Absicht ins Spiel. Du bist nicht nur neugierig darauf, wie du deinen Golfschwung verbessern kannst, sondern interessierst dich auch für das Wesen der Realität. Was hat es überhaupt mit diesem Schwingen auf sich? Vielleicht wirst du durch das Meditieren beim Schwingen zu einem liebevolleren Menschen, dem nicht nur das Golfspielen, sondern *alles* besser gelingt, weil er es aus dem Herzen heraus tut. Auch das ist eine Entscheidung. Nähere Ausführungen zum Thema Absicht findest du in Kapitel 9: »Positive Gemütszustände kultivieren«.

Und jetzt bist du dran: Absicht

Wenn du das nächste Mal deinen Lieblingssport ausübst, halte dich an sämtliche Schritte, die ich in diesem Buch beschrieben habe. Doch zuallererst solltest du eine Absicht fassen, die ein individuelles und ein universelles Ziel umfasst. Strebe nach Freundlichkeit, liebevoller Güte und innerem Frieden – und suche nach einem Weg, deine Bälle möglichst gerade und weit zu schlagen.

Wie oft soll man meditieren?

Wie oft und wie lange soll man diese Bewegungsmeditation praktizieren?

Ein Zen-Meister hat einmal gesagt: »Ich versuche jeden Tag 30 Minuten zu meditieren; aber an schwierigen Tagen meditiere ich eine Stunde lang.« Läufer haben eine recht ähnliche Philosophie: »Wenn dir das Laufen heute besonders schwerfällt, dann laufe länger.« Ich wette, in jeder Sportart gibt es eine ähnliche Devise.

Dabei geht es aber nicht um die Quantität. Du kannst deine Bewegungsmeditation den ganzen Tag über machen; aber wenn du dich nicht darauf konzentrierst und dich nicht an die richtige Technik hältst, könntest du genauso gut Computer-Solitaire spielen. Andererseits kann mit der richtigen Konzentration und der richtigen geistigen Verfassung sogar Computer-Solitaire eine Meditation sein.

Tue alles, was deine Sportart erfordert, um dich darin so weit zu verbessern, dass du sie genießen kannst. Jede Anstrengung zählt, wenn die richtige Absicht dahintersteckt. Betreibe deinen Sport so lange, bis du gar nicht mehr genug davon bekommen kannst!

Du solltest dich nur vor der Falle hüten, dir einzureden, dass du nicht genügend tust. Bleibe bei deinen unmittelbaren körperlichen Empfindungen oder beobachte deine Gedanken und lass sie dann wieder an dir vorüberziehen. Glaub mir: Dir solche »Ich mache nicht genug«-Geschichten zu erzählen, führt nur zu unnötigem Leid. Wenn solche Gedanken in uns aufsteigen, müssen wir sie zur Kenntnis nehmen und dann einfach weiterziehen lassen. Hüte dich auch vor Gedanken wie: »Diese Meditation wäre noch viel besser, wenn …« Du brauchst nichts zu verändern. Sei einfach nur aufmerksam. Wir tun alle unser Bestes.

Sicherheit geht vor

Mit einem harten Aufprall knallte ich gegen die weiße Wand des Tai-Chi-Studios. Ein paar Jahre bevor ich mit dem Laufen anfing, nahm ich am Nia-Training für den weißen Gürtel teil. An einem Kurstag forderte unser Lehrer alle Teilnehmer zum Freedance auf – wir sollten uns dabei ganz spontan bewegen. Als ich an die Reihe kam, konzentrierte ich mich intensiv auf dieses Ziel und erlaubte meinem Körper, sich so zu bewegen, wie er wollte. Dabei fokussierte ich mich ganz auf meine Gedanken und körperlichen Empfindungen – und übersah dabei prompt die Wand. Zum Glück prallte ich unverletzt davon ab und stürzte zu Boden. Doch aus dieser Erfahrung habe ich eine wichtige Lektion gelernt: Sicherheit geht vor!

Eine Sitzmeditation geht nur selten mit körperlichen Gefahren einher. Du könntest dir zwar das Handgelenk verstauchen, wenn du beim Meditieren auf dem Stuhl einschläfst und herunterrutschst, doch normalerweise ist Meditation eine sehr sichere Art, kraftvolle und zugleich subtile Erfahrungen zu machen.

Aber wenn du deine Meditationspraxis mit Bewegung verbindest und diese Bewegung im Freien stattfindet – vor allem, wenn es in der Nähe auch Fahrzeuge gibt oder Nutztiere herumlaufen (man stelle sich vor, Yoga-Übungen in der Nähe von Ziegen zu machen!) –, steigt die Verletzungsgefahr deutlich an.

Also achte dabei genau auf deine Umgebung. Konzentriere dich nicht nur auf dein Meditationsobjekt, sondern auch auf alles, was am Rande deines Bewusstseins abläuft. Die Ziegenbabys, die beim »Herabschauenden Hund« um dich herumtollen, haben spitze kleine Hufe.

Kümmere dich also auch um das konkrete Umfeld, in dem deine Meditation stattfindet.

Wenn du auf einer Straße spazieren gehst oder joggst, bewege dich dabei in Richtung der entgegenkommenden Autos. Wenn du nachts draußen unterwegs bist und dir dabei irgendwelche Fahrzeuge in die Quere kommen könnten, trage eine Leuchtweste oder wenigstens einen Reflektor. Preiswerte Blinklichter zum Anstecken können dafür sorgen, dass du sicher nach Hause kommst und deine Angehörigen nicht womöglich irgendwann einen Anruf von der Polizei bekommen, der ihnen das Herz bricht.

Für wen ist diese Meditationspraxis gedacht?

Wer sollte dieses Training absolvieren?

Das Wunderbare an der achtsamen Bewegung ist, dass es keine Mindestanforderungen und auch keine sonstigen Voraussetzungen dafür gibt. Die Bewegungsmeditation erfordert kein spezielles Fitnessniveau, und es spielt dabei auch keine Rolle, ob du noch nie meditiert oder auch nur von Meditation gehört hast. Jeder, der Zugang zu den entsprechenden Informationen hat, kann meditieren – unabhängig von seinem sozioökonomischen Status, seiner ethnischen Zugehörigkeit, seinem religiösen Glauben, Geschlecht und Bildungsstand, seiner Körpergröße oder Figur.

Allerdings ist die klassische Meditationspraxis eher für Menschen der Mittel- und Oberschicht zugänglich, die trotz Arbeit und Familie noch Zeit haben, um Retreats zu besuchen und sich in der Meditation unterweisen zu lassen. Das Gleiche gilt übrigens auch für körperliche Aktivität: Aufgrund von Rassismus, Armut, Mobilitätsproblemen und anderen Faktoren haben viele Menschen nicht die Möglichkeit, etwas so zu lernen oder körperlich so aktiv zu sein, wie sie gerne möchten – manchen fehlt die Gelegenheit dazu sogar völlig.

Das ist einer der Gründe, warum ich dieses Buch geschrieben habe: um Bewegung und Meditation allen Menschen zugänglich zu machen. Du hast keine Zeit für eine Sitzmeditation? Kein Problem: Dann meditierst du eben einfach, während du deine Familie versorgst, bei der Arbeit oder auf der Fahrt zu deinem Arbeitsplatz. Man kann auch unterwegs meditieren. Ich möchte, dass alle interessierten Menschen in den Genuss der Vorteile kommen, die eine Bewegungsmeditation bietet. Niemandem sollte die Möglichkeit verwehrt sein, sich von Leid zu befreien.

Also fang einfach dort an, wo du gerade stehst. Deine jetzige Körpergröße oder Figur und dein aktuelles Fitnessniveau spielen dabei überhaupt keine Rolle, und es kommt auch nicht darauf an, auf welcher Stufe des Meditierens du dich gerade befindest – ob du noch ganz in den Anfängen steckst oder schon ein bisschen Erfahrung damit hast. Und egal, an welchem Punkt des Kontinuums von psychischer Gesundheit und Wohlbefinden du gerade stehst – du kannst jederzeit in diese Meditationspraxis einsteigen. Wenn du am Leben bist, kommst du dafür infrage. Wenn du am Leben bist, hast du genau die »Ausrüstung«, die man dafür braucht. Wenn du am Leben bist, bist du bereit für die Bewegungsmeditation!

Zusammenfassung

Wie meditiert man in Bewegung? Lass Bewusstheit (Fokus und Konzentration) und Gelassenheit (einen ruhigen, offenen Geist) in deine Gedanken und Körperempfindungen (deine Erfahrung) hineinfließen.

Hier kommt eine kurze Rekapitulation:

0. Fasse eine Absicht.
1. Wähle irgendeine Form von Bewegung.
2. Wähle ein Intervall oder eine Zeitspanne.
3. Wähle einen Aspekt der Erfahrung der Erfahrung (das heißt, ein Meditationsobjekt).
4. Beginne mit deiner Bewegungspraxis. Während du dich bewegst, richtest du deine Aufmerksamkeit auf das gewählte Objekt.

5. Wenn deine Gedanken abschweifen, hole deine Aufmerksamkeit sanft wieder zu deinem Meditationsobjekt zurück.

6. Tue das alles ganz sanft und behutsam, ohne dich dabei anzustrengen oder dein Handeln in irgendeiner Form zu bewerten. Sei neugierig und offen, interessiert und aufmerksam.

7. Wenn dein Körper und/oder Geist auf deine Praxis reagiert, nimm diese Reaktion zur Kenntnis und kehre dann entweder zu deinem ursprünglichen Meditationsobjekt zurück oder mach diese Reaktion bewusst zu deinem neuen Meditationsobjekt.

8. Wenn du nicht mehr weißt, wie man das macht, wende dich an einen qualifizierten Meditationslehrer, um es dir wieder ins Gedächtnis zurückzurufen.

Markiere diese Seite mit einem Lesezeichen oder mach dir eine Kopie davon und klebe sie an deinen Spiegel. Du kannst sie dir auch auf den Arm tätowieren lassen.

Als Nächstes will ich dir von meiner Meditationsreise erzählen und erklären, warum ich auf diesem Weg bleibe.

KAPITEL 3

WARUM MACHE ICH MIR EIGENTLICH DIE MÜHE?

Warum hast du angefangen zu meditieren?

Da war dieser Typ.

Bei einem unserer ersten Dates fragte er mich: »Willste sitzen?« Ich zuckte die Achseln. Er stellte den Timer der Mikrowelle auf fünf Minuten und sagte: »Mach die Augen zu. Achte auf deine Atmung. Versuche, nicht herumzuzappeln.«

Ich tat, wie mir geheißen und schaute dabei alle paar Sekunden auf die Mikrowellenuhr. Fünf Minuten kamen mir vor wie eine Stunde. Die Gedanken jagten sich in meinem Kopf, und ich konnte meine Atemzüge nicht mehr spüren. Ich zappelte herum.

Obwohl ich weiterhin regelmäßig zusammen mit diesem jungen Mann (der mir wirklich gut gefiel) »saß«, gefiel mir das Meditieren nicht. Es fühlte sich komisch an – langweilig und ein bisschen unheimlich. Mir kam es wie Zeitverschwendung vor. Manchmal war es auch unbequem – und auf Unbequemlichkeit stand ich nicht so sehr.

Als ich mich ein paar Monate später bückte, um mir nach dem Duschen die Füße abzutrocknen, streikte mein Rücken. Das hatte er schon seit Jahren immer wieder einmal getan. Als ich mich zum ersten Mal beim Chiropraktiker »einrenken« ließ, ging ich noch zur Grundschule. Eine unbehandelte Skoliose, Stürze vom Pferd, eine schlechte Körperhaltung und eine instabile Rumpfpartie machten mich zur idealen Kandidatin für eine Rückenoperation. Doch das wollte ich unbedingt vermeiden.

Also stärkte ich meine Körpermitte, hielt meine Wirbelsäule gerade und versuchte meinen Rücken zu schonen; aber das Problem trat trotzdem immer wieder auf, vor allem, wenn ich unter Stress stand. Und wenn du die einzige Anwältin in einer Beratungsfirma bist, später zur einzigen weiblichen Partnerin in einer kleinen Kanzlei wirst und obendrein auch noch Konflikte hasst, lässt Stress sich kaum vermeiden.

Als mir das nächste Mal der Rücken wehtat, gab der junge Mann, mit dem ich damals befreundet war (Ed, inzwischen seit fast 30 Jahren mein Ehemann), mir ein paar Audiokassetten zum Thema Achtsamkeitsbasierte Stressreduktion (MBSR) von Jon Kabat-Zinn.

Damals hatten meine Rückenschmerzen mich schon tagelang ans Sofa gefesselt, also war es höchste Zeit für einen neuen Plan. Die MBSR-Stellungen kamen mir komisch vor – halb Yoga, halb Physiotherapie. Außerdem führte MBSR Achtsamkeit in die Bewegung ein, war also im Grunde nichts anderes als eine Bewegungsmeditation.

Um die gleiche Zeit entdeckte ich die Egoscue-Methode, die Pete Egoscue (ein anatomischer Physiologe und früherer Marineinfanterie-Major) entwickelt hatte. Nachdem Egoscue mit extremen Schmerzen aus Vietnam zurückgekehrt war, entwickelte er einen Kurs mit sanften Übungen, die den Körper dazu anspornen, in eine natürliche, ausgewogene Haltung zurückzukehren. Die Augenblicke, in denen ich flach auf dem Rücken lag, die Beine in einem Winkel von 90 Grad auf die Sitzfläche eines Stuhls *gelegt* und meine Arme langsam hob und senkte, boten eine weitere Gelegenheit für Achtsamkeit in Bewegung.

Ed machte mich auch mit der Arbeit von Dr. John Sarno, dem Autor von *Mind Over Back Pain*, bekannt. Sarno vertritt die Theorie, dass die meisten Rückenschmerzen nicht durch körperliche Verletzungen oder Schäden an der Wirbelsäule, sondern durch Stress entstehen. Zwei Menschen können mit identischen Verletzungen in die Arztpraxis kommen – trotzdem hat nur einer von beiden Schmerzen und der andere nicht. Sarno empfahl Schmerzpatienten daher, ihren unterbewussten negativen Emotionen nachzuspüren, und entwickelte eine Technik, um sie ins Bewusstsein zu heben. Da ich fest entschlossen war, meinen Rücken ohne Operation zu heilen, probierte ich all diese Ansätze bereitwillig aus.

Später entdeckte ich durch einen Freund von Ed die Arbeit von Shinzen Young. Seine Audio-CD »Break Through Pain« bestätigte mich in dem, was ich von Dr. Sarno und Jon Kabat-Zinn gelernt hatte, doch Shinzen stellte diese Erkenntnisse in einen jahrhundertealten Kontext. Damals meditierte ich bereits – ich hatte diese Praxis nur noch nie aus dem Blickwinkel der Schmerzlinderung betrachtet. Jon Kabat-Zinn mochte es Meditation nennen, und ich »saß« zusammen mit Ed; aber dass Meditieren tatsächlich etwas bewirkt, akzeptierte ich erst, als ich diese Wirkung am eigenen Leib spürte.

Mir war gar nicht klar gewesen, was für eine Geschichte ich um mein Problem herumgesponnen und dass ich dadurch noch eine weitere, völlig unnötige Leidensschicht auf meinen körperlichen Schmerz draufgepackt hatte. Erst durch meine neu erlernte Meditationspraxis kamen diese Grübeleien ans Tageslicht: »Wie lange soll das noch so weitergehen?«, »Werde ich irgendwann gelähmt sein?« und »Ed hat mein ständiges Gejammer bestimmt schon längst satt. Sicher wird er mich irgendwann verlassen.«

Als ich lernte, diese Gedanken loszulassen, blieben nur noch die unangenehmen, aber erträglichen körperlichen Empfindungen in meinem Rücken übrig.

Diese Kombination aus Achtsamkeitspraxis, Egoscue, MBSR und Sarnos Bestandsaufnahme meiner negativen Emotionen hat mir tatsächlich geholfen. Meine Rückenmuskulatur verkrampft sich zwar immer noch manchmal – vor allem, wenn ich mit einer dieser Praktiken aufhöre –, aber ich werde Ed für immer und ewig dafür dankbar sein, dass er mich in die Meditation und all die anderen Methoden eingeführt hat, die mich von der Qual meiner Rückenschmerzen befreiten.

Aber auch für meine früheren Rückenschmerzen bin ich dankbar; denn sie haben mich zur Bewegungsmeditation geführt. Und später sollte ich entdecken, dass Bewegung und Meditation auch gegen emotionale Schmerzen helfen können.

Die Grundlagen meiner Meditationspraxis

Meine heutige Praxis beruht auf vielen verschiedenen Quellen. Jacqueline Mandell (inzwischen Lama und Ehren-Lehrerin) leitete das erste stille Achtsamkeits-Wochenendretreat, das ich besuchte, und führte mich in die formelle Retreat-Praxis ein. Seitdem habe ich an vielen Retreats unter ihrer Leitung teilgenommen. Um dieselbe Zeit entdeckte ich Bhante Gunaratanas Buch *Mindfulness in Plain English* (deutsch: *Die Praxis der Achtsamkeit*), das einfache Achtsamkeitsmeditations-Anleitungen enthält. Durch die Lektüre dieses Buches wurde mir das, was ich bis dahin gelernt hatte, erst so richtig klar, und als ich Shinzen Young kennenlernte, verstand ich noch besser, worum es dabei ging.

Ed und ich besuchten Retreats, die vom Yellow Springs Dharma Center angeboten wurden. Dort lernte ich bei Marcia Rose und anderen Lehrerinnen und Lehrern meditieren. Da es in Zentral-Ohio keine Achtsamkeitsgruppe gab, gründeten Ed und ich mit Unterstützung einiger anderer Interesserter die Gruppe »Mindfulness Meditation of Columbus«, und wir koordinierten Retreats mit Lehrern wie Bhante Gunaratana oder Lama Jacqueline Mandell.

Außerdem begann ich die Schreibpraxis zu erlernen, eine vom Zen beeinflusste Technik des *Schreibens als Meditation*, die die Bestsellerautorin Natalie Goldberg (eine Schülerin von Zen-Meister Katagiri Roshi) begründet hat. Natalie lud mich dazu ein, die Meditationen bei ihren Retreats und außerdem eine private Schreibpraxis-Gruppe in ihrem Zendo zu leiten. Inzwischen unterrichte ich seit über 20 Jahren Schreibpraxis in Kombination mit Sitz- und Gehmeditation.

Als ich dann nach 20-jähriger Meditations- und Schreibpraxis schließlich mit dem Laufen begann, stieß ich in einer Bibliothek auf das Buch *ChiRunning* (deutsch: *ChiRunning: die sanfte Revolution der Laufschule*) von Katherine und Danny Dreyer. Ich nahm an einem ChiRunning-Workshop bei Doug Dapo teil; das wurde zu einem weiteren wichtigen Instrument im »Werkzeugkasten« meiner verschiedenen Praktiken. Durch ChiRunning gelang es mir, mein Verständnis der Bewegungsmeditation zu vertiefen.

Obwohl die achtsame Bewegungsmeditation nicht meine einzige Praxis ist, lerne ich dabei vielleicht am meisten. Und was noch wichtiger ist: Das ist die Meditation, die ich mit der allergrößten Wahrscheinlichkeit auch wirklich immer machen werde!

Während der Pandemie nahm ich an der Meditationsleiterausbildung des Sage Institute for Creativity and Consciousness unter Leitung von Sean Tetsudo Murphy, Sensei teil und erhielt ein Zertifikat dafür.

Außerdem spielt auch die psychische Gesundheit eine wichtige Rolle für mich. Denn da ich aufgrund einer bipolaren Störung die meiste Zeit meines bisherigen Lebens mit Depressionen und Angstzuständen zu kämpfen hatte, muss ich auch auf mein seelisches Wohlbefinden achten. Wenn ich mich nicht um diese Symptome kümmere, kann ich das Laufen nicht richtig genießen und auch nicht gut schreiben. Ich kann keine tragfähige Beziehung mit Ed, unserem Hund, meiner Familie, meinen Freunden oder meiner Community führen und weder mir selbst noch anderen Menschen etwas Gutes tun. Wenn ich meine psychischen Symptome nicht in den Griff bekomme, bin ich einfach nicht richtig »da«.

Der wahre Grund, warum ich Bewegungsmeditation praktiziere

Das ist ja alles schön und gut – aber wo liegt der wahre Beweggrund? Warum ist dir das alles so wichtig?

Weil meine Versuche, mir meine eigene Realität zu erschaffen, mir positives Denken vorzugaukeln und etwas zu sein, was ich nicht bin, mich beinahe umgebracht hätten.

Fast zehn Jahre lang habe ich als Anwältin gearbeitet und mich dabei fast immer durch ausgezeichnete Leistungen hervorgetan. Ich recherchiere und schreibe für mein Leben gern. Ich liebte es, Fälle zu übernehmen und Beweisketten zu entwickeln, auf die außer mir niemand kam. Ich hatte wunderbare Kollegen und kleidete mich auch gern meinem Beruf entsprechend. Doch leider habe ich mich in diesem stressigen beruflichen Umfeld nie richtig wohl gefühlt. Weder eine Beratungsfirma für Arbeitgeber noch eine Anwaltskanzlei für Arbeitsrecht passten zu meiner intuitionsbegabten, friedliebenden und tagträumerischen Persönlichkeit.

Aber das wusste ich damals noch nicht.

Ich schämte mich dafür, dass ich bei diesem schnelllebigen Arbeitsklima oft nicht mithalten konnte, und vor allem war es mir peinlich, dass ich Konflikten gern aus dem Weg ging. Ich habe mir wirklich große Mühe gegeben. Als es mir beim besten Willen nicht gelang, meine Persönlichkeit zu verändern, fing ich an, Bücher und Audio-CDs über Themen wie »positives Denken«, »Manifestiere deine Träume« und »So erschaffst du dir deine eigene Realität« zu verschlingen.

Ich erfüllte die beruflichen Erwartungen, die an mich gestellt wurden, zwar auch weiterhin, aber ich musste einen hohen emotionalen Preis dafür zahlen.

Und irgendwann kam dann der Tag, an dem ich weder mir selbst noch meinem Arbeitgeber mehr etwas vormachen konnte: Diesmal hatte meine Depression so heftig zugeschlagen, dass ich ein wichtiges Projekt nicht rechtzeitig zu Ende bringen konnte – eine schwere Enttäuschung für meine Partner und einen meiner Lieblingsklienten. Die Fassade der erfolgreichen Anwältin begann zu bröckeln, und dahinter kam ein psychisches Wrack zum Vorschein.

Doch gleichzeitig lernte ich damals auch zu meditieren, und bald wurden mir die Unterschiede zwischen den beiden Denksystemen klar.

Die Meditation forderte mich dazu auf, bei meinen Schmerzen, meiner Angst und meinen inneren Konflikten präsent zu sein – und zwar so, dass ich das Leid, das sie verursachten, hinter mir lassen konnte. Es fiel mir immer schwerer, die Augen vor der Tatsache zu verschließen, dass ich nicht nur den falschen Arbeitsplatz, sondern möglicherweise auch den falschen Beruf hatte.

Die Botschaft »Erschaffe dir deine eigene Realität« dagegen versuchte mir einzureden, ich könne alles erreichen, was ich mir meiner Meinung nach wünschte, wenn ich nur meinen Verstand für mich arbeiten ließ, und als das nicht klappte, war ich überzeugt davon, etwas falsch zu machen. Dieses System bestand darin, den Erfolg zu visualisieren, meine Ängste beiseitezuschieben, positiv zu denken, mich innerlich auf Reichtum und Überfluss einzustimmen und »es dann einfach zu tun«. Aber diesem »So tun als ob« sind eben doch gewisse Grenzen gesetzt.

Damals, als ich verzweifelt eine andere Realität zu manifestieren versuchte und die wahre Realität – nämlich, dass ich nicht nur professionelle Hilfe bei der Bewältigung meiner langjährigen psychischen Probleme brauchte, sondern wahrscheinlich auch einen anderen beruflichen Weg einschlagen musste – nicht akzeptieren konnte, stand ich kurz davor, meinem Leben ein Ende zu machen. Ich glaubte, mich umbringen zu müssen, weil ich nicht in der Lage war, mit Leichtigkeit meinen Lebensweg als Anwältin zu manifestieren und mich dabei auch noch wohlzufühlen.

Nach meiner Entlassung aus der psychiatrischen Klinik (deren Ärzte mir das Leben gerettet haben) erklärte eine Psychologin mir, dass ich als Juristin das schlimmste Beispiel für falsche Berufswahl sei, das sie in ihrer über 20-jährigen Praxis erlebt habe. Als ich ihr von meinen Versuchen berichtete, mit bloßer Gedankenkraft zu beruflichem Erfolg zu gelangen oder einen psychischen Zusammenbruch durch Meditation zu überwinden, ohne mir professionelle Hilfe zu suchen, schüttelte sie nur den Kopf. Das hatte sie auch schon von anderen Patientinnen und Patienten gehört. Aber eine Avocado kann sich nun mal nicht durch Nachdenken in ein T-Bone-Steak verwandeln.

Damals glaubte ich, auch bei der Meditation zu versagen!

Immer noch verwirrt, rief ich Shinzen an. Ich kam mir wie eine Versagerin vor – nicht nur, weil ich nicht in der Lage war, einen juristischen Beruf auszuüben, sondern auch, weil ich Medikamente brauchte. Inzwischen kommt mir das lächerlich vor – aber damals fragte ich ihn tatsächlich, ob ich aufgrund der Psychopharmaka, die ich einnehmen musste, wohl auch bei meiner Meditationspraxis alles falsch machen würde.

Zunächst einmal erinnerte Shinzen mich vernünftigerweise daran, dass er kein Psychiater, sondern Mönch ist. Nachdem ich ihm versichert hatte, dass es genügend Ärzte und Therapeuten gab, die sich um meine psychische Erkrankung kümmerten, erzählte er mir von Menschen, die zur Behandlung ihrer psychischen Erkrankungen Medikamente einnehmen mussten und trotzdem meditierten. »Achtsamkeit kann nicht alles heilen«, sagte er. »Aber sie kann das Leid lindern.« Er erinnerte mich daran, dass ich schließlich erst seit ein paar Jahren meditierte. Eine schwere depressive Episode wäre selbst für jemanden mit langjähriger Meditationserfahrung eine Herausforderung gewesen.

Shinzen ermutigte mich, weiter zu meditieren, und schlug vor, die mit meiner Depression einhergehenden Gedanken und körperlichen Empfindungen als Meditationsobjekte zu nutzen.

Vor allem aber bestätigte er mir, dass ich diese Medikamente brauchte, um am Leben zu bleiben – und damit basta. Mehr hatten die Psychopharmaka, die ich einnehmen musste, nicht zu bedeuten. Außerdem empfahl er mir, meine Gedanken über dieses Thema ebenfalls in meine Meditationspraxis einfließen zu lassen.

Nach diesem Telefongespräch gewann mein Galgenhumor wieder die Oberhand. »Siehst du, Nita«, redete ich mir gut zu. »Es ist alles in Ordnung so, wie es ist. Wenn du tot bist, kannst du nicht meditieren.«

Auch heute – mehr als 30 Jahre später – zucke ich immer noch zusammen, wenn ich Schlagworte wie »Manifestation«, »positives Denken« oder »Reichtum und Überfluss anziehen« höre. Später werde ich auf eine sinnvolle Alternative dazu eingehen: nämlich, wie man positive Gemütszustände entwickelt.

Zusammenfassung

Meine Schmerzen (und dieser Typ namens Ed) haben mich zur Meditation gebracht. Und ich meditiere auch heute noch, weil ich mein Leid lindern möchte. Ich kombiniere Prinzipien aus alten buddhistischen Lehren mit meiner eigenen Bewegungserfahrung zu einer achtsamen Bewegungsmeditation. Von den vielen anderen Praktiken, die ich ausprobiert habe, habe ich in diesem Kapitel nur ein paar Beispiele genannt. Doch diese Praktiken haben entweder nur die Symptome, aber nicht die Ursache meines Problems behoben oder sie waren ein Versuch, meine Aufmerksamkeit von dieser Ursache abzulenken. Durch Achtsamkeit dagegen konnte ich die Ursache des Übels direkt angehen, und das hat mir die größte Schmerzlinderung gebracht.

Und jetzt bist du dran:

Warum praktizierst du Bewegungsmeditation?

Wenn du das nächste Mal deine Lieblingssportart betreibst, wähle ein Intervall und ein Meditationsobjekt. Bevor du mit deiner achtsamen Bewegung beginnst, frage dich, warum du dich gerade für *dieses* Buch entschieden hast. Dann beginnst du dich zu bewegen und richtest deine Gedanken dabei auf dein Meditationsobjekt. Wenn beim Üben Gedanken darüber in dir aufsteigen, warum du zu diesem Buch gegriffen hast, dann nimm sie zur Kenntnis, lass sie wie Wolken an dir vorbeiziehen und lenke deine Gedanken sanft wieder auf dein Meditationsobjekt zurück. Setze diese Übung so lange fort, wie du möchtest.

Im nächsten Kapitel werde ich auf die »körperlichen Empfindungen« eingehen, auf die man sich beim Meditieren konzentrieren kann. Es gibt eine große Vielfalt solcher Empfindungen, und sie bieten dir viele Möglichkeiten zum Üben.

KAPITEL 4

DAS WUNDER UNSERES KÖRPERS: SINNESTORE

Die Kunst, nicht zu ertrinken

Wenn ich nicht präsent bliebe, würde ich ertrinken. Zumindest fühlte sich das für mich so an, als ich 49 Jahre alt war und durch ein 1,20 Meter tiefes 50-Meter-Becken kraulte. Fest entschlossen, noch vor meinem 50. Geburtstag schwimmen zu lernen, hatte ich mich in einem Fitnessstudio meiner Stadt zum Unterricht angemeldet. Die freundliche, engagierte Schwimmlehrerin ermutigte mich, ruhig Schwimmflossen und eine Schwimmbrille zu benutzen und eine Badekappe aufzusetzen – ich sollte alles nutzen, was ich brauchte, um mein Ziel zu erreichen.

Doch zu Beginn der ersten Stunde musste sie mich erst einmal dazu überreden, überhaupt in den Pool zu steigen. Denn ich friere nun mal nicht gern, und vor Wasser habe ich panische Angst. Als ich mein Gesicht ins Wasser tauchte, registrierte mein Verstand den Kälteschock und empfand ihn als tödliche Bedrohung. Noch vor meinem ersten Schwimmzug, als ich mich ängstlich am Beckenrand festhielt, brachte meine Lehrerin mir bei, wie ich meinen Kopf beim Schwimmen zur Seite drehen sollte, um Luft zu holen.

Mit viel Übung fügten meine Schwimmzüge und meine Atmung sich schließlich zu einer Aktivität zusammen, bei der ich zwar längst nicht so elegant wirkte wie die Schwimmer, die in den anderen Bahnen scheinbar schwerelos an mir vorüberglitten. Aber irgendwie habe ich es trotzdem geschafft, mich im Wasser vorwärtszubewegen.

Die Meditation lehrt uns, bei unseren Gedanken und körperlichen Empfindungen präsent zu sein – unabhängig von ihrer Qualität. Meine langjährige Meditationspraxis hielt mich davon ab, zu schreien, zu ertrinken oder einfach aus dem Becken zu steigen. Jeder Schwimmstoß war eine Gelegenheit, das Wasser auf meiner Haut zu spüren. Jeder Atemzug war eine Chance, zu registrieren, wie sich das Einatmen in einer so ungewohnten Position anfühlt. Und bei jedem Beinschlag lernte ich, dass Entspannung der Schlüssel zur Kraft ist – vor allem in einem Schwimmbecken.

Das klingt ja entsetzlich! Warum hast du dir das nur angetan?

Teilweise war das tatsächlich eine entsetzliche Erfahrung. Manchmal ist der jetzige Augenblick eben einfach nur Mist.

Natürlich hätte ich damit aufhören können. Nichts zwang mich dazu, in dem Schwimmbecken zu bleiben. Aber wir alle wissen, dass irgendwann ein Tag kommen wird, an dem der jetzige Augenblick einfach nur Mist ist und wir *nicht* die Möglichkeit haben, auszusteigen. Kummer. Körperlicher Schmerz. Traurigkeit. Verwirrung. Angst: Irgendwann erleben die meisten Menschen solche Situationen sehr intensiv und ohne dass ihnen ein Fluchtweg offensteht. Durch Meditation lernen wir, was zu tun ist, wenn wir nicht entkommen können. Sie lindert das Leid.

Und hast du am Ende schwimmen gelernt?

Ja und nein.

Inzwischen kann ich durch ein 50-Meter-Becken schwimmen, wenn es nur 1,20 Meter tief ist. Hätte ich die Schwimmmeditation fortgesetzt, so hätte ich mit der Zeit sicherlich mehr Bewusstheit und Gelassenheit entwickelt, und irgendwann hätte ich wahrscheinlich gelernt, zu schwimmen und dabei mit dem Kopf unter Wasser zu bleiben. Aber unsere Lebenszeit ist begrenzt, und das Schwimmen hat mir keinen Spaß gemacht, also bleibe ich bei meinem Sport vorläufig lieber auf dem Trockenen.

Qualitäten körperlicher Empfindungen

Als ich schwimmen lernte, erschienen mir viele Augenblicke dieser Aktivität »schlecht«, obwohl sie in Wirklichkeit einfach nur unangenehm waren. Aber wir Menschen neigen nun einmal dazu, Erfahrungen entweder als gut oder schlecht zu kategorisieren. Wir gehen durch den Tag und denken: »Das ist gut. Das ist schlecht«, und so weiter und so fort.

Es ist wichtig, mit welchen Worten wir unsere Erfahrungen beschreiben. In der Achtsamkeitsmeditationspraxis bezeichnet man Empfindungen nicht als »gut« oder »schlecht«, sondern als »angenehm«, »unangenehm« oder »neutral«. Erkennst du den Unterschied? Mit allem, was wir tun, sagen und denken, trainieren wir unseren Geist.

- Das Wort »angenehm« kann Verlangen hervorrufen.
- Das Wort »unangenehm« kann Abneigung hervorrufen.
- Das Wort »neutral« kann beides hervorrufen – je nachdem, in welcher geistigen Verfassung du dich gerade befindest.

Als Teil der in Kapitel 2 erwähnten »Absicht« solltest du bei jeder Meditationspraxis darauf achten, mit welchen Worten du deine Erfahrung beschreibst. Enthalten diese Worte irgendwelche Werturteile? Diese Selbstbeobachtung ist eine weitere Möglichkeit, mehr Gelassenheit zu entwickeln.

Nutze deine fünf Sinne

Bei der achtsamen Bewegungsmeditation besteht die »Erfahrung«, in die du Bewusstheit und Gelassenheit einfließen lassen möchtest, aus Gedanken und körperlichen Empfindungen, die in Echtzeit in dir ablaufen. In diesem Kapitel geht es um die körperlichen Empfindungen. Ich bespreche diese Empfindungen zuerst, weil es den meisten Menschen (vor allem Anfängern) leichter fällt, damit zu arbeiten als mit den Gedanken.

Zu den körperlichen Empfindungen gehören alle fünf Sinne: Sehen, Riechen, Schmecken, Hören und Tastsinn (einschließlich der Atmung). Man bezeichnet diese Sinne auch als »Tore« oder »Kanäle«, weil unsere Erfahrung durch sie hindurchfließt. Wenn du eine körperliche Empfindung als Meditationsobjekt wählst, tritt diese Erfahrung durch eines der fünf Sinnestore in dein Bewusstsein ein.

An dieser Stelle ist ein Wort der Warnung angebracht: Ich werde hier und in den folgenden Kapiteln viele verschiedene Optionen beschreiben. Aber bitte probiere nicht alle Übungen auf einmal aus. Fang lieber mit der einfachsten an und mache sie eine Zeit lang, bevor du zur nächsten Übung weitergehst. Baue deine innere Fitness Schritt für Schritt auf.

Gefühlter Sinn

Der Tastsinn oder »gefühlte Sinn« umfasst sämtliche Empfindungen, die wir in unserem Körper erleben, einschließlich der Atmung und körperlicher Berührungen.

Atmung

Auch der Atem ist ein »gefühlter Sinn«, eine Art von Berührung. Ich bespreche die Atmung in diesem Buch nicht zusammen mit anderen Berührungsformen, sondern separat, weil jeder Mensch atmet. Deshalb beginnen die meisten Meditationskurse mit der Konzentration auf die Atemzüge. Denn unsere Atmung ist immer da. Sie findet immer im jetzigen Augenblick statt, und die Konzentration auf unsere Atemzüge hat normalerweise von Natur aus eine beruhigende Wirkung. Dieser gemeinsame Nenner führt all unsere geistigen Widerstände ad absurdum, denn man kann nicht glaubhaft behaupten: »Ich atme nicht.«

Der Atem ist auch ein sehr gutes Konzentrationsobjekt für die Bewegungsmeditation. Wir neigen nämlich dazu, unsere Atmung besonders intensiv wahrzunehmen, wenn wir uns bewegen – denn durch die Aktivität wird sie stärker und leichter spürbar. Je nach Intensität der körperlichen Aktivität werden unsere Atemzüge vielleicht schneller, heftiger oder abgehackter – und das können wir wahrnehmen. Mit ein bisschen Übung kann bewusstes Atmen automatisch eine beruhigende Wirkung auf uns ausüben und unsere sportliche Leistung verbessern.

Wenn du deine Atmung als Bewegungsmeditationsobjekt nutzt, achtest du darauf, wie sich dieser Atem in Echtzeit anfühlt. Das unterscheidet sich von der Art und Weise, wie die Atmung bei anderen Praktiken (beispielsweise Yoga) eingesetzt wird: Beim Meditieren versuchst du nicht, etwas an deiner Atmung zu verändern, sondern nimmst sie einfach nur so wahr, wie sie ist. Das gilt auch für die Bewegungsmeditation.

Achte auf die folgenden vier Elemente eines Atemzugs:

- das Einatmen
- die kurze Pause vor dem Ausatmen
- das Ausatmen
- die kurze Pause vor dem nächsten Einatmen

Anfangs ist es vielleicht einfacher, diese vier Elemente beim Sitzen oder langsamen Gehen zu erkennen. Doch sobald sie dir bewusst geworden sind, wirst du sie auch wahrnehmen, wenn du dich schneller bewegst.

Wenn es dir schwerfällt, dich auch nur einen einzigen Atemzug lang auf alle vier Elemente zu konzentrieren, lass dich dadurch nicht entmutigen. Für die meisten Menschen ist das anfangs eine große Herausforderung. Als du mit der körperlichen Aktivität anfingst, die du inzwischen so gerne praktizierst, ist dir das schließlich auch schwergefallen; doch mit der Zeit wurde es einfacher. Das Gleiche gilt für die Konzentration: Mit ein bisschen Übung wird dir auch das leichter fallen.

Hier ein kleiner Hinweis für Menschen mit Angstzuständen: Anfangs wird dich die Konzentration auf deine Atmung vielleicht nervös machen. Wenn das so ist, kannst du diesen Teil meiner Ausführungen vorläufig gerne überspringen und deine Atemzüge erst dann als Meditationsobjekt nutzen, wenn du dich an den Meditationsprozess gewöhnt hast und dich dabei wohler in deiner Haut fühlst. Bis dahin versuchst du es einfach mit einem der anderen Sinneskanäle oder mit anderen körperlichen Empfindungen. Wenn du ganz langsam in die Meditation auf deine Atmung einsteigen möchtest, dann lege dich mit einem Buch auf dem Bauch auf den Boden und konzentriere dich auf deine Atemzüge. Normalerweise zwingt dich das zur Zwerchfellatmung und löst nicht die Angst aus, die einen bei anderen Formen der Atemmeditation manchmal überkommt.

Und jetzt bist du dran: Spüre deinen Atem

Wenn du das nächste Mal Sport treibst, dann überlege dir vorher, welcher Teil deiner Atmung für dich am leichtesten wahrnehmbar ist. Oft ist das die Ausatemphase. Versuche deine Aufmerksamkeit dann nach und nach kontinuierlich auf alle Elemente deiner Atmung auszudehnen.

Und nun beginnst du mit deiner körperlichen Aktivität. Beobachte deine Atemzüge dabei gewissermaßen aus dem Inneren deines Körpers heraus und spüre, wie sie kommen und gehen – wie die Luft in deine Lunge hinein- und wieder herausströmt. Nimm die Qualität deiner Atemzüge wahr: Sind sie weich und sanft, rau, hart, flach oder tief? Denk nicht über deinen Atem nach, sondern *sei* in ihm. Spüre ihn. Erforsche ihn mit deiner Aufmerksamkeit. Achte darauf, ob du beim Atmen Angst verspürst. Versuchst du Kontrolle über deine Atemzüge auszuüben? Falls ja: Kannst du neugierig sein und sie einfach so sein lassen, wie sie sind? Fühlt sich deine Atmung angenehm an? Unangenehm? Neutral?

Falls es dir schwerfallen sollte, dich auf deine Atemzüge zu konzentrieren, versuche sie einfach zur Kenntnis zu nehmen und zu benennen: Einatmen – Ausatmen.

Und vor allem: Mach dir keine Sorgen, wenn du anfangs vergisst, dass du dich auf deine Atmung konzentrieren sollst. Sobald du dich daran erinnerst, lenkst du deine Gedanken einfach wieder auf deine Atemzüge zurück. Wenn es dir gelungen ist, auch nur einen einzigen Atemzug von Anfang bis Ende zu spüren, darfst du dir in Gedanken eine Medaille dafür verleihen! Setze diese Übung so lange fort, wie du möchtest.

Körperliche Berührungen und deine Reaktionen darauf

Zu den körperlichen Empfindungen gehören auch Berührungen: die Berührung der Kleidung auf deiner Haut, ein Schmerz im Knie oder das Gefühl einer vollen Blase. Ein warmes Gefühl in der Brust, das sich verstärkt, wenn du etwas Schönes siehst, oder ein kalter Schauer der Angst, wenn du beim Spazierengehen am Wegrand ein Rascheln im Gebüsch hörst – all das sind körperliche Empfindungen. Jedes »Gefühl«, das du in deinem Körper spürst, ist eine körperliche Empfindung. Deine Haut mit ihren ca. 150 Nervenenden und deine Füße mit ihren ca. 40 000 Nervenenden pro Quadratzentimeter bieten dir unzählige Möglichkeiten, dich auf körperliche Empfindungen zu konzentrieren.

Zum Beispiel auf das Gefühl an deinen Fußsohlen, auf die Verlagerung deines Gewichts beim Laufen oder darauf, wie sich die Lufttemperatur an deiner Haut anfühlt.

Der Tastsinn umfasst alles, womit du bei deinem Sport in Berührung kommst: beispielsweise den Griff deines Tennis- oder Golfschlägers, den Handschuh, in dem deine Hand steckt, oder die Oberflächenstruktur eines Basketballs.

Wenn du keine Sportausrüstung verwendest, dann konzentriere dich auf andere Körperwahrnehmungen.

Erinnerst du dich noch an die Meditation auf meinen linken Fuß, die ich beim Gehen oder Laufen so gern praktiziere? Dabei verwende ich den Tastsinn oder »gefühlten Sinn« als Meditationsobjekt. Ich achte darauf, wie es sich anfühlt, wenn mein linker Fuß auf dem Boden aufkommt, wieder vom Boden abhebt und in der Luft schwebt. Wenn meine Gedanken abschweifen, hole ich sie sanft wieder zu meinem Meditationsobjekt zurück.

Auch auf dem Weg zu dem Ort, an dem du deinen Sport treibst, kannst du Achtsamkeit praktizieren. Spüre deine Hände am Lenkrad deines Autos, deinen Griff an der Stange oder Halteschlaufe im Bus oder deine Hand, die den Türgriff dreht, wenn du aus dem Haus gehst. Diese Vorbereitung stimmt dich schon vor dem Sport darauf ein, im Hier und Jetzt zu sein.

Der Tastsinn umfasst auch deine körperlichen Reaktionen auf eine Erfahrung, die durch ein Sinnestor in dich eintritt. Wenn du zum Beispiel eine schöne Blume siehst, spürst du vielleicht, wie sich deine Mundwinkel zu einem Lächeln verziehen oder dir eine Träne im Auge brennt. Auch diese Reaktionen sind »gefühlte Empfindungen«, die du in Echtzeit in deinem Körper spürst.

Wenn dein Geist abschweift oder sich irgendwelche Gedanken zwischen dich und deine Empfindungen drängen, dann wende einfach die zuvor beschriebene Technik an: Nimm deine körperliche Empfindung zur Kenntnis und benenne sie.

Hier ein kleiner Hinweis für Menschen, die sich mit Körperwahrnehmung schwertun (also hauptsächlich in ihrem Kopf leben): Diese Übung könnte eine Offenbarung für dich sein. Das Ungewohnte daran kann zwar auch unangenehme Empfindungen hervorrufen – aber mach dir deshalb keine Sorgen, sondern recycle dieses Unbehagen einfach. Habe Geduld mit dir selbst. Konzentriere dich beim Üben zunächst auf langsame Bewegungen. Sei sanft zu dem Teil deines Geistes, der ausflippt, wenn er zum ersten Mal deinen linken Fuß spürt. Ich verspreche dir: Es wird dich nicht umbringen.

Und jetzt bist du dran: Berührungen wahrnehmen

Wenn du das nächste Mal vorhast, deinen Lieblingssport zu betreiben, wähle einen leicht wahrnehmbaren Aspekt der körperlichen Berührung als Meditationsobjekt. Fang an, dich zu bewegen, und konzentriere deine Aufmerksamkeit dabei auf die Berührung, für die du dich entschieden hast. Denk nicht über diese Berührung nach und stell sie dir auch nicht vor, sondern nimm sie von innen heraus wahr. Werde neugierig darauf. Lass deine Aufmerksamkeit in sie hineinsinken. Empfindest du irgendetwas an dieser Berührung als angenehm? Immer wenn dein Geist von dieser Empfindung abschweift, lenkst du ihn sanft wieder dorthin zurück. Setze diese Übung so lange fort, wie du möchtest.

Und jetzt bist du dran: Körperliche Berührungen zur Kenntnis nehmen und benennen

Wiederhole die obige Übung (»Berührungen wahrnehmen«) noch einmal.

Falls dabei Gedanken in dir aufsteigen, die dich ablenken, gib dem Berührungsaspekt, für den du dich entschieden hast, einen Namen. Denk daran: »Zur Kenntnis nehmen« bedeutet, die Berührung zu registrieren; der zweite Schritt – »benennen« – besteht darin, der Berührung einen Namen zu geben. Bei meiner Meditation über den linken Fuß umfassen meine körperlichen Empfindungen alles, was ich in diesem Fuß spüre, und ich benenne sie normalerweise mit dem Wort »Fuß« oder »links«.

Sobald du eine Berührung ausgewählt hast, mit der du arbeiten möchtest, und einen Namen dafür gefunden hast, beginnst du mit deiner körperlichen Aktivität. Während du dich bewegst, benennst du die betreffende Berührung, wann immer du sie spürst. »Greifen«, »berühren«, »links«, »Gewicht verlagern«, »gleiten«, »beugen« oder »drehen« – die Möglichkeiten sind endlos. Setze diese Übung so lange fort, wie du möchtest.

Gesichtssinn

Bei uns Menschen ist das Gesichtsfeld – das Sehen – der stärkste Sinn. Das macht das Sehen zu einer sehr anregenden Sinneserfahrung; deshalb wird dein Lehrer dich bei einer Sitzmeditation vielleicht dazu auffordern, die Augen zu schließen oder den Blick nach unten zu richten.

Bei der achtsamen Bewegungsmeditation dagegen halten wir unsere Augen normalerweise offen, um zu sehen, wo wir uns hinbewegen. Wir können alles, was wir dabei sehen – beispielsweise Farben, Formen, Geräusche oder Bewegungen –, als Meditationsobjekt nutzen.

Farbe

Ich wähle gern eine Farbe als Objekt für meine Bewegungsmeditation aus. Im Freien ist das oft die Farbe Grün, da sie so reichlich vorhanden und so leicht zu erkennen ist. Im Winter wähle ich aus demselben Grund Grau.

Ich mache mich auf den Weg, den Hund an meiner Seite, und lasse die Farbe in mein Gesichtsfeld eintreten. Bei einer Bewegungsmeditation über das Sehen ist es für mich am besten, mein Bewusstsein frei umherschweifen zu lassen, weil ich nie im Voraus weiß, was ich sehen werde. Da das meiste, was mir vor die Augen kommt, grün ist, kann ich den Fokus meines Bewusstseins stärker einengen, sobald ich eine große grüne Form – zum Beispiel einen großen Baum oder einen Rasen – vor mir habe. Im Winter kann ich einen schneebedeckten Rasen anpeilen. Doch da ich in Bewegung bin, bleibt meine Aufmerksamkeit nicht während meiner ganzen sportlichen Aktivität auf ein und denselben Fleck gerichtet.

Wenn mir Grün ins Auge fällt, lasse ich es in mein Gesichtsfeld eintreten und achte auf Formen und Oberflächenstrukturen innerhalb dieses Grüns, zum Beispiel auf die Blätter oder Zweige einer Ranke.

Wenn ich dagegen denke: »Oh, das ist grün« oder »Oh, da sind Zweige«, lasse ich diesen Gedanken wieder los. Stattdessen lasse ich die Farbe mein Gesichtsfeld ausfüllen und durch das Sinnestor meiner Augen in mein Bewusstsein eintreten.

Da ich in Bewegung bin, wird dieses Grün naturgemäß irgendwann wieder verschwunden sein. Wenn ich ein paar Sekunden lang kein Grün sehe, nehme ich die Leere – die Abwesenheit von Grün – wahr und warte in aller Ruhe ab, bis wieder neues Grün auftaucht.

Vielleicht bemerke ich auch die verschiedenen Farbschattierungen – die große Vielfalt an Grüntönen in der Gegend, in der ich lebe: beispielsweise Blassgrün, helles Frühlingsgrün, Olivgrün und dunkles, fast schwarzes Grün. Ich lasse mein Bewusstsein über diese verschiedenen Grüntöne hinwegschweben, ohne sie festzuhalten – ich lasse diese Farbnuancen einfach in mein Gesichtsfeld eintreten.

Bewegung

Heute Abend habe ich mir vorgenommen, bei unserem Spaziergang alle Bewegungen wahrzunehmen, die in meinem Gesichtsfeld auftauchen: Ich achtete einfach auf alles, was sich bewegte. Das war eine Übung in frei schwebender Aufmerksamkeit. Indem ich mein Herz und meinen Geist für alles öffnete, was da auf mich zukommen mochte, gelang es mir, mich in Gelassenheit zu üben.

Was habe ich gesehen? Blätter, die sich im Wind bewegten. Ein Auto, das in einer Seitenstraße vorbeifuhr, und dann den Raum, in dem sich nichts mehr bewegte, nachdem das Auto aus meinem Blickfeld verschwunden war (also eine Erfahrung des »Wegseins«). Eine schwarz-weiße Katze, deren Schwanz aufgeregt hin und her peitschte, als sie Pupperina sah. Die kupferroten Ohren der Pupperina, die sich spitzten, als sie die Katze mit dem hin und her peitschenden Schwanz erblickte. Dann nichts mehr. Stille. Inzwischen war es neun Uhr abends, und es war dunkel. Als Nächstes nahm ich das Aufblinken der Leuchtweste wahr, die meine Hündin nach Einbruch der Dunkelheit immer trägt, gefolgt vom Blinken meiner eigenen Weste. Fünfeinhalb Kilometer lang richtete ich meine Aufmerksamkeit auf sämtliche Bewegungen, die mir ins Auge fielen. Wenn sich nichts bewegte, nahm ich einfach den weiten, leeren Raum wahr – und dann wieder eine Bewegung.

Ich dachte nicht über die Bewegungen nach, die ich sah. Ich bewertete sie nicht. Ich nahm zwar angenehme oder unangenehme körperliche Empfindungen oder Gedanken wahr, die in mir aufstiegen, wenn diese Bewegungen in mein Blickfeld rückten; doch ansonsten ließ ich die visuelle Wahrnehmung der Bewegung einfach durch meine Augen in mein Bewusstsein eintreten. Alle anderen Empfindungen oder Gedanken ließ ich auftauchen und an mir vorüberziehen.

Wenn ich mich in Gedanken verlor – darüber, was ich morgen tun oder was ich über die Erfahrung von heute Abend in mein Tagebuch schreiben könnte –, erinnerte ich mich daran, dass dieser Spaziergang eigentlich als Meditation gedacht war, und lenkte meine Gedanken sanft wieder auf meine Bewegungen zurück.

Bewegung in Bewegung

Ich nehme auch gerne die Bewegungen wahr, die dadurch entstehen, dass *ich* mich bewege. Hier in Zentral-Ohio wird es im Winter oft eiskalt; bei solchem Wetter jogge ich nicht draußen. Wir haben die Möbel (und die Kisten meines Schreibarchivs) von den Kellerwänden weggerückt, um eine kleine ovale »Laufbahn« zu schaffen. Wenn ich in unserem Keller jogge, wähle ich eine Farbe als Meditationsobjekt. Vor kurzem war es die Farbe Orange. Während ich immer im Kreis herumjoggte, nahm ich die orangefarbene Salzlampe, den dunklen Rost an den alten Stühlen meiner Mutter (den einzigen, die die Pupperina nicht angefressen hat) und einen orange-schwarzen Ansteckschwanz aus einer Sammlung von Kostümen wahr, die ich in meinen Schreibkursen verwende.

Als ich nach anderthalb Kilometern die Richtung wechselte und nun gegen den Uhrzeigersinn lief, sah ich zuerst den orangefarbenen Gymnastikball und dann das Bild der Orange an der Seite des Kartons, in dem mein Laptop geliefert worden war. All diese Dinge tauchten in meinem Blickfeld auf, und als ich weiterlief, verschwanden sie wieder.

Wenn mir irgendwelche Erinnerungen oder Werturteile im Kopf herumgingen, nahm ich sie einfach zur Kenntnis, ließ sie dann wieder los und kehrte mit meinen Gedanken zu der Farbe zurück, die ich als Meditationsobjekt gewählt hatte.

Wenn meine Gedanken zu sehr abschweiften, fing ich an, mein Meditationsobjekt zu benennen, wann immer ich es sah: »orange«, »orange«, »orange«.

Farben sehen

Und jetzt bist du dran: Farben sehen

Egal, ob du die körperliche Aktivität, für die du dich entschieden hast, drinnen oder draußen praktizierst – wenn du ein normales Sehvermögen hast, wirst du dabei Farben sehen. Bevor du mit deinem nächsten Training beginnst, wähle eine Farbe als Meditationsobjekt. Und zwar eine, die dir gefällt – du brauchst dich nicht zu quälen.

Beginne mit deiner Bewegungsmeditation und achte dabei auf die Farbe, die du ausgewählt hast. Sobald sie in deinem Gesichtsfeld erscheint, nimmst du sie zur Kenntnis, und wenn sie wieder aus deinem Blickfeld verschwindet, nimmst du das ebenfalls wahr. Registriere auch alle Gemütszustände oder Vorlieben, die in dir aufsteigen, wenn die Farbe in deinem Blickfeld erscheint und wieder daraus verschwindet.

Falls dir bei der Wahrnehmung dieser Farbe Gedanken dazwischenkommen sollten, benenne die Farbe, wann immer du sie siehst.

Geräusche

Als ich heute zusammen mit Scarlet, der Pupperina, gemächlich vor mich hin joggte, nahm ich den Herbstwind wahr, der durch die Bäume rauschte. Ursprünglich hatte ich vorgehabt, mich auf die Traurigkeit, Verwirrtheit und niedergedrückte Stimmung zu konzentrieren, in die eine bestimmte emotionsgeladene Situation mich versetzt hatte. Ich wollte meine Sinne von einem gewissen Drama (meinem eigenen und dem anderer Menschen) und meiner rasenden Wut überfluten lassen, die dieses Drama in mir auslöste, um zu sehen, ob sich vielleicht etwas davon löste, während meine Füße über den Asphalt stampften.

Doch dann weckte der Wind meine Aufmerksamkeit, also ließ ich meinen ursprünglichen Plan fallen und richtete meine Konzentration auf die Blätter. Dabei nahm ich auch meinen Impuls wahr, mir diese Blätter *vorzustellen*, sie also nicht in der Realität, sondern vor meinem geistigen Auge zu sehen. Immer wenn mir dieser innere Drang auffiel, kehrte ich mit meiner Aufmerksamkeit wieder zu dem Geräusch zurück, das die Blätter machten.

Gemütlich joggten wir weiter; ich entspannte mich und ließ meinen Körper in dieser für mich sehr stressigen Lebenssituation zur Ruhe kommen, während ich meine Ohren vom Rauschen des

Windes in den Bäumen erfüllen ließ. Genau so hat es sich angefühlt: Das Geräusch erfüllte meine Ohren. Meistens empfand ich das als angenehm – ein Rascheln und Knistern der Blätter, die in Vorbereitung auf ihr alljährliches Abfallen langsam abzusterben begannen. Wieder tauchte das Bild von getrockneten Blättern in meinem Kopf auf. Ich nahm es zur Kenntnis und ließ diesen Gedanken dann wieder an mir vorüberziehen.

Bald füllten meine Ohren sich wieder ganz mit dem Rauschen von Blättern im Wind an einem Herbsttag. Als der Wind abflaute, ließ auch das Geräusch nach. Ich tat mein Bestes, um nicht angestrengt darauf zu lauschen, sondern es auf natürliche Weise abklingen zu lassen, und bemühte mich, die darauffolgende Stille mit Gelassenheit hinzunehmen. Als der Wind völlig abgeebbt war, nahm ich den leeren Raum wahr, den die Stille erzeugte – das Fehlen von Geräuschen. Und als der Wind wieder einsetzte, nahm ich sein Auf und Ab zur Kenntnis – wie er in kleinen Wellen kam und ging, allmählich stärker wurde, seinen kleinen Geräuschtanz vollführte und dann wieder abflaute.

Bitte beachte, dass ich mich bei der Wahl meines Meditationsobjekts auf eine einzige Sache beschränkt habe: nämlich auf das Geräusch des Windes in den Bäumen – oder, genauer gesagt, auf das Rauschen des Windes in den allmählich trocken werdenden Blättern, ein sehr eigentümliches Geräusch, das ich als angenehm empfinde. Ich nahm auch die Unbeständigkeit – die Veränderung des Geräuschs – wahr. Und ich tat mein Bestes, um das, was ich hörte, und meine Reaktion darauf gelassen hinzunehmen. Mir war das Geräusch zwar lieber als die Stille, aber ich nahm diese Präferenz einfach zur Kenntnis, ließ auch sie los und kehrte dann wieder zur Realität zurück – zu dem, was in diesem Augenblick existierte, einschließlich meines eigenen Wunsches.

Und wie so oft, wenn ich meditiere, legte sich mein emotionaler Aufruhr dabei allmählich.

Wenn Geräusche uns wehtun

Selbst wenn man ein Geräusch als schmerzhaft empfindet, kann man aus dieser Irritation eine meditative Praxis machen. Bei einem frühmorgendlichen Lauf spürte ich, wie mein Körper sich anspannte, als ich das schwappende Geräusch des Wassers in der Trinkweste einer anderen Läuferin hörte. Bei jedem Schwappen ging eine Welle unangenehmer Gefühle durch meinen ganzen Körper hindurch. Ich verkrampfte mich, und mein Gehirn begann zu urteilen. »Warum hat sie die Trinkblase nicht entlüftet, damit das Wasser nicht so hin und her schwappt?«

Ich leide an Misophonie – einer sporadisch auftretenden Phobie, die durch sich wiederholende Geräusche ausgelöst wird. An manchen Tagen störte mich dieses schwappende Geräusch überhaupt nicht; an anderen Tagen überwältigten mich dabei unangenehme körperliche Empfindungen. Dann lief ich ein bisschen langsamer und ließ die Frau an mir vorbeijoggen, bis sie sich außer Hörweite befand.

Doch an jenem Morgen beschloss ich, diese Erfahrung zu einer Meditationspraxis zu machen. Die Läuferin ist eine Freundin von mir und joggt erst seit relativ kurzer Zeit. Das war eine gute Gelegenheit für eine Bewegungsmeditation.

Also entspannte ich meinen Körper und meinen Geist und ließ dieses »Schwapp-schwapp-schwapp« einfach durch mich hindurchfließen. Das Geräusch brachte mich zwar immer noch zum Wahnsinn, doch inzwischen nahm ich es als Herausforderung, jeden einzelnen Ton davon zu hören. Ich fokussierte mich darauf, wurde offen dafür, untersuchte es mit dem Mikroskop meines Bewusstseins. Ich wehrte mich nicht mehr dagegen, sondern ließ es durch mich hindurch. »Zu dem Geräusch werden« nennt man das im Zen-Buddhismus. Interessanter und weniger schmerzhaft als vorher zogen die Kilometer an mir vorbei.

Gerüche

Der Geruchssinn ist ein weiteres Sinnestor, das wir als Meditationsobjekt nutzen können. Gerüche wecken Erinnerungen. Diese Erinnerungen sind Gedanken. (Auf dieses Thema werde ich später noch näher eingehen.) Mach dir den Unterschied zwischen dem Geruch selbst und einer Erinnerung bewusst, bei der es sich wahrscheinlich um ein Bild oder einen inneren Monolog handelt. Nimm genau wahr, an welchen Stellen deines Körpers der Geruch nachhallt. Das ist dann zwar eher ein gefühlter Sinn als ein Geruch, aber es ist trotzdem wichtig, ihn wahrzunehmen.

Eine meiner Lieblingsjahreszeiten für die Duftmeditation oder »Schnüffelmeditation« (wie ich sie gerne nenne, weil ich oft zusammen mit meinem Hund joggen gehe, der immer überall herumschnüffelt) ist das Frühjahr, wenn der Flieder blüht. Ich laufe dann einfach los, lasse meine Aufmerksamkeit frei schweben und nehme jeden Duft wahr, der mir in die Nase steigt. Der Frühling in Zentral-Ohio riecht frisch und grün. Dieser helle, lehmige Duft ruft angenehme körperliche Empfindungen und Gedankenbilder von den grünen Feldern hervor, in deren Umgebung ich aufgewachsen bin.

Während ich laufe, halte ich (mit meiner Nase) Ausschau nach Flieder. Oft rieche ich die Blüten schon, bevor ich sie sehe. Hat die Farbe Lila einen Geruch? Wenn ja, dann ist es der Duft von Flieder. Ich achte darauf, mich nicht nach diesem Duft zu sehnen, sondern ihn mir zuwehen zu lassen und hinterher, wenn ich daran vorbeigelaufen bin, wieder loszulassen.

Letzteres fällt mir schon ein bisschen schwerer, denn ich rieche nun mal so gerne Fliederblüten. Also mache ich dieses Verlangen zu einem Teil meiner Meditationspraxis: Ich nehme das fast schmerzhafte Gefühl der Hoffnung wahr, an einem Fliederstrauch vorbeizukommen, und registriere auch den leisen Anflug von Traurigkeit, der mich überkommt, wenn ich mich so weit von dem Strauch entfernt habe, dass der Duft wieder verblasst und nur noch eine bloße Erinnerung ist. Und auch diese Erinnerung wird für mich zu einer Meditation.

Geschmack

Das letzte Sinnestor ist der Geschmack, also die Empfindungen, die in unserem Mund entstehen: sei es durch Dinge, die wir in den Mund nehmen, oder durch einen Geschmack, den unser eigener Körper erzeugt.

Jeder Mensch, der irgendeine Form von körperlicher Aktivität praktiziert, muss die Maschine (das heißt, seinen Körper) mit Energie versorgen. Und der Sinn der Bewegungsmeditation – vielleicht sogar der Sinn *jeder* Meditationspraxis – besteht großenteils darin, dass wir lernen, diesen meditativen Zustand auf unser ganzes Leben zu übertragen. Zum Beispiel, indem wir auch beim Essen meditieren.

Halte dich an die nun folgenden einfachen Anweisungen und meditiere über den Geschmack deines Essens:

Beginne mit einer einfachen Speise, die du gerne isst, aber nicht in einem Bissen hinunterschlingen möchtest. Nimm eine kleine Portion davon und setze dich zum Essen hin – am besten an einen Tisch. Wenn man diese Speise mit Besteck essen muss, wird dir die Meditation darauf möglicherweise leichter fallen. Die Möglichkeit, das Besteck auf den Tisch zu legen, kann ein Teil deiner Meditation sein.

Schneide einen kleineren Bissen von der Speise ab, als du normalerweise nehmen würdest. Achte auf alle Gedanken, die dabei in dir aufsteigen. Das können Werturteile über den Vorgang des Essens, über dich selbst oder über diese Speise sein. Nimm sie einfach wahr.

Lege den Bissen auf deine Gabel oder deinen Löffel.

Führe das Essen langsam zum Mund. Achte darauf, was dabei in deinem Mund, deinem Körper und deinem Geist passiert. Höre wieder in dich hinein, um festzustellen, ob dabei ein Werturteil in dir aufsteigt. Achte auch darauf, ob deine Gedanken oder körperlichen Empfindungen angenehm, unangenehm oder neutral sind.

Nimm das Essen in den Mund, aber kaue oder schlucke es vorläufig noch nicht, sondern belasse es auf deiner Zunge.

Genau deshalb ist es so hilfreich, als Meditationsobjekt Lebensmittel zu verwenden, die du wahrscheinlich nicht so schnell hinunterschlingen würdest. Vor allem, wenn du zum ersten Mal lernst, über einen Geschmack zu meditieren, musst du dich ganz langsam darin üben, um in den Genuss der vollen Meditationserfahrung zu kommen.

Sobald du das Essen im Mund hast, nimm es hundertprozentig wahr. Wie schmeckt es? Wie fühlt es sich an? Achte auf seine Beschaffenheit. Welche Geschmacksrichtungen nimmst du wahr und an welcher Stelle? Strahlt etwas davon in deinen Mund oder vielleicht sogar in deinen ganzen Körper aus?

Dann beginnst du langsam zu kauen oder zu schlucken. Konzentriere dich auch dabei genau auf alle Wahrnehmungen.

Spürst du irgendwelche körperlichen Empfindungen? Was für eine Qualität haben sie – angenehm, unangenehm oder neutral? Bewegt oder verändert sich irgendetwas daran? Strahlt irgendeine Empfindung woandershin aus? »Spürst« du diese Erfahrung in anderen Teilen deines Körpers? Steigen Gedanken in dir auf?

Nachdem du das Essen vollständig gekaut und hinuntergeschluckt hast, achte auf nachhallende Empfindungen in deinem Mund, auf deiner Zunge, an deinem Zahnfleisch, in deinem Rachen. Überträgt sich dieser Nachhall auch auf den Rest deines Körpers? Vielleicht spürst du einen Nachgeschmack oder Nachempfindungen, gewissermaßen ein Echo deines Essens.

Bei dieser Meditation gibt es keine falschen Antworten. Es geht nur um die Erfahrung – darum, in der Realität zu sein. Und nein: Du musst nicht *immer* auf diese Art und Weise essen!

Wenn du isst, wirst du wahrscheinlich all deine Sinne wahrnehmen, und dir werden viele Gedanken durch den Kopf gehen. Das ist der Grund, warum Essen etwas so Genussvolles ist: Es überflutet buchstäblich alle unsere Sinneskanäle – und zwar oft mit positiven Wahrnehmungen. Du wirst angenehme körperliche Empfindungen und Vorfreude verspüren, wenn du das Essen siehst, dir einen Bissen davon abschneidest und zum Mund führst. Das Gleiche passiert, wenn du das Essen riechst. Die Beschaffenheit des Essens in deinem Mund kann ebenfalls Gedanken und Empfindungen auslösen. Und wer erinnert sich nicht an das Geräusch, wenn die Zähne die Schale eines Apfels durchbohren? Was für ein überwältigendes Gefühl!

In der obigen Meditationsanleitung habe ich nur Geschmacksempfindungen erwähnt. Aber du kannst beim Essen alle Empfindungen aus sämtlichen Sinneskanälen – einschließlich deiner

Gedanken (bleibe auf sie eingestimmt!) – zum Meditationsobjekt machen. Wenn dir ein Gedanke durch den Kopf geht, nimm ihn wahr und lenke deinen Geist dann sanft wieder auf deine Geschmacksempfindungen zurück.

Wenn ich während eines langen Laufs etwas esse oder trinke, konzentriere ich mich dabei auf den Geschmack dieses Lebensmittels oder Getränks und mache ihn zu meinem Meditationsobjekt. Aber auch wenn du gerade nichts isst oder trinkst: Nimm trotzdem jeden Geschmack – oder das Fehlen von Geschmack – in deinem Mund wahr.

Wenn dein Körper sich nicht besonders gut anfühlt

Angstzustände, Depressionen, Panikattacken, Verfolgungswahn und andere psychische Probleme können dazu führen, dass wir uns wie weggetreten fühlen – als hätten wir keinen festen Boden mehr unter den Füßen. Wenn wir uns dann gelassen auf unseren Körper konzentrieren, bringt uns das in den jetzigen Augenblick zurück – auf den Boden des Seins, direkt in unseren Körper hinein. Unser Körper ist ein Gewicht, ein Anker. Wir tragen ihn den ganzen Tag mit uns herum. In unserem Körper präsent zu sein, gibt uns ein Gefühl der Ruhe und Sicherheit, das uns auch bei der Bewältigung psychischer Probleme helfen kann.

Aber Körperbewusstsein ist nicht immer angenehm. Denn vielleicht fühlt sich der Körper unangenehm an; vielleicht ist die Angst für uns zu schmerzhaft oder die Paranoia zu stark. Eine Depression kann sich wie ein schweres Gewicht anfühlen, das einen unter Wasser zu ziehen droht.

In jener schweren Lebensphase, die ich als »das Jahr, in dem alle starben« bezeichne, wurden meine unangenehmen Gedanken und körperlichen Empfindungen allmählich zu einer Gefahr für mich. Als zuerst meine Nichte, dann mehrere andere Freunde und Familienmitglieder – darunter mein Schwiegervater und schließlich auch meine Mutter – innerhalb von elf Monaten vom Tod dahingerafft wurden, erzeugte der körperliche Schmerz der Trauer und Depression in mir Gedanken wie: »Was hat das alles für einen Sinn?«, »Niemand würde mich vermissen, wenn ich nicht da wäre« und »Ich halte das nicht mehr aus«.

Doch selbst in diesen düsteren Zeiten verhalf mir die Meditation dazu, diese Gedanken und Empfindungen als das zu erkennen, was sie tatsächlich sind: keine festen Objekte, sondern Prozesse. Und diese Erkenntnis befreite mich aus meiner Abwärtsspirale und linderte das Leid, das diese schwierigen Lebensereignisse und psychischen Probleme mir verursachten.

Aber es macht mir Angst, mich auf meinen Körper zu konzentrieren. Was soll ich tun?

Wenn dir die Konzentration auf deine körperlichen Empfindungen Angst einjagt, versuche stattdessen, dich nur auf deine Hände oder Füße zu fokussieren. Viele starke Emotionen entstehen im Brustkorb und Bauch. Von emotionalen Empfindungen aus der Körpermitte fühlen sich manchmal selbst Menschen mit langjähriger Meditationserfahrung überwältigt.

Wenn du es auch als beängstigend empfindest, dich nur auf deine Hände oder Füße zu konzentrieren, versuche es stattdessen mit einem bestimmten Sinneskanal: Sehen, Riechen, Hören oder Schmecken. Wenn du dich für diese Änderung deiner Meditationsstrategie entscheidest, bedeutet das nicht, dass du dich ablenken lässt. Vielmehr beobachtest du die Realität und wählst eine effektivere Meditationsmethode, die dir mehr Freude als Schmerz bringt. Wir haben stets verschiedene Optionen und besitzen die Freiheit, Entscheidungen zu treffen. Uns steht die achtsame Erfahrung unseres ganzen wunderbaren Körpers offen.

Zusammenfassung

Um deinen Geist im Körper zu erden, kannst du jedes der fünf »Sinnestore« deines Körpers als Meditationsobjekt nutzen, so wie man seinen Geist bei der Sitzmeditation in der Atmung erden kann. Wenn du die achtsame Bewegungsmeditation zum ersten Mal ausprobierst, dann wähle ein Sinnestor dafür aus und bleibe so lange dabei, bis du diese Methode etwas besser beherrschst.

Körperliche Empfindungen können drei verschiedene Qualitäten haben: angenehm, unangenehm oder neutral. Wenn du die achtsame Bewegungsmeditation gerade erst erlernst, solltest du wiederum zunächst nur eine dieser Qualitäten auswählen und dich so lange darauf konzentrieren, bis du diese Praxis ganz gut beherrschst. Danach kannst du den Fokus deiner Aufmerksamkeit erweitern und alle Mischungen aus diesen drei Qualitäten wahrnehmen, die du gerade erlebst.

Als Nächstes möchte ich mit dir über den Geist und das Denken sprechen. Die Gedanken, die während deiner körperlichen Aktivität in dir aufsteigen, sind ein Bestandteil deiner Erfahrung – etwas, das du wahrnehmen solltest, und eine weitere Gelegenheit für achtsame Bewegung.

KAPITEL 5

UNSER VERTRACKTER VERSTAND: WIE MAN GUT MIT GEDANKEN UMGEHT

Was soll man während der Bewegungsmeditation mit seinen Gedanken machen?

Ich kann nicht meditieren. Mein Geist ist zu aktiv. Ich kann einfach nicht aufhören zu denken.

Wenn ich jedes Mal, wenn ich so etwas höre, einen Dollar (oder auch nur einen Cent) bekäme, hätte ich für den Rest meines Lebens ausgesorgt. Dass man seinen Geist beim Meditieren völlig zum Schweigen bringen muss, ist ein weit verbreiteter Irrglaube. Genau das Gegenteil ist der Fall: Wenn du meditierst, versuchst du nicht, deinen Geist zu beruhigen oder deine Gedanken auszuschalten, sondern du *arbeitest damit*. Vielleicht verlangsamt sich dein Denken beim Meditieren, aber das ist nicht der Sinn einer Meditation. Wie du ja inzwischen weißt, geht es dabei vielmehr darum, uns in den jetzigen Augenblick hineinzubringen. Mit ein bisschen Übung können wir auch unsere Gedanken dazu nutzen, dieses Ziel zu erreichen.

Warum sprichst du von unserem »vertrackten« Verstand?

Gedanken sind unterhaltsam und verführerisch, und sie haben eine große Macht. Wir verlieren uns leicht darin – springen auf den Gedankenzug auf und fahren so lange mit, bis wir am falschen Bahnhof angelangt sind. Meditation lehrt uns, jeden Gedanken in uns aufsteigen, seinen kleinen Tanz vollführen und wieder vorüberziehen zu lassen. Doch weil das Denken so verführerisch ist und einen nicht mehr loslässt, bieten viele Meditationslehrer keine Gedankenmeditation für Anfänger an. Denn die Verlockung, sich in den eigenen Gedanken zu verirren, ist zu groß, und das kann eine ungeheure Zeitverschwendung sein.

Kreisende Gedanken, bei denen man vom Hundertsten ins Tausendste kommt, können sehr schmerzhaft sein und großes Leid verursachen. Die meisten Menschen verbringen einen Großteil ihres Lebens damit, Tagträumen nachzuhängen, sich Sorgen zu machen oder Pläne zu schmieden. Und wir sind mit unseren Gedanken nur selten in der Gegenwart. Solange wir nicht anfangen, unsere Aufmerksamkeit auf den jetzigen Augenblick zu richten, in dem wir leben, und das Kommen und Gehen unserer Gedanken zur Kenntnis zu nehmen, merken wir vielleicht gar nicht, wie viel uns ständig im Kopf herumgeht. Und vielleicht haben wir auch noch nicht gespürt, welches Unbehagen diese ständigen Gedanken uns verursachen. Autsch! Kein Wunder, dass die Leute nicht meditieren wollen.

Aber wenn die Meditation unsere Gedanken nicht stoppt und Denken Leid verursachen kann, was soll ich dann bitteschön tun?

Du stellst wirklich gute Fragen!

Wenn du die achtsame Bewegungsmeditation erlernst, kannst du deine Gedanken zu deinem Meditationsobjekt machen – also zu dem, worauf du deine Aufmerksamkeit richtest. Das ist ein großer Unterschied zum »normalen« Denken.

Gedanken sind nicht dein Feind, sondern lediglich ein Bestandteil deiner Erfahrungswelt. Geh mit deinen Gedanken genauso um wie mit allen anderen Aspekten deiner Erfahrung: indem du Achtsamkeit und Gelassenheit in sie hineinfließen lässt.

Statt deine Gedanken umherschweifen zu lassen, nimmst du sie wahr, lässt sie kommen und gehen, in dir aufsteigen und wieder vorüberziehen, aber du identifizierst dich nicht mit ihnen und verlierst dich auch nicht darin. Mit ein bisschen Übung wird dein Geist sich von ganz allein beruhigen.

Bitte sei dir darüber im Klaren, dass es eine intensive Konzentration und eine starke Absicht erfordert, deine Gedanken zum Meditationsobjekt zu machen. Nicht Willenskraft, sondern Konzentration. Nicht Kontrolle, sondern Absicht. Über deine Gedanken zu meditieren, erfordert große Neugier und die feste Absicht, die Realität so zu sehen und zu erleben, wie sie ist. Um das zu schaffen, musst du fest entschlossen sein, in den jetzigen Augenblick zurückzukehren.

Zwei verschiedene Arten von Gedanken

Bevor wir darüber nachdenken, mit welchen Techniken man seine Gedanken zum Meditationsobjekt machen kann, wollen wir auf die zwei verschiedenen Arten von Gedanken eingehen, die es gibt: auditive und visuelle. Auditive Gedanken sind Wörter oder Sätze, die du in deinem Kopf »hörst«. Visuelle Gedanken sind Bilder, die du vor deinem inneren Auge »siehst«. Wörter sind wie Radio, Bilder wie Stummfilme. Man kann auch beide Arten von Gedanken gleichzeitig haben.

Schon allein, wenn du bei deiner Bewegungsmeditation einfach nur wahrnimmst, dass diese beiden Gedankenkategorien in dir aufsteigen, bist du vielen deiner Mitmenschen in punkto

Bewusstheit meilenweit voraus. Die meisten Menschen wissen nämlich gar nichts von diesen beiden Kategorien, obwohl ihnen ständig irgendwelche Gedanken im Kopf herumgehen. Also nimm dieses Wissen einfach zum Ausgangspunkt deiner Meditation: Halte dir vor Augen, dass es zwei verschiedene Arten von Gedanken gibt.

Sobald du dich mit diesen beiden Gedankenkategorien vertraut gemacht hast, wird die Sache erst richtig interessant (zumindest für Meditationsfreaks).

Auditive Gedanken

Die erste Kategorie umfasst auditive oder akustische Gedanken: Dir gehen Wörter, Satzfetzen oder Gespräche im Kopf herum – oder Musikstücke, die du irgendwann einmal gehört oder selbst erfunden hast. Der klassische Ohrwurm-Song, der sich manchmal in unserem Kopf festsetzt, ist ein gutes Beispiel für einen sehr aufdringlichen, wiederkehrenden auditiven Gedanken.

Ähnlich wie visuelle Gedanken oder innere Bilder können auch diese auditiven Gedanken für dich identifizierbar sein oder dir fremd vorkommen. Sie können von einem Lied, das du kennst, zu einem anderen wechseln, das dir unbekannt ist, und dann in etwas völlig Undefinierbares übergehen. Sie können statisch sein oder nur aus einem einzigen Ton bestehen, doch oft bewegen und verändern sie sich.

Du kannst Wörter auch in visueller Form vor deinem inneren Auge »sehen«; doch das sind dann Gedankenbilder. Wenn du dagegen Wörter »hörst«, handelt es sich dabei um auditive Gedanken. Erkennst du den Unterschied? Er ist subtil. Doch um Shinzen zu zitieren: »Alles Subtile ist von Bedeutung.«[19]

Visuelle Gedanken

Die zweite Kategorie besteht aus visuellen Gedanken. In dieser Kategorie bietet dein Geist dir unendlich viele Möglichkeiten. Er ist wie ein Fernseher mit einer Milliarde verschiedener Programme. Irgendein Programm läuft garantiert gerade.

Das wollen wir uns nun einmal genauer anschauen.

Vielleicht siehst du vor deinem inneren Auge das Gesicht eines Menschen, ein Auto, das du früher einmal gefahren hast, einen Teller mit Essen oder eine Szene aus einem Film oder einer Fernsehsendung. Diese Bilder können sehr lebhaft, real und in Farbe sein. Manchmal bleiben sie eine Zeit lang regungslos vor deinem inneren Auge stehen, doch oft bewegen und verändern sie sich.

Oder du siehst unscharfe oder vage Bilder, deren Inhalt du nicht genau erkennst. Diese Bilder können schwarz-weiß oder in Farbe sein. Manchmal sind sie eine Zeit lang statisch und verändern ihre Farbe oder ihr Muster nicht, doch auch sie bewegen und verändern sich oft. Solche »Gedankenbilder« können übrigens auch ihren Charakter verändern: Zum Beispiel kann ein deutlich erkennbares Bild in ein eher impressionistisches Bild übergehen.

Visuelle Gedanken sind am einfachsten zu erkennen, wenn du mit geschlossenen Augen meditierst. Da du deine Augen während der Bewegungsmeditation aber wahrscheinlich offen lässt (du weißt schon: Sicherheit geht vor!), ist es bei dieser Meditationsform weniger wahrscheinlich, dass visuelle Gedanken in dir aufsteigen; doch unmöglich ist es nicht. Ist dir mitten in einem langen, aus vielen Wiederholungen bestehenden Training schon einmal plötzlich eine Szene aus einem Film durch den Kopf geschossen? Wenn du dabei bestimmte Figuren oder einen Hintergrund vor dir siehst, sind das visuelle Gedanken.

Die meisten Menschen neigen in erster Linie zu einer bestimmten Form des Denkens: auditiv oder visuell. Ich als Autorin denke zum Beispiel eher in Worten oder inneren Geräuschen als in Bildern. Die Gedanken eines Freundes von mir, der Maler ist, steigen dagegen als Bilder in ihm auf. Achte einmal darauf, welche Form *deine* Gedanken normalerweise annehmen!

Wie meditiert man über Gedanken?

Auch wenn unser Ziel bei der Meditation darin besteht, im jetzigen Augenblick zu sein und ihn genau so zu akzeptieren, wie er ist, ohne ein Urteil über ihn zu fällen, kann dieser jetzige Moment auch hektische, geschwätzige, unerfreuliche Gedanken beinhalten, die sich nicht abschalten lassen. Statt zu versuchen, diese Gedanken zum Schweigen zu bringen, sollten wir also lieber Bedingungen schaffen, unter denen unser Geist sich von selbst beruhigt. Wir laden einen ruhigen Geist zu uns ein; wir zwingen ihn nicht herbei. Der Versuch, Gedanken mit Gewalt auszuschalten, hat oft genau den gegenteiligen Effekt: Statt unseren Geist zu beruhigen, trainieren und ermutigen wir ihn dazu, *noch mehr* Gedanken zu erzeugen.

Aber wie schafft man diese günstigen Bedingungen für einen ruhigen Geist, wenn Gedanken doch etwas so Vertracktes sind?

Auf die gleiche Weise, wie man auch auf körperliche Empfindungen meditiert: Lass Bewusstheit und Gelassenheit in die Erfahrung (in diesem Fall in deine Gedanken) hineinfließen.

Angenommen, du gehst nach einem sportlichen Wettkampf zu deinem Auto und hast dabei deine Gedanken als Meditationsobjekt gewählt. Auf dem Weg zum Auto achtest du also genau auf deinen Geist. Vielleicht kommt er dir völlig leer vor – wie ein unbeschriebenes Blatt. Schau, ob in deinem Geist irgendein Gedanke auftaucht, oder lass ihn völlig offen sein. Suche nicht nach irgendetwas.

Irgendwann wird ein Gedanke in dir aufsteigen. Er kann wie ein Samenkorn sein: kein richtiges Bild und auch kein vollständiger Satz, sondern nur die Knospe eines Gedankens. Nutze die Konzentration, die du während deiner Meditation aufbaust, um bei diesem Gedanken präsent zu bleiben. Und nutze die Gelassenheit, die du entwickelst, um den Gedanken erblühen oder wieder abklingen zu lassen, ohne ihm zusätzliche Energie zu verleihen. Es kann sein, dass der Gedanke wieder verschwindet, wenn er auf dein Bewusstsein stößt, und dich in einem ruhigen, leeren Geisteszustand zurücklässt. Manchmal wird der Gedanke aber auch wachsen und mit der Zeit immer mehr Raum in deinem Bewusstsein einnehmen. Deine Aufgabe besteht lediglich darin, ihn wahrzunehmen. Sieh oder höre ihn.

Gedanken sind unser sechstes »Sinnestor«: ein sechster Kanal – zusätzlich zu unseren fünf Sinnen –, durch den uns Informationen zufließen. Und obwohl wir im Umgang mit unseren Gedanken die gleiche Technik anwenden wie bei unseren körperlichen Empfindungen, erfordert das Meditieren auf Gedanken mehr Gelassenheit und Bewusstheit. Lass dich nicht entmutigen, wenn es dir schwerfällt, dich auf Gedanken zu fokussieren – vor allem bei der Bewegungsmeditation. Denn es kann schwierig sein, deine Gedanken zu verfolgen und gleichzeitig so genau auf deine Bewegungen zu achten, dass deine körperliche Sicherheit dabei nicht in Gefahr gerät.

Nutze auch weiterhin körperliche Empfindungen (einschließlich deiner Atmung) als Meditationsobjekt. Nimm alle Gedanken wahr, die in dir aufsteigen, und kehre zwischendurch immer wieder zu deiner Atmung oder der körperlichen Empfindung zurück, die du als Meditationsobjekt ausgewählt hast. Entwickle deine Konzentrationsfähigkeit kontinuierlich weiter. Sobald du das Gefühl hast, dich besser konzentrieren zu können, kannst du versuchen, mit Gedanken zu arbeiten. Vielleicht brauchst du dazu auch die Hilfe einer Meditationslehrerin, die dir beibringt, richtig mit besonders hartnäckigen Gedanken umzugehen, die sich immer wieder dazwischendrängen, wenn du dich auf irgendetwas zu konzentrieren versuchst. Achte weiterhin genau auf dein Meditationsumfeld, um dich nicht in Gefahr zu bringen, und tue einfach dein Bestes.

Und jetzt bist du dran: Auditive und visuelle Gedanken

Da Gedanken so verflixt aufdringlich sein können, solltest du diese Übung anfangs nicht machen, während du einer komplizierten Tätigkeit nachgehst. An diese Herausforderung solltest du dich erst heranwagen, wenn dein Konzentrationsvermögen stärker geworden ist. Vorläufig ist es besser, diese Übung bei einem Spaziergang, vielleicht auch auf einer Wanderung zu machen. Konzentriere deine Aufmerksamkeit dabei auf deine Atmung. Mach deine Atemzüge zu deinem Fundament oder Anker – einem sicheren Ort zum Ausruhen zwischen deinen Gedanken. Konzentriere dich so lange auf deine Atmung, bis du merkst, dass ein Gedanke in dir aufsteigt. Werde neugierig auf diesen Gedanken: Handelt es sich dabei um ein Bild oder gehen dir Wörter im Kopf herum? Tue dein Bestes, um eine neutrale Haltung einzunehmen, innerlich offen und interessiert zu bleiben. Gelassenheit macht deinen Gedanken weniger hartnäckig und hält dich davon ab, ihn so weit zu verfolgen, dass du aus deiner Meditation herausgeworfen wirst. Lass den Gedanken seinen kleinen Tanz vollführen und sich dann wieder in nichts auflösen. Aber ärgere dich nicht, wenn du dich in deinen Gedanken verlierst. Hole dein Bewusstsein dann einfach zu sdem freundlichen Fundament deiner Atmung zurück. Bleibe mit deiner Aufmerksamkeit so lange bei deinen Atemzügen, bis der nächste Gedanke in dir aufsteigt. Dann nimmst du wieder zur Kenntnis, was für eine Art von Gedanke das ist. Lass ihn in dir aufsteigen und weiterziehen. Setze diese Übung so lange fort, wie du möchtest.

Und jetzt bist du dran: Gedanken, die sich auf die Vergangenheit oder Zukunft beziehen

Genau wie bei der Übung »Auditive und visuelle Gedanken« solltest du auch für diese Übung zunächst eine einfache Bewegungsform wählen, bis du gelernt hast, dich ein bisschen besser zu konzentrieren.

Beim Spazierengehen kannst du deine Aufmerksamkeit auf eine einfache körperliche Empfindung richten. Nutze diese Empfindung als Fundament oder Anker, so wie du es in der vorigen Übung getan hast. Bleibe mit deinem Geist so lange bei dieser Körperwahrnehmung, bis ein Gedanke in dir aufsteigt. Sobald du einen Gedanken wahrnimmst, achte darauf, ob er sich auf die Vergangenheit, Gegenwart oder Zukunft bezieht. Wenn es ein Gedanke über die Vergangenheit oder Zukunft ist, nimm ihn zur Kenntnis und lenke deinen Geist dann wieder zu deiner körperlichen Empfindung zurück. Wenn sich der Gedanke auf die Gegenwart bezieht, nimm wahr, wie er in dir aufsteigt und dann wieder abklingt. Sobald der Gedanke an dir vorbeigezogen ist, richtest du deinen Geist wieder auf dein Meditationsobjekt. Setze diese Übung so lange fort, wie du möchtest.

Zukunftspläne, Erinnerungen und Sorgen

Als ich einer guten Freundin von mir, die eine begeisterte Planerin und – wie sie selbst zugibt – auch ein ziemlicher Kontrollfreak ist, empfahl, doch lieber im jetzigen Augenblick zu bleiben, erzählte sie mir, dass sie mit Begeisterung Zeitpläne und Projektvorlagen erstellt. Der Gedanke, etwas in Gang zu bringen, macht ihr Freude. »Das ist schön«, sagte ich. Auch ich plane gern – vor allem Reisen zu Marathonläufen in verschiedenen Bundesstaaten oder Besuche von Präsidentenbibliotheken zusammen mit Ed.

Und diese Pläne machen wir jetzt gerade. Wir sitzen am Schreibtisch und surfen im Internet. Wir rufen Fluggesellschaften an oder buchen unsere Flüge mithilfe einer App. Wir sind noch nicht am Ziel unserer Reise angelangt. Das kommt erst später. Doch je präsenter wir sind und je bewusster wir unsere Gedanken und Gefühle wahrnehmen, während wir diese Urlaubspläne schmieden, umso mehr Mitgefühl haben wir mit dem möglicherweise überlasteten Reisebüro und dem gestressten Mitarbeiter, der die Hotelreservierungen entgegennimmt oder bei dem Mietwagenunternehmen arbeitet. Je flexibler wir unsere verschiedenen Optionen handhaben können, umso besser wird die Planung (und vielleicht auch unsere Reise) verlaufen.

Pläne beziehen sich auf die Zukunft, Erinnerungen auf die Vergangenheit. Achtsamkeit ist in der Gegenwart. Jetzt. Hier. Sein.

Wir können unsere Zukunftspläne nicht in der Zukunft, sondern nur in der Gegenwart machen. Und wir sind auch nicht in der Vergangenheit, wenn wir über die Vergangenheit nachdenken, sondern jetzt und hier. Wir machen unsere Pläne für den morgigen Tag heute und erinnern uns jetzt in diesem Augenblick an Dinge, die wir früher einmal gesagt oder getan haben. Es passiert alles jetzt. Es gibt kein Gestern oder Morgen – nur das Jetzt und Hier.

Und was ist mit den Plänen und Erinnerungen, die mir während meiner Bewegungsmeditation durch den Kopf gehen? Kommt dann die Achtsamkeitspolizei vorbei und verpasst mir einen Strafzettel?

Natürlich nicht.

Du übst ja nur. Wenn du dich auf ein Meditationsobjekt konzentrierst und dabei Gedanken an die Zukunft in dir aufsteigen – egal, ob du über einen Plan nachdenkst, dir Sorgen machst oder einfach nur vor dich hin träumst –, dann behandle sie einfach als das, was sie sind: Gedanken. Sie sind weder gut noch schlecht, und auch du bist nicht gut oder schlecht, weil sie dir durch den Kopf gehen. Und ja: Diese Gedanken sind Ablenkungen. Nimm sie wahr und registriere, dass du von deinem Meditationsobjekt abschweifst. Mach dir bewusst, welch positive Kraft darin liegt, dass du dich an deine Meditation erinnert hast, und dann bringst du deinen Geist sanft wieder zu dem Objekt zurück, das du bei dieser Meditationssitzung beobachten wolltest.

Mit Erinnerungen ist es genauso. Es gibt kaum etwas Schöneres als eine wunderbare Erinnerung, aber wenn du gerade eine Bewegungsmeditation machst, ist diese Erinnerung wahrscheinlich nicht das von dir gewählte Meditationsobjekt. Also trainiere deinen Geist darin, die Erinnerung wieder loszulassen.

Als Autorin dokumentiere ich alle Pläne oder Erinnerungen, die mir durch den Kopf gehen – vor allem, wenn sie etwas mit dem Projekt zu tun haben, an dem ich gerade arbeite. Ich benutze dazu eine Aufnahme-App auf meinem Smartphone. Ein Freund von mir arbeitet mit Karteikarten, die er immer dabeihat. Wenn du deine Gedanken in irgendeiner Form festhalten musst, dann tu das und kehre anschließend wieder zu deiner Meditation zurück. Vielleicht hättest du dich später sowieso noch daran erinnert; doch das Aufnehmen oder Aufnotieren beruhigt deinen Geist, sodass du deine Bewegungsmeditation unbesorgt fortsetzen kannst.

Fällt dir sonst noch irgendetwas ein, das jeden und jede von uns oft beschäftigt, aber nicht in der Gegenwart liegt? Sorgen. Die würdest du vielleicht nicht in die gleiche Kategorie einordnen wie Pläne oder Erinnerungen, weil du wahrscheinlich schon weißt, dass es kontraproduktiv ist, sich Sorgen zu machen. Aber diese Sorgen sind – genau wie deine Pläne und Erinnerungen – schlicht und einfach eine Form des Denkens. Und dieses Denken findet nicht in der Gegenwart statt. Wenn du dir Sorgen machst, malst du dir in Gedanken eine negative Zukunft aus. Auch unangenehme Erinnerungen können Sorgen auslösen. Eine Erinnerung an etwas, was deiner Meinung nach nie wieder passieren sollte, kann Zukunftsängste in dir wecken, und dieser unangenehme Kreislauf kann sich endlos fortsetzen – vor allem, wenn ein Trauma dahintersteckt.

Wenn Sorgen dich von deiner Meditation ablenken, kannst du die gleichen Fähigkeiten nutzen wie bei Plänen, Erinnerungen oder jedem anderen Gedankenmuster. Sorgen können allerdings besonders unangenehm sein: Sie wecken mehr Emotionen, deshalb kann man sie nicht so leicht loslassen wie andere Gedanken, aber der Prozess ist derselbe. Sobald du merkst, dass du dir Sorgen machst – dass dein Geist sich von deinem Meditationsobjekt entfernt hat –, nimmst du diesen Gedanken zur Kenntnis und bringst deinen Geist sanft wieder zu deiner Meditationspraxis zurück.

Wenn die Sorgen dich trotzdem weiter quälen, solltest du noch etwas tun: Bedanke dich bei deinem Geist dafür. Sorgen können nämlich entstehen, wenn ein uralter Teil deines Gehirns (manchmal auch als Reptiliengehirn[20] bezeichnet) dich vor einer Gefahr warnen oder schützen zu müssen glaubt. Während einem höher entwickelten Teil deines Gehirns klar ist, dass Sorgen kontraproduktiv sind, weiß diese uralte, primitive Gehirnregion das nicht. Also danke deinem Reptiliengehirn. Verneige dich in Dankbarkeit vor ihm und erinnere es dann daran, dass du gerade meditierst. Bitte es, für die Dauer dieser Meditation darauf zu vertrauen, dass du alles richtig machst. Sage ihm, dass du hörst, worauf es dich hinweisen möchte. Und dann bringst du dein Bewusstsein sanft, aber energisch zu deinem Meditationsobjekt zurück.

Psychische Probleme

Menschen mit psychischen Erkrankungen haben zusätzliche »Sorgenfalten« in ihrem Denkprozess: Die Symptome ihrer psychischen Erkrankung erzeugen einen Filter in ihrem Denken, der zu depressiven, ängstlichen, zwanghaften, niederdrückenden oder immer nur um ein Thema kreisenden Gedanken führen kann. Menschen mit psychischen Beeinträchtigungen leiden entweder unter einem besonders aktiven oder besonders inaktiven Geist (oder beidem).

Jedes Gehirn hat seine »Haken und Ösen«. Es ist nur eine Frage des Ausmaßes. Je nachdem, wie du deine Gedanken erlebst, ist das Denken für dich entweder ein verführerischer, rutschiger Abhang, an dessen Ende eine Klebefalle lauert, oder ein Fenster, das dir Einblicke in das Wesen deines Bewusstseins eröffnet. Deshalb ist es so wichtig, dich von einem Profi beraten zu lassen – ein Meditationslehrer, eine Therapeutin –, der oder die dir bei der Navigation durch diese schwierigen Gewässer hilft – vor allem, wenn du unter psychischen Beeinträchtigungen leidest.

Zusammenfassung

Sei dir über das Wesen des Denkens im Klaren. Der menschliche Verstand versucht mit seinen Gedanken die Realität abzubilden, aber Gedanken sind nicht die Realität selbst. Wir sind nicht unsere Gedanken, und wir müssen auch nicht unbedingt alles glauben, was wir denken. Manche Gedanken sind hilfreich, andere kontraproduktiv. Wir brauchen unseren Verstand nicht gewaltsam zur Ruhe zu bringen: Wir lassen ihn sich selbst beruhigen.

Und wir können Gedanken auch als Objekt für unsere Bewegungsmeditation wählen, genauso wie wir manchmal körperliche Empfindungen als Meditationsobjekt nutzen. Auf Gedanken zu meditieren, mag zwar schwieriger sein, weil man dabei leichter auf Abwege gerät, doch sobald dein Konzentrationsvermögen sich verbessert hat, bieten Gedanken dir interessante Einblicke in deine alltägliche Erfahrungswelt.

Der menschliche Geist ist wie der Himmel: An manchen Tagen ist er klar, an anderen bewölkt. Doch die Wolken sind nicht der Himmel; sie ziehen lediglich am Himmel vorbei. Wenn wir meditieren, können wir den klaren Himmel unseres Geistes nicht immer sehen, aber wenn wir geübt genug sind, können wir die Wolken einfach an uns vorüberziehen lassen. Und egal, von wie dichten Gedanken unser Geist umwölkt sein mag – wir wissen, dass der klare blaue Himmel trotzdem immer da ist.

Im nächsten Kapitel werde ich dir ein paar Meditationsmethoden für Fortgeschrittene vorstellen. Die Möglichkeiten sind grenzenlos.

KAPITEL 6

MEDITATIONSTECHNIKEN FÜR FORTGESCHRITTENE

In Kapitel 2 (»Wie meditiert man in Bewegung?«) habe ich den vierten Schritt der Bewegungsmeditation beschrieben: »Richte deine Aufmerksamkeit auf das gewählte Objekt.« Ich habe erklärt, wie man seine Aufmerksamkeit auf eine bestimmte körperliche Empfindung lenkt (also zum Beispiel die Empfindungen in seinem linken Fuß wahrnimmt), wie man sie zur Kenntnis nimmt und benennt und wie man sich durch Zählen besser konzentrieren kann. Wenn du diese Techniken inzwischen lange genug praktiziert und dabei ein gewisses meditatives Bewusstsein entwickelt hast, möchtest du nun vielleicht die »fortgeschritteneren« Techniken kennenlernen, die ich in diesem Kapitel beschreibe.

Scannen

Scannen ist eine sehr beliebte Achtsamkeitstechnik, bei der du dein Bewusstsein durch mehrere verschiedene Meditationsobjekte hindurchwandern lässt. Du kannst dein Bewusstsein nach allem abscannen, was durch deine »Sinnestore« in dich eintritt: zum Beispiel nach körperlichen Empfindungen, Sinneseindrücken oder Gedanken.

Body Scan

Die am häufigsten praktizierte Scan-Technik ist der »Body Scan«. Dabei tastet man (oft in einer geführten Meditation) den gesamten Körper mit der inneren Aufmerksamkeit ab: Man wandert mit der Aufmerksamkeit von einem Körperteil zum anderen und »scannt« den Körper auf diese Weise ab. Oder um auf unseren Vergleich mit der Kamera zurückzukommen: Ein »Scan« ist genau das, wonach es sich anhört – nur dass die »Kamera« (deine Aufmerksamkeit) dabei immer nur auf eine bestimmte Körperpartie gerichtet ist. Hier eine kleine Übung zum Ausprobieren:

Und jetzt bist du dran: Body Scan in Ruhe

Richte deine Aufmerksamkeit zunächst auf deine Zehen. Lass deine Aufmerksamkeit tief in sie hineinsinken. Was spürst du dort? Nimmst du angenehme oder unangenehme Empfindungen wahr? Falls ja, registriere sie einfach. Bleibe offen für diese Empfindungen – egal, welche Qualität sie haben. Verharre ein paar Sekunden lang bei deinen Zehen.

Als Nächstes nimmst du dir den Rest deines linken Fußes vor. Richte deine ganze Aufmerksamkeit darauf. Was für Empfindungen steigen dabei in dir auf? Beobachte sie genau. Lass deine Sinneseindrücke ihren kleinen Tanz vollführen und beobachte sie dabei. Bleibe ein paar Sekunden lang bei deinem Fuß.

Während dieses Scans können verschiedene Einfälle und Assoziationen in dir aufsteigen. Das ist völlig normal. Führe deine Aufmerksamkeit sanft wieder zu dem Körperteil zurück, bei dem du mit dem Scannen aufgehört hast, bevor du abgelenkt wurdest.

Setze diese Meditationswanderung durch verschiedene Teile deines Körpers fort, und zwar von unten nach oben. Sobald du den Scheitelpunkt deines Kopfes erreicht hast, wanderst du mit deiner Aufmerksamkeit bewusst wieder an deinem ganzen Körper entlang nach unten. Dein Intervall bei dieser Meditationsübung ist die Zeit, die du brauchst, um dein Bewusstsein von deinen Füßen bis zu deinem Kopf und dann wieder nach unten wandern zu lassen.

Und jetzt bist du dran: Body Scan in Bewegung

Praktiziere den gleichen Bewusstseinsmodus – Scannen – nun in Form einer Bewegungsmeditation. Während du dich bewegst, fährst du mit der »Kamera« deiner Aufmerksamkeit langsam an deinem Körper entlang und nimmst all deine Eindrücke und Empfindungen Schritt für Schritt wahr.

Beginne mit deiner körperlichen Aktivität. Richte deine Aufmerksamkeit auf deinen linken Fuß und lass sie in ihn hineinsinken. Werde neugierig. Nimm all deine körperlichen Empfindungen wahr. Lass deine Aufmerksamkeit tief in sie eintauchen und sauge dich damit voll. Bleibe mit deiner Aufmerksamkeit mindestens eine Minute lang bei deinem Fuß.

Wenn du damit fertig bist, verlagerst du dein Bewusstsein auf deinen linken Knöchel und lässt deine Aufmerksamkeit dort verweilen. Steigen dabei irgendwelche Empfindungen in dir auf? Was ist »Knöchel«? Wie fühlt »Knöchel« sich an? Lass deine Aufmerksamkeit mindestens eine Minute lang bei deinem Knöchel verharren.

Als Nächstes wanderst du zu deinem Schienbein und deiner Wade hoch. Lass dein Bewusstsein in diese Körperregion hineinsinken. Öffne deinen Geist für diesen Körperteil, so wie er ist. Wenn du dabei irgendeine Präferenz verspürst, nimm sie wahr. Bleibe innerlich wach, aber entspannt.

Wenn deine Gedanken abschweifen, bringst du sie sanft zu dem Teil deines Körpers zurück, den du zuletzt gescannt hast. Dieses Abschweifen ist etwas völlig Normales. Klopfe dir in Gedanken anerkennend auf die Schulter, weil du dich daran erinnert hast, wieder zu deinem Meditationsobjekt zurückzukehren.

In diesem scannenden Bewusstseinsmodus bewegst du dich nun weiter durch deinen ganzen Körper hindurch, bis du am Scheitelpunkt deines Kopfes angelangt bist. Anschließend kannst du dein Bewusstsein, wenn du möchtest, langsam wieder nach unten wandern lassen. Das ist dein Intervall.

Du kannst dich während der gesamten Meditation beispielsweise auf deinen rechten Fuß konzentrieren oder die Seite wechseln – entweder mitten in einer Meditationsphase oder von einer Meditation zur nächsten. Ich persönlich konzentriere mich aufgrund meiner Krankheitsgeschichte grundsätzlich immer auf meinen linken Fuß. Tue einfach das, was für deinen Körper/Geist am besten funktioniert.

Einen vollständigen, geführten Body Scan findest du auf meiner Website www.nitasweeney.com. (Hinweis: in englischer Sprache)

Mit anderen Sinnen scannen

Du kannst für deine Scans aber auch andere Sinnesorgane benutzen. Wenn du anstelle des inneren Abtastens dein Gesichtsfeld als Meditationsobjekt gewählt hast, scannst du deine Umgebung mit den Augen ab, und zwar in einer bestimmten Richtung – entweder von links nach rechts oder umgekehrt oder geradeaus. Nimm ganz langsam ein Bild nach dem anderen in dich auf.

Das Gleiche kannst du auch mit Geräuschen machen. Öffne dein Bewusstsein für die Geräusche, die aus einer bestimmten Richtung kommen. Lausche erst nach rechts, dann nach links und scanne zum Schluss den Bereich in der Mitte ab. Konzentriere dich auf Geräusche, die vor oder hinter dir liegen.

Wenn du einen sehr feinen Geruchssinn hast oder dich in einer Gegend befindest, in der es viele Gerüche gibt, kannst du bei deiner Meditation auch mit diesem Sinneskanal arbeiten. Du musst dazu aber nicht unbedingt »herumschnüffeln«. Lass dir einfach alle Gerüche in die Nase wehen.

Wenn du ein Sportgetränk trinkst oder einen Energieriegel isst, kannst du die verschiedenen Geschmacksrichtungen abscannen und dich anschließend auf die Nachwirkung dieser Aromen konzentrieren. Lass deine Aufmerksamkeit von links nach rechts über deine Zunge wandern.

Dabei solltest du es vermeiden, beim Schmecken nur nach angenehmen Empfindungen zu suchen oder dich vor unangenehmen Wahrnehmungen zu verschließen. Denk auch daran, dass es auch neutrale Sinneseindrücke gibt.

Das Scannen fördert Konzentration und Einsichtsvermögen und schärft gleichzeitig unser Körperbewusstsein. Es kann innere Spannungen und Widerstände auflösen und uns in unseren Körper und in den jetzigen Augenblick zurückholen, um jegliche Trennung zwischen Körper und Geist zu überwinden. Es erfordert Konzentration, auf einen bestimmten Körperteil eingestimmt zu bleiben und dabei gleichzeitig daran zu denken, dass du dein Bewusstsein nach einer gewissen Zeit weiterziehen lassen musst, obwohl vielleicht auch noch andere Gedanken und körperliche Empfindungen nach deiner Aufmerksamkeit rufen. Während des Scannens können dir auch Ideen und Assoziationen durch den Kopf gehen. Das ist völlig normal. Freu dich darüber, dass du dich trotzdem immer wieder an deine Meditation erinnerst, und hole deine Aufmerksamkeit sanft zu dem Körperteil zurück, den du zuletzt gescannt hast.

Unseren Fokus erweitern

Als ich mit dem Laufen anfing, schwoll mein »schiefer Knöchel« dabei jedes Mal an. Während des Laufens tat er nur selten weh, aber hinterher schon. Ich ließ mich von einem Arzt meines Vertrauens beraten, um sicherzugehen, dass ich mir mit dem Laufsport nicht schadete, und lenkte meine Aufmerksamkeit bei den Spaziergängen mit unserem Hund Morgan, die nach dem Joggen immer auf meinem Programm standen, auf die Empfindungen meines geschwollenen Knöchels.

Dabei handelte es sich nicht um einen stechenden Schmerz, sondern eher um ein etwas unangenehmes Gefühl im Knöchel und Fuß, das sich bis nach oben ins Bein hinaufzog. Immer wenn ich diesen »schiefen Knöchel« zu meinem Meditationsobjekt machte, erweiterte ich meinen Fokus und ließ mein Bewusstsein zuerst durch meinen Knöchel und Fuß und anschließend durch mein Schienbein und meine ganze Wade wandern. Durch diesen erweiterten Fokus konnte ich – wie beim Erweitern einer Kameralinse – mehr von dem Prozess »sehen«. Ich konzentrierte mich zwar nach wie vor auf meinen Knöchel, aber mit einem etwas weiter eingestellten Blickwinkel.

Wenn du dein Konzentrationsvermögen kontinuierlich verbesserst, kannst du den Fokus deiner Aufmerksamkeit noch weiter stellen, sodass er deinen ganzen Körper, ja sogar die Welt um dich herum einschließt. Dann sehen deine Augen weit über die Grenzen deines Körpers hinaus – je nach der Tageszeit und deinem Sehvermögen sogar mehrere Kilometer weit; und deine Ohren registrieren auch Geräusche, deren Quelle weit weg liegt. Wähle diesen erweiterten Aufmerksamkeitsfokus und nimm alles wahr, was durch eines der fünf »Sinnestore« in dein Bewusstsein eintritt.

Die Fähigkeit, dich für diesen umfassenderen Wahrnehmungsmodus zu öffnen, kann dir interessante Einblicke in das Wesen der Welt geben. Ein weiter gestellter Fokus kann deinen Genuss an der Welt steigern, und während du all diese schönen Sinneseindrücke wahrnimmst, wird dich vielleicht auch ein gewisses Gefühl der Freiheit überkommen. Diese Wahrnehmungsweise vermittelt dir eine Erfahrung des Einsseins – die Erkenntnis, dass du Teil eines größeren Ganzen bist.

Aber achte darauf, dich nicht zu sehr zu verzetteln, wenn du das ausprobierst: Du brauchst trotzdem immer noch Fokus und Konzentration. Du erweiterst lediglich den Fokus deines Bewusstseins.

Mach dir auch bewusst, dass wir automatisch dazu neigen, Dinge zu tun, die uns leichtfallen. Es schadet nichts, deine besonderen Stärken zu nutzen, aber hin und wieder solltest du auch einmal etwas Schwieriges ausprobieren. Wenn du dich von Natur aus dazu hingezogen fühlst, die Dinge aus einem weiten Blickwinkel zu betrachten, solltest du dein Bewusstsein auch ab und zu einmal auf einen einzigen Punkt konzentrieren. Und wenn du dich am liebsten auf einen Punkt fokussierst und diesen ganz genau unter die Lupe nimmst, dann probiere zur Abwechslung auch einmal das Gegenteil aus, um zu sehen, wie das ist. Tue ruhig das, was dir von Natur aus am meisten liegt; aber fordere dich auch hin und wieder ein bisschen und probiere etwas Schwieriges aus. Denn wir sind tatsächlich zu sehr schwierigen Dingen fähig.

Und jetzt bist du dran:
Deinen Blickwinkel erweitern

Diese Übung machst du am besten allein oder mit einem Übungspartner, der über deine Praxis der achtsamen Bewegungsmeditation im Bilde ist. Und denk dabei immer daran: Sicherheit geht vor!

Beginne mit deiner körperlichen Aktivität und achte dabei nur auf das, was du direkt vor dir siehst; schau weder nach links noch nach rechts. Behalte dieses enge Blickfeld bei.

Nach ein paar Minuten erweiterst du deinen Blickwinkel und achtest jetzt auch auf Dinge, die in der Peripherie deines Gesichtsfelds liegen. Diese Dinge wirst du nicht so gestochen scharf sehen wie das, was direkt vor dir liegt; aber du kannst sie trotzdem erkennen. Achte darauf, ob dich das frustriert oder ob du dich womöglich anstrengst, um diese Objekte besser zu sehen. Entspann dich und nimm die Bilder einfach genau so wahr, wie sie sind.

Nach ein paar weiteren Minuten hörst du auf, deinen Blick zu fokussieren. Stell deine Augen so »unscharf«, dass sie alles über oder unter dir, links oder rechts von dir und vor dir gleichzeitig wahrnehmen. Tue dein Bestes, um dich auf diese ungewohnte Art des Sehens einzulassen.

Wenn deine Gedanken abschweifen, lenkst du deinen Blick wieder auf das zurück, was du am schärfsten siehst (also normalerweise auf das, was direkt vor dir liegt). Dieses »Scharfstellen« deines Blicks verhilft dir wieder zu einer besseren Konzentration. Sobald du dich neu fokussiert hast, kannst du dein Blickfeld wieder weiter ausdehnen. Setze diese Übung so lange fort, wie du möchtest.

Frei schwebende Aufmerksamkeit

Dein nächster Wahrnehmungsmodus ist das »offene Gewahrsein« oder die »frei schwebende Aufmerksamkeit«. Um auf den Vergleich mit der Kamera zurückzukommen: Bei dieser Art von Fokus richtest du die Kamera auf das erste Objekt, das deine Aufmerksamkeit erregt. Du siehst eine schöne Blume. Konzentriere dich auf sie und nimm dir Zeit, sie genau zu betrachten, bevor du auf den Auslöser drückst. Auch danach verweilst du noch eine Zeit lang bei diesem Bild, bis es sich richtig in deine Netzhaut eingebrannt hat. Erst dann schwenkst du deine Kamera auf den nächsten Gegenstand, den du siehst. Praktiziere das während der ganzen Meditationssitzung und geh dabei langsam von einem Gegenstand zum anderen.

Die Gefahr bei dieser Meditationstechnik liegt darin, dass wir uns sehr leicht davon ablenken lassen. Wenn du deinen Geist nicht darauf trainiert hast, dich zu konzentrieren, könnte diese Meditationssitzung zu einer Serie von Ablenkungen werden, und dann ist sie nicht mehr effektiv. Achte darauf, bei jedem Objekt mindestens ein paar Sekunden lang zu verharren. Respektiere es. Nimm es hundertprozentig wahr. Widme ihm die Aufmerksamkeit, die ihm gebührt. Erst dann solltest du zum nächsten Objekt weitergehen.

Sobald du dein Konzentrationsvermögen gut genug trainiert hast, um Gedanken als Meditationsobjekt zu nutzen, kannst du wählen, auf welche Art von Gedanken du deine Aufmerksamkeit richten möchtest. Wenn deine Konzentration stark genug ist, kannst du frei schwebende Aufmerksamkeit praktizieren: Immer wenn Gedanken in deinem Bewusstsein auftauchen, richtest du deine Aufmerksamkeit auf denjenigen, der am deutlichsten im Vordergrund steht – egal, um was für einen Gedanken es sich dabei handelt. Vor allem bei der Konzentration auf Gedanken solltest du dich vor der typisch menschlichen Neigung hüten, geistig abzudriften, auch wenn die Gedanken schnell aufeinander folgen.

Und jetzt bist du dran: Dich mit frei schwebender Aufmerksamkeit auf deine Atmung konzentrieren

Beginne mit deiner körperlichen Aktivität. Versetze dich mit deiner Aufmerksamkeit in deine Atmung hinein und lass alle inneren Impulse los, etwas daran zu verändern. Lass den Atem einfach in dich hinein- und wieder aus dir herausfließen. Spüre deinen Atemzügen nach: Sind sie flach oder tief? Achte darauf, ob deine Atmung schneller oder langsamer wird. Nimm wahr, welche Teile deines Körpers an der Atmung beteiligt sind und wie sie auf das Ein- und Ausatmen reagieren. Setze diese Übung so lange fort, wie du möchtest.

Und jetzt bist du dran: Dich mit frei schwebender Aufmerksamkeit auf deine körperlichen Empfindungen konzentrieren

Beginne mit deiner körperlichen Aktivität. Richte deine Aufmerksamkeit auf die körperliche Empfindung, die zuallererst in deinem Bewusstsein auftaucht. Vielleicht gibt es eine Empfindung, die förmlich nach deiner Aufmerksamkeit schreit. Wende dich ihr zu. Lass deine Aufmerksamkeit tief in dieses Gefühl hineinsinken. Bleibe dabei. Sobald du den Eindruck hast, dass diese körperliche Empfindung wieder abgeklungen ist, wendest du dich der nächsten Empfin-

dung zu, die du wahrnimmst. Setze diese Übung so lange
fort, wie du möchtest.

Eine Reise durch die Sinne

In seinem Buch *5-Minute Mindfulness: Walking*[21] stellt Douglas Baker eine andere Art der Achtsamkeitsarbeit vor, die er
»Reise durch die Sinne« nennt. Bei dieser Technik wandert Baker während des Gehens mit seiner Aufmerksamkeit langsam
von einem Sinneskanal zum nächsten. Auf diese Weise nimmt
er die Empfindungen, die aus den Sinnestoren in sein Bewusstsein drängen, getrennt voneinander wahr und beruhigt die Flut
seiner Sinneseindrücke. Sobald du dich mit den verschiedenen
Sinnestoren vertraut gemacht hast, kann eine Reise durch die
Sinne für wesentlich mehr Abwechslung in deiner Meditationspraxis sorgen.

Augenblicke der Achtsamkeit

Statt über einen längeren Zeitraum bei einem Meditationsobjekt
zu verweilen, kannst du dich aber auch für kurze Zeit intensiv auf
eine bestimmte körperliche Empfindung konzentrieren. Shinzen
Young bezeichnet das als »Achtsamkeits-Mikrohits« und nennt
diese Form der Meditationspraxis mit kurzen Intervallen »Mi-
kro-Praxis«.

In seiner Anleitung dazu schreibt er:

»Mikro-Meditationspraxis: Aufmerksamkeit: Die ganze
Aufmerksamkeit liegt auf der Technik. Dauer: Unter
zehn Minuten, das heißt, du gibst dir den ganzen Tag über
immer wieder ›Mikrohits‹; 30 Sekunden hier, drei Minuten dort
(das Schwergewicht muss auf Qualität statt Quantität liegen;
wenn nötig, benenne deine Meditationsobjekte, indem du ihre
Namen laut aussprichst, um das zu gewährleisten).« [22]
– SHINZEN YOUNG

Auch wenn diese Meditationspraxis auf den ersten Blick nicht sonderlich effektiv wirkt, belegen viele wissenschaftliche Untersuchungen die Wirksamkeit selbst solch kleiner meditativer Episoden. Meine kursorische Durchsicht von kurzen Abstracts wissenschaftlicher Untersuchungen zu diesem Thema zeigt, dass schon fünf Minuten Achtsamkeit sich positiv auswirken und Leid lindern können. [23]

Von allen Meditationstechniken ist diese hier diejenige, die am ehesten auf dein restliches Leben übergreifen dürfte. Wenn du lernst, dich während deiner körperlichen Aktivität für einen kurzen Augenblick voll und ganz auf etwas zu konzentrieren, wirst du dir ganz von selbst angewöhnen, das im Lauf deines Tages auch mit anderen Erfahrungen zu praktizieren.

Und jetzt bist du dran: Achtsamkeits-Mikrohits

Beginne mit deiner körperlichen Aktivität und warte, bis dir eine körperliche Empfindung auffällt. Richte deine ganze Aufmerksamkeit darauf. Nimm sie entspannt wahr und lass sie sich bewegen, verändern oder vielleicht auch wieder verschwinden. Jage ihr nicht nach. Nimm einfach nur zur Kenntnis, was passiert. Halte deine Aufmerksamkeit so lange auf diese Empfindung gerichtet, wie sie vorhanden ist (bis zu fünf Minuten lang). Danach lässt du dir von deinem Körper eine andere Empfindung präsentieren. Wiederhole diesen Vorgang während des ganzen Meditationsintervalls, das du gewählt hast.

Atmen und Zählen für Fortgeschrittene

Es gibt viele Möglichkeiten, den Atem als Meditationsobjekt zu nutzen.

Erinnere dich an die vier Bestandteile des Atmungsprozesses: Einatmen – erste Pause – Ausatmen – und dann die zweite Pause vor dem nächsten Einatmen. Manche Menschen machen die Erfahrung, dass ihre Gedanken während der *ersten Pause* abschweifen; anderen öffnet die *zweite Pause* ein Tor für Gedanken und Ablenkungen.

Und jetzt bist du dran:
Jeden ganzen Atemzug zählen

An früherer Stelle habe ich vorgeschlagen, jedes Ein- und Ausatmen getrennt voneinander zu zählen. Um den Schwierigkeitsgrad zu steigern, sollst du jetzt jeden *ganzen* Atemzug zählen: »Eins« beim Einatmen – ersten Pausieren – Ausatmen – zweiten Pausieren, »Zwei« beim Einatmen – ersten Pausieren – Ausatmen – zweiten Pausieren, und so weiter. Zähle alle ganzen Atemzüge von eins bis zehn. Wenn du bei zehn angekommen bist, zählst du rückwärts bis eins. Jedes Mal, wenn du den Überblick verlierst, fängst du wieder von vorn an. Setze diese Übung so lange fort, wie du möchtest. Das erfordert mehr Konzentration, und vielleicht musst du dich erst langsam daran gewöhnen, indem du zunächst die erste (einfachere) Methode des Atemzählens praktizierst.

Körperliche Aktivität eignet sich sehr gut für eine Atemmeditation. Das gilt vor allem für Aktivitäten, deren Bewegungen sich ständig wiederholen und bei denen du das Tempo selbst bestimmen kannst. Verändere die Bewegung so, dass sie zum Rhythmus deiner Atemzüge passt – nicht umgekehrt. Bei manchen Yogapraktiken soll man seine Atmung manipulieren, um sie mit seinen Bewegungen zu synchronisieren. Bei dieser Meditationspraxis machst du genau das Gegenteil.

Nehmen wir zum Beispiel das Gehen. Bevor du damit beginnst, nimmst du deine Atmung in deinem Körper wahr. Finde die Stelle, wo sie am leichtesten zu erkennen ist – wo du sie am deutlichsten spürst. Warte die erste Pause nach dem Ausatmen ab. Beim nächsten Einatmen machst du einen Schritt, beim Ausatmen einen weiteren. Oder versuche es mit nur einem Fuß, zum Beispiel mit dem linken: Beim Einatmen hebst du den linken Fuß, beim Ausatmen stellst du ihn wieder auf den Boden. Beim nächsten Einatmen hebst du den rechten Fuß und stellst ihn beim Ausatmen wieder auf den Boden. Bewege dich auf diese Weise in einer geraden Linie vorwärts.

Eine ähnliche Technik wende ich beim Laufen an, indem ich den Laufrhythmus (meine Schritte) mit meiner Atmung verbinde. Ich finde den Punkt, an dem meine Atmung von Natur aus mit meinen Schritten zusammenfällt. Auf drei Schritte einatmen – auf vier Schritte ausatmen – wiederholen. Die Anzahl der Schritte pro Ein- und Ausatmung variiert von Person zu Person und hängt auch von deinem jeweiligen Fitnessgrad ab. An manchen Tagen kann ich pro Einatmen fünf oder sechs Schritte machen, an anderen Tagen sind es weniger

Wenn du tanzt, dann verbinde den Rhythmus deiner Atemzüge mit einem Armschwung oder einer Drehung. Achte auf deine Atemzüge und bewege deinen Körper im Gleichtakt damit.

Und jetzt bist du dran: Deine Schritte auf deine Atemzüge abstimmen

Stimme deine Schritte beim Gehen auf deine Atemzüge ab: ein Atemzug pro Schritt oder ein Atemzug pro zwei Schritte. Verändere deine Bewegungen so, dass sie zum Rhythmus deiner Atmung passen. Finde das für dich richtige Tempo. Setze diese Übung so lange fort, wie du möchtest. Sie fördert die Konzentration. Vielleicht wirst du dabei aber auch eine gewisse Frustration empfinden. Auch das ist eine wichtige Beobachtung.

Und jetzt bist du dran:
Zählen für Fortgeschrittene

Ed hat diese Eins-bis-zehn-Gehübung bei einem Retreat in Santa Fe gelernt. Sie eignet sich hervorragend zur Förderung des Körperbewusstseins und der Konzentration.
Beginne zu gehen. Bei deinem ersten Schritt zählst du »eins«. Beim zweiten und dritten Schritt zählst du »eins, zwei«. Beim vierten, fünften und sechsten Schritt zählst du »eins, zwei, drei«, und so weiter bis zehn und dann wieder rückwärts. Wenn deine Gedanken abschweifen, beginnst du wieder bei eins. Setze diese Übung so lange fort, wie du möchtest, und ärgere dich nicht darüber, wenn du dabei den Mut verlierst. Auch diese Übung erfordert eine hohe Konzentration.

Nutze alles, was sich gerade ergibt, als Meditationsobjekt

Nun, da du mehrere verschiedene Achtsamkeitstechniken erlernt hast, zeigt sich ein weiterer wunderbarer Vorteil der Meditation: Du kannst dafür alles nutzen, was sich in der betreffenden Situation gerade ergibt – jeder Aspekt deiner Erfahrung eignet sich als Meditationsobjekt. Vielleicht nimmst du dir vor, beim Dance Fitness deine Atemzüge zu zählen; doch nach ein paar Minuten zieht ein leichter Krampf in deinem Arm deine Aufmerksamkeit auf sich. Er ist nicht stark genug, um dich zu beunruhigen oder vom Üben abzubringen; aber das Gefühl lenkt deine Aufmerksamkeit von der Meditation auf deine Atmung ab.

Zu Beginn deiner Meditationsreise hattest du vielleicht noch nicht die nötige innere Fitness, um deine Aufmerksamkeit in solchen Situationen wieder zu deiner Atmung zurückzulenken. Als Anfängerin oder Anfänger hättest du vielleicht noch nicht einmal bemerkt, dass deine Aufmerksamkeit durch den Schmerz im Arm von deinen Atemzügen abgelenkt wurde. Doch nun, da du diese Fähigkeiten entwickelt hast, registrierst du das genau. Entscheide, ob du bei deiner Atmung bleiben oder dein Meditationsobjekt wechseln und die unangenehmen Empfindungen näher erforschen möchtest. Durch diesen Entscheidungsprozess kannst du deine innere Ruhe und Konzentrationsfähigkeit noch weiter entwickeln.

Bei der Sitzmeditation wird der Lehrer dir vielleicht empfehlen, deinen Körper dreimal »anklopfen« zu lassen, bevor du deine Position änderst. Egal, ob es sich bei der störenden körperlichen Empfindung um eine juckende Nase, Schmerzen im Knie oder ein Taubheitsgefühl in der Hüfte handelt – du nimmst sie wahr und kehrst dann wieder zu deiner Atmung zurück. Erst wenn die Empfindung zum dritten Mal auftaucht, entscheidest du dich. Das ist ein bewusster Prozess. Sage dir: »Ich entscheide mich, meine Aufmerksamkeit auf etwas anderes zu verlagern.« Dieser Punkt wird dann zu deinem neuen Fokus.

Genauso gehst du auch bei der Bewegungsmeditation vor: Wähle dein Meditationsobjekt und überlege dir, wann (oder ob) du dein Bewusstsein zwischendurch auf etwas anderes verlagern möchtest. Lass deinen Geist dreimal »anklopfen«. Bei den ersten beiden Malen kehrst du wieder zu deinem ursprünglichen Meditationsobjekt zurück. Nach dem dritten Mal entscheidest du, ob du die neue Empfindung zum Objekt deiner Meditation machen möchtest. Nimm diese Veränderung ganz bewusst vor.

Du kannst alles, was sich gerade ergibt, als Meditationsobjekt nutzen. Vielleicht hast du mit einer Meditation auf deine Atmung begonnen, doch dann ist dieser leichte Schmerz aufgetreten. Lass ihn ein paarmal »anklopfen« und weise ihn darauf hin, dass deine Meditationsabsicht auf deine Atmung gerichtet ist. Nach dem dritten »Anklopfen« entscheidest du, ob du das Objekt deiner Aufmerksamkeit wechseln möchtest. Wenn ja, dann versenke dich so tief in das neue Objekt, wie du es vorher vielleicht mit deinen Atemzügen getan hast. Dieser Schmerz ist jetzt dein Meditationsobjekt. Diese Entscheidungsmöglichkeit ist ein Aspekt der frei schwebenden Aufmerksamkeit – frei, aber trotzdem achtsam.

Durch diese neue Strategie wird deine Meditation noch flexibler: Du lernst, mit dem Strom zu schwimmen. Du hast die Wahl, einen anderen Gang einzulegen. Du musst deshalb nicht aufhören zu meditieren, und du musst auch nicht krampfhaft versuchen, den Meditationsprozess unter Kontrolle zu bringen oder daraus ausbrechen. Tauche einfach in die Erfahrung ein, die sich dir in diesem Augenblick bietet. Du brauchst gegen nichts anzukämpfen, schon gar nicht gegen dich selbst. Sei einfach bei der Realität – bei dem, was jetzt gerade ist.

Die falsche Medizin

Shinzen spricht oft von der Versuchung, am liebsten das zu tun, was uns leichtfällt oder wozu wir uns von Natur aus hingezogen fühlen. Er nennt das »die falsche Medizin einnehmen«. Wenn du zum Beispiel während der Bewegungsmeditation gerne ein geführtes Workout machst, deine Aufmerksamkeit dabei am liebsten breit streust oder Musik hörst, ist dagegen an und für sich nichts einzuwenden.

Aber was ist, wenn dein Audioplayer den Geist aufgibt oder wenn du ein sehr anstrengendes Training machst (natürlich ohne dich dabei in Gefahr zu begeben) und die intensive geistige Anstrengung des Durchhaltens deine punktgenaue Aufmerksamkeit erfordert? Irgendwann einmal wird der Tag kommen, an dem nichts mehr zwischen dir und einer riesigen Mauer des Leidens steht – und dann hängt alles davon ab, wie gut du deinen Geist trainiert hast.

Genau deshalb solltest du dich auch um Fähigkeiten bemühen, die dir *nicht* in den Schoß fallen.

An deinen angeborenen Talenten zu feilen, ist in vielen Lebensbereichen – im Beruf, in Beziehungen, aber auch bei der Ausübung von Hobbys – sinnvoll. Wenn du überhaupt ein Talent besitzt, bist du der großen Masse der Menschen schon um einen Schritt voraus. Nicht so bei der Meditation: Dazu brauchst du einen Werkzeugkasten aus robusten mentalen Fähigkeiten, die dir jederzeit zur Verfügung stehen.

Ich richte meine Aufmerksamkeit zum Beispiel gern auf einen einzigen Punkt. Wenn ich einen solchen Punkt auswähle und mit meiner Aufmerksamkeit dort bleibe, verfalle ich in einen Zustand intensiver Konzentration. Aber was passiert nach einem 35 Kilometer langen Lauf, wenn mir vor lauter Erschöpfung alles wehtut? Natürlich kann ich dann immer noch einen Punkt wählen und mein Bestes tun, um mich darauf zu konzentrieren; aber was soll ich tun, wenn der Punkt vor meinen Augen verschwimmt?

Die Fähigkeit, meinen Konzentrationsradius zu erweitern und mein Bewusstsein für alles offen zu halten, was mir zufließt, gibt mir die Möglichkeit, bei der Meditation mit allem zu arbeiten, was sich in der jeweiligen Situation gerade ergibt. Deshalb ist es sinnvoll, meine Meditationspraxis zu variieren und stets für alles offen zu bleiben, was da kommen mag.

Zusammenfassung

Die in diesem Kapitel beschriebenen Bewusstheitstechniken für Fortgeschrittene sind zwar nicht leicht zu erlernen, doch es sind vielleicht die hilfreichsten Strategien, die du einsetzen kannst, wenn dein Lieblingssport nicht aus sich wiederholenden Bewegungsabläufen besteht. Wenn du eine schnelle Sportart wie Tennis, Pickleball, Racquetball, Basketball, Volleyball oder Skifahren ausübst, ist die Fähigkeit, auf den jetzigen Augenblick konzentriert zu bleiben, während sich das Meditationsobjekt blitzschnell verändert, sehr sinnvoll: Sie verhilft dir dazu, in deinem Sport Höchstleistungen zu erbringen, und bietet dir gleichzeitig Gelegenheit zu interessanten Erkenntnissen.

Als Nächstes möchte ich auf das Thema Emotionen eingehen. Ich werde dir erklären, worin sie bestehen und wie du während deiner Bewegungsmeditation damit arbeiten kannst.

KAPITEL 7

WIRRWARR DER GEFÜHLE

Wie man über Emotionen meditiert

Wie gehst du mit den Emotionen um, die bei deiner achtsamen Bewegungsmeditation in dir aufsteigen?

Die eigentliche Frage lautet: »Wenn Emotionen in dir aufsteigen, wie kannst du dann Achtsamkeit und Gelassenheit in diese Erfahrung hineinfließen lassen?« Emotionen können sehr intensiv, schmerzhaft, aber auch verführerisch sein. Wie kann man mit so etwas arbeiten?

Schauen wir uns zunächst einmal genauer an, was Emotionen eigentlich sind.

In einem der ersten Retreats von Shinzen Young, an dem ich teilnahm, erklärte er Emotionen in so einfachen und klaren Worten, dass ich gar nicht glauben konnte, diese Definition vorher noch nie gehört zu haben. In den vielen Psychologie-Kursen, die ich besucht hatte, kam sie nicht vor, und auch von meinen an und für sich hervorragenden Therapeuten hatte bis dahin noch keiner das Thema »Emotionen« aus dieser Perspektive erörtert.

In seinem Retreat machte Shinzen deutlich, dass Emotionen sowohl aus Gedanken als auch aus körperlichen Empfindungen bestehen.

Wir können Emotionen als Meditationsobjekt nutzen, indem wir das Auftauchen und Abklingen der Gedanken und Empfindungen beobachten, aus denen die jeweilige Emotion besteht.

Das veranschaulichte Shinzen anhand einer einfachen Analogie.

Stell dir Emotionen als eine Rolle aus rotem und weißem Garn vor. Aus der Ferne sieht das Knäuel rosa aus, und die meisten Menschen sehen Emotionen entweder aus weiter Ferne oder haben sie so nah vor Augen, dass sie sie nicht richtig erkennen können. Wir schieben unangenehme Emotionen von uns weg, ziehen angenehme Emotionen näher zu uns heran oder werden von beidem so sehr überwältigt, dass wir fast darin ertrinken. Eigentlich sehen wir Emotionen normalerweise also gar nicht richtig.

Doch die Fähigkeiten der intensiven Konzentration und Gelassenheit, die wir in der Meditation erlernen, verändern unsere Wahrnehmung. Bei näherer Betrachtung bestehen die körperlichen Empfindungen aus rotem Garn, während die Gedanken weiß sind. Aber Gedanken und körperliche Empfindungen verwickeln sich so stark ineinander, dass die Illusion von Rosa entsteht.

Außerdem nähren Gedanken und Körperempfindungen sich gegenseitig. Wir spüren eine körperliche Empfindung, und das führt zu einem Gedanken. Als Nächstes reagieren wir auf diesen Gedanken, was weitere Körperempfindungen nach sich zieht, die wiederum zu weiteren Gedanken führen, und so weiter und so fort. So entsteht ein emotionaler Teufelskreis.

Durch eine ruhige, konzentrierte Meditationspraxis kann man dieses Knäuel entwirren und die Gedanken von den körperlichen Empfindungen trennen. Wenn wir lernen, den separaten Fäden unserer Empfindungen und Gedanken nachzuspüren, sehen wir, wie jeder dieser Fäden entsteht und wieder vergeht. Uns diese Prozesse bewusst zu machen (und uns vor allem die Tatsache vor Augen zu halten, dass sie nicht ewig andauern, sondern irgendwann wieder vorübergehen), bringt Freiheit. Wenn wir lernen, unsere Gedanken rund um eine bestimmte Emotion loszulassen und nur die körperliche Empfindung zu erleben, löst sich die Emotion oft von selbst in nichts auf, und der emotionale Teufelskreis kommt zum Stillstand.

Man kann Emotionen in verschiedene Kategorien einteilen: glücklich, traurig, wütend und ängstlich. Die meisten Emotionen gehören mehreren Kategorien gleichzeitig an. Kummer? Besteht wahrscheinlich aus den Emotionen »traurig« und »wütend«. Zorn? Eindeutig wütend, kann aber auch traurig und ängstlich sein. Freude? Glücklich – aber vielleicht mischt sich auch eine Spur von Traurigkeit hinein, wenn wir jemanden vermissen, der uns früher glücklich gemacht hat. Achte auf die verschiedenen »Geschmacksrichtungen« deiner körperlichen Empfindungen und löse sie von den damit einhergehenden Gedanken, um dich aus dem Griff eines negativen Gemütszustands zu befreien.

Die fünf Zustände

Während der Ausbildung zur Meditationsleiterin, die ich am Sage Institute for Creativity and Consciousness absolviert habe, lernten wir die »fünf Zustände« kennen – eine weitere Möglichkeit, das Zusammenspiel von Gedanken und Körperempfindungen zu betrachten. Ursprünglich hat Zen-Meister Bernie Glassman dieses Denkmodell entwickelt, um zu erklären, was die buddhistische Psychologie als »Skandhas« bezeichnet; dann leitete Sensei Sean Murphy die fünf Zustände daraus ab. Sie bieten einen zusätzlichen Einblick in die Realität der Erfahrung – die Wahrheit dessen, was in unserem Geist und Körper passiert, während wir durchs Leben gehen.

Diese fünf Zustände sind:

- Empfindung/Wahrnehmung
- Fühlen
- Reaktion
- Erkennen/Interpretation
- Geschichte

Empfindung/Wahrnehmung

Jede Erfahrung beginnt mit körperlichen Empfindungen. Dabei geht es nicht darum, was du von dieser Empfindung hältst und ob sie dir gefällt oder nicht, sondern einfach nur um die reine, unverfälschte Empfindung. Die Berührung. Den Geschmack. Den gefühlten Sinn. Den Geruch. Das Geräusch. Den Anblick. Den Eindruck. Eine körperliche Empfindung ist zum Beispiel das Licht, das auf deine Netzhaut trifft. Die Nervenenden in der Haut deiner Finger, die Signale weiterleiten, wenn du das Lenkrad umfasst. Schallwellen, die in deinen Gehörgang eindringen und den Hörnerv aktivieren. Oder ein Bissen Essen, der auf eine Geschmacksknospe trifft und sie aktiviert. Das ist die körperliche Empfindung, der erste der fünf Zustände: Reiner Input, der durch ein Sinnestor in unser Bewusstsein dringt. Die körpereigene Wahrnehmung eines Reizes, der jetzt in diesem Augenblick in ein Sinnestor eintritt – näher können wir der reinen Erfahrung der Realität nicht kommen.

Fühlen

Das Wort »Fühlen« hat in diesem Zusammenhang nichts mit Empfindungen oder emotionalen Gefühlen zu tun, sondern damit ist einfach nur die Wahrnehmung gemeint, ob eine Empfindung angenehm, unangenehm oder neutral ist. Dieses Fühlen findet fast zeitgleich mit der eigentlichen Empfindung statt: Wir spüren etwas, und dann nimmt der Körper eine Qualität oder »Geschmacksrichtung« dieses Inputs als positiv (angenehm – ich mag es), negativ (unangenehm – ich mag es nicht) oder neutral wahr. Für unsere Zwecke in diesem Buch sind »angenehm« und »unangenehm« die wichtigsten Qualitäten.

Reaktion

Danach kommt eine Reaktion: Wir verlangen nach etwas oder haben eine Abneigung dagegen. Das ist die Art und Weise, wie unser Körper sich je nach ihrer »Geschmacksrichtung« entweder zu der jeweiligen Erfahrung hingezogen fühlt oder sich gegen sie stemmt. Du magst sie oder magst sie nicht, findest sie angenehm oder unangenehm. Das kann eine rein innerliche oder auch eine äußerliche Reaktion sein, zum Beispiel, wenn man sich körperlich zu der Erfahrung hinwendet oder von ihr abkehrt. An diesem Punkt setzen auch die Emotionen ein: Angst. Freude. Traurigkeit. Wut. All diese emotionalen Reaktionen können in dieser Phase auftreten. Und je nachdem, wie angenehm oder unangenehm die betreffende Empfindung ist, kannst du vor ihr zurückschrecken oder dich ihr zuwenden. Eine Reaktion kann aber auch so subtil sein wie das Erweitern der Pupillen als Reaktion auf Licht oder Dunkelheit. Diese Reaktionen sind uns noch nicht bewusst. Sie laufen automatisch ab, sind überlebenswichtig und evolutionär bedingt.

Erkennen/Interpretation

Jetzt holt der Verstand die drei vorigen Prozesse, die fast unbewusst abgelaufen sind, ein. Diese Phase ist bewusster: Geist und Körper erkennen jetzt, dass der Herd heiß oder das Geräusch laut und schrill ist. Sie nehmen einen sauren oder bitteren Geschmack oder einen angenehmen Duft wahr, und außen herum können sich jetzt Gedanken – Worte und Bilder in unserem Kopf – formen. Das Konzept entsteht in unserem Geist. Wir registrieren auf bewusster Ebene, was gerade passiert ist.

Geschichte

Und schließlich erschafft unser Verstand aus den Ideen, Vorurteilen und Erinnerungen, die wir mit dieser Situation assoziieren, eine Geschichte. Zum Beispiel: »Verdammt! Wer hat denn die Herdplatte angelassen?« oder »Wie dumm von mir!« oder »Herde sollten Sicherheitsschalter haben!« Der Verstand versucht, dem Ereignis eine Bedeutung zu geben, indem er es mit einem Narrativ umgibt. Oft sind diese Narrative falsch und kontraproduktiv – aber nicht immer. Manchmal lassen sie uns die Dinge auch klarer sehen. Unabhängig davon ist die Geschichte, die unser Verstand sich ausdenkt, aber immer vier Schritte von der ursprünglichen körperlichen Empfindung entfernt. Und diese vier Schritte können eine Menge Probleme verursachen.

Angenommen, ich jogge gerade. Wenn ich laufe, spüre ich oft Empfindungen in meinem linken Fuß, die mir unangenehm sind, und dann reagiere ich darauf, indem ich nervös werde. Das interpretiere ich wiederum als Problem und denke mir eine Geschichte dazu aus: »Oh nein! Vielleicht hatte der Chirurg, der mein Sprunggelenk versteifen wollte, doch recht. Wahrscheinlich habe ich das Gelenk durch meinen Sport inzwischen schon dauerhaft geschädigt. Ich sollte sofort mit dem Laufen aufhören. Aber wenn ich nicht laufen kann, nehme ich wieder zu und werde womöglich *noch* dicker als vorher. Und dann wird Ed mich verlassen und den Hund mitnehmen.« Und so weiter und so fort.

Die Geschichte, die ich mir ausgedacht habe, ist durchaus plausibel. Vielleicht sollte ich tatsächlich mit dem Laufen aufhören, nach Hause gehen und an einem anderen Tag weiterlaufen. Aber vielleicht stimmt die Geschichte auch gar nicht. Hätte ich die Geschichte des Arztes über meinen Knöchel geglaubt und als wahr akzeptiert, dann hätte ich in den letzten zehn Jahren keinen Laufsport betrieben, und du würdest dieses Buch jetzt nicht lesen. Die Moral davon? Glaube nicht alles, was du denkst!

Achtsamkeit schließt diesen Prozess kurz. Ein Großteil unseres Leidens entsteht nicht durch die körperliche Empfindung selbst und auch nicht durch das Gefühl oder die Reaktion. Erst wenn wir eine Geschichte darum herum erfinden und so leben, als ob diese Geschichte wahr wäre, wird aus einer bloßen Körperempfindung Leid.

In dem obigen Beispiel kann ich meinen Gedankengang, statt ihn bis in die endlosen Verzweigungen seines Kaninchenbaus weiterzuverfolgen, schnell wieder einfangen und zur Beobachtung der reinen Körperempfindung zurückkehren: Mein linker Fuß kribbelt. Das ist alles.

Achtsamkeit vereinfacht unsere Erfahrung bis auf den einfachsten Prozess.

Und Achtsamkeit bietet uns auch Einsichten. Wenn wir den Prozess beobachten und ruhig und offen dafür bleiben können, sehen wir ihn als das, was er ist: keine Realität, sondern einfach nur eine Geschichte.

Achtsamkeit bringt uns immer wieder in den jetzigen Augenblick zurück. Die Geschichte, die unser Verstand erfindet, liegt dagegen meistens in der Zukunft oder in der Vergangenheit und ist normalerweise mit Konflikten oder Emotionen aufgeladen. Die Vergangenheit ist Reue oder die Sehnsucht nach Dingen von früher. Die Zukunft ist Sorge oder die Sehnsucht danach, dass irgendetwas auf eine bestimmte Art und Weise geschehen möge.

Das Gleiche gilt für Verlangen und Abneigung. Wenn wir ein Gefühl der Reue oder des Bedauerns verspüren, möchten wir die Erinnerungen an die Vergangenheit gerne von uns wegschieben. Und wenn wir uns Sorgen machen, möchten wir den Gedanken an die Zukunft am liebsten aus unserem Bewusstsein verdrängen. Andererseits neigen wir dazu, glückliche Erinnerungen an die Vergangenheit in unser Bewusstsein zurückzuholen, weil wir sie gern noch einmal erleben möchten. Und wir zerren in Gedanken an der Zukunft herum und hoffen, dass sie sich auf eine bestimmte Weise entwickelt.

Gedanken an die Zukunft, Gedanken an die Vergangenheit und Werturteile (vor allem über uns selbst) können Leid erzeugen. Aber das In-der-Gegenwart-Sein hat keine solche Energie. Die reine Erfahrung des jetzigen Augenblicks hat keine Meinung über irgendetwas. Nur unsere Reaktion darauf (unsere Wünsche und Hoffnungen) oder die Geschichte, die wir uns ausdenken, verursacht Leid. Mit Achtsamkeit siehst du durch all diese Schichten hindurch und nimmst wahr, was wirklich passiert. Du übst dich in der Realität.

Jedes Mal, wenn du dich einer neuen Herausforderung stellst, wirst du wahrscheinlich bemerken, dass dabei negative Geschichten in dir aufsteigen – und die können manchmal sehr überzeugend sein. Sie liefern uns plausible Gründe, warum wir keinen Erfolg haben können. Erfolgreiche Menschen durchschauen diese negativen Geschichten.

Doch selbst Geschichten, die in der Gegenwart spielen, können uns ablenken. Gedanken wie: »Ich kann das nicht. Ich habe nicht das Zeug dazu. Ich bin nun mal kein Sportler wie [__setze irgendeinen Namen ein__]« sind Geschichten. Je nach deinem Fitnessgrad, deinen mentalen Fähigkeiten und deinem Trainingszustand eignest du dich vielleicht nicht für alle Sportarten, die du ausprobierst. Aber lass dich durch solche Geschichten nicht davon abhalten, das herauszufinden!

Emotionen entwirren

Das letzte Lebensjahr meines Vaters fiel mit meiner Genesung von einer schweren depressiven Episode zusammen, in der ich mir fast das Leben genommen hätte. Vater und ich verbrachten seinen letzten Sommer damit, Golf zu spielen. In den letzten vier Monaten vor seinem Tod wohnten er und meine Mutter bei Ed und mir.

Während Vater langsam starb und ich allmählich lernte, wieder zu leben, entwickelte meine Meditationspraxis sich Schritt für Schritt weiter. Diese Erfahrung stellte mich in mehrerlei Hinsicht auf eine harte Probe – vor allem emotional.

Eigentlich war es mein sehnlichster Wunsch, diese letzten Tage zusammen mit meinem Vater auf den kleinen Golfplätzen im ländlichen Licking County (Ohio), zu verbringen, die wir liebevoll »Ziegenweiden« nannten. Aber es fiel mir schwer, mit meinem Geist dort zu bleiben, wo mein Körper war. Es gab so viele Fragen, so vieles zu bereuen. Mich quälten so viele Unsicherheiten im Hinblick auf meine psychische Gesundheit, meinen Job, meine Zukunft. Und ich verspürte so viel Traurigkeit darüber, dass er bald nicht mehr da sein würde.

Dieser emotionale Aufruhr, in den der bevorstehende Tod meines Vaters und meine eigenen Ängste und Depressionen mich versetzten, war für mich die schwierigste Meditation, die ich bis dahin erlebt hatte. Und im Gegensatz zu den Rücken- und Ischiasschmerzen, die mich ursprünglich zur Meditation geführt hatten, konnte ich diesem Sturm in meinem Inneren nicht entkommen.

Jeder dieser kostbaren letzten Golftage mit meinem Vater bot mir viele Gelegenheiten, das Knäuel meiner komplexen Gefühle zu entwirren. Die reine Freude daran, in seiner Nähe zu sein, wurde immer intensiver, je mehr sein Gesundheitszustand sich verschlechterte. Zu den verschiedenen Erfahrungen jener Zeit gehörte nicht nur die Qual, die es mir bereitete, seinen körperlichen Verfall mitanzusehen, sondern auch vieles andere: zum Beispiel die Erkenntnis, dass unsere Beziehung im Lauf der Jahre viele Höhen und Tiefen durchgemacht hatte; mein schlechtes Golfspiel, das mit der Zeit immer besser wurde, während ich beobachtete, wie sein mehrfach preisgekröntes Golfspiel unter seiner Krankheit litt; und der Kampf gegen meine Depression, die mich zwang, meinen Job als Anwältin aufzugeben und mich fast jeden Tag, an dem wir nicht Golf spielten, ans Bett fesselte.

Angenehme Gedanken, unangenehme Gedanken; angenehme Körperempfindungen, unangenehme Körperempfindungen. Oft waren meine noch relativ neuen Meditationsfähigkeiten dieser verworrenen Flut von Gefühlen nicht gewachsen.

Damals kannte ich die fünf Zustände noch nicht; aber ich wusste, wie unser Verstand sich Geschichten ausdenkt. Also nahm ich nicht nur wahr, wie ich mich nach angenehmen Gefühlen sehnte und den Schmerz von mir wegzuschieben versuchte, sondern registrierte auch meine Gedanken darüber, dass das alles eigentlich nicht so sein sollte, und tat mein Bestes, um diese Gedanken loszulassen. Ich entwirrte die unmittelbaren sinnlichen, körperlichen Erfahrungen meiner Gefühle und trennte sie von meinen Gedanken und Geschichten. Rosa Fäden wurden zu roten und weißen. Dieses Netz meiner Emotionen zu entwirren, half mir dabei, wirklich bei meinem Vater präsent zu sein, und nach seinem Tod halfen dieselben Techniken mir, den Schmerz zu ertragen, wenn die Wellen der Traurigkeit über meinem Herzen zusammenschlugen. Üben. Üben. Üben. Ich bin so dankbar dafür, dass ich damals wusste, was zu tun war.

Unser vertrackter Körper

Diejenigen von uns, die unter psychischen Problemen leiden, haben vielleicht auch unverhältnismäßige Gedanken und körperliche Empfindungen. Vielleicht sind wir hypervigilant – also ständig in einem Zustand erhöhter innerer Anspannung –, und nicht nur unser Geist, sondern auch unser Körper bereitet uns häufig Probleme.

Wenn du gerade erst mit dem Meditieren beginnst und es nicht gewohnt bist, Ängsten oder Depressionen so große Aufmerksamkeit zu schenken, wird es dich vielleicht erschrecken, wie oft du sie bei dir feststellst. Die Erkenntnis, dass die Gedanken und körperlichen Empfindungen, aus denen diese psychischen Zustände bestehen, mit der Zeit wieder vorübergehen, kann dir Erleichterung bringen. Wenn du das Gefühl hast, nicht mehr weiterzukönnen, dann denk daran, dass sich dieser Zustand wieder ändern wird! Sicherlich kennst du den Satz »Auch das wird irgendwann vorbeigehen«. Shinzen formuliert diesen Satz folgendermaßen um: »Auch das *geht* vorbei.«[24]

Wenn man an einer Depression leidet, vermischen problematische Gedanken sich mit körperlichen Empfindungen wie Schmerz und einem Gefühl der Schwere. Die meisten Menschen halten Depressionen für eine rein psychische Erkrankung, aber sie äußert sich auch körperlich, und zwar mit einer bleiernen Abgestumpftheit und oft auch mit einem Gefühl der Hoffnungslosigkeit – nicht nur im Geist, sondern auch im Körper. Ich habe früher immer gesagt, das sei so, als würde man versuchen, durch Pudding zu laufen: dick und zähflüssig – jede einzelne Bewegung ist ein Kampf.

Angst bringt andere Gefühle mit sich – aufgewühlter und weniger dumpf als bei einer Depression, aber genauso schmerzhaft. Oft kommen auch noch unangenehme Gedanken dazu: eine zusätzliche Schicht, die auf die ohnehin schon unangenehmen Körperempfindungen draufgepackt wird. Außerdem gehen Angstzustände oft mit Hypervigilanz einher: Dann nimmt man seine Gedanken und Gefühle überdeutlich wahr. Angst kann sich wie ein Schwingungsfeld anfühlen – mit Stromstößen, Verwirrtheitszuständen und Adrenalinschüben, die so stark sind, dass man glaubt, sie würden einen umwerfen oder töten.

Während eines Sitzmeditations-Retreats wurden meine Paranoia, Angst und innere Anspannung irgendwann so groß und quälten mich so ununterbrochen, dass ich fürchtete, zusammenzubrechen. Ich war dankbar dafür, dass Ed neben mir und Bhante Gunaratana vorne im Meditationsraum saß. Bhante gab uns die Anweisung, unsere intensivsten Gedanken und Körperempfindungen zum Gegenstand unserer Meditation zu machen.

Ich beobachtete, wie Gedanken an den finanziellen Ruin und den Verlust unseres Hauses in mir aufstiegen und ich vor meinem geistigen Auge sah, wie Ed mich verlassen würde. Starke, schmerzhafte Empfindungen durchzuckten meinen Brustkorb und meinen Bauch. Ich wich davor zurück und streckte dann zögernd wieder meine Fühler danach aus. Auf diesen Wellen ritt ich mehrere Sitzmeditationsperioden lang und fand es unangenehm und befreiend zugleich, zu wissen, dass ich so viel Angst aushalten konnte. Bevor die Stille dieses Retreats die ständigen Ablenkungen meines täglichen Lebens zurückgedrängt hatte, war mir gar nicht bewusst gewesen, wie viel Angst und Paranoia ich mit mir herumschleppte. Und immer wenn ich während der Sitzmeditation meine Gedanken abschweifen ließ, kehrte die Paranoia so heftig zurück, dass ich mir nicht sicher war, ob ich ruhig sitzenbleiben konnte. Aber ich tat es trotzdem – obwohl mir dabei die Tränen übers Gesicht liefen.

Dann begannen wir zu gehen. Im Fitnessraum des Retreat-Centers nahm ich mir für meine Gehmeditation eine gerade Linie vor, die quer über das Basketballfeld und wieder zurück führte. Am Ende der Linie spürte ich, wie der Wunsch in mir aufstieg, umzukehren. Aber ich kehrte nicht um. Ich blieb bei diesem Impuls, nahm ihn wahr, ließ ihn wieder abklingen und kehrte erst dann um, als er verschwunden war und ich mich zum Umkehren *entschied*. Erst dann ging ich zum Anfang der Linie zurück – an den Punkt, von dem aus ich gestartet war.

Als die nächste Sitzmeditationsperiode begann, fühlte mein Körper sich ruhiger an. Die Wellen der Paranoia und Angst kehrten zurück, aber ich wusste, dass sie vorübergehen würden. Die Erfahrung, die ich beim Gehen gemacht hatte – nämlich mit dem Umkehren zu warten, dem Drang danach zu widerstehen und ihn einfach nur zu spüren –, übertrug sich auf die Sitzmeditation. Die Erfahrung der Vergänglichkeit aller Gefühle, die ich während des Gehens gemacht hatte, half mir, zu beobachten, wie die Wellen meiner Emotionen – die immer noch sehr stark waren – an- und abschwollen. Und ich ließ das einfach zu. Die Freiheit, die darin lag, kann ich nur mit einem Wort beschreiben: Glückseligkeit.

Dr. Susan M. Orsillo und Dr. Lizabeth Roemer schreiben über den Einsatz von Meditation zur Behandlung von Ängsten:

> »Wir fordern dich dazu auf, deine Angst auf neue, andere
> Art und Weise wahrzunehmen. Menschen suchen oft in einer
> Haltung der Überwachsamkeit nach Anzeichen von Angst –
> entweder um sich auf kommende Bedrohungen einzustellen oder
> um sich für eine unerwünschte Reaktion zu bestrafen. Doch
> du solltest lieber versuchen, deine Angst in einer neugierigen,
> beobachtenden Haltung wahrzunehmen. Das Ziel besteht darin,
> die ganze Bandbreite deiner Reaktionen zu beobachten und
> zur Kenntnis zu nehmen, und nicht darin, sie zu beurteilen
> oder unter Kontrolle zu bringen. Mit der Zeit werden die
> Angstsymptome durch diesen neuen Umgang mit deiner
> Angst weniger erschreckend und überwältigend.«[25]
> – DR. SUSAN M. ORSILLO UND DR. LIZABETH ROEMER

Wenn du eine Emotion voll und ganz durchlebst – wenn du spürst, wie sie durch deinen Körper fließt, alle damit einhergehenden Gedanken wahrnimmst und diesen Komplex aus Gedanken und Gefühlen anschließend wieder weiterziehen und vergehen lässt –, dann ist das Freiheit. Diese Ebene der Einsicht unterscheidet sich von dem, was man in der Therapie zu bewirken versucht. Beim Durchleben und Wieder-Gehen-Lassen einer Emotion läuft die Einsicht auf Zellebene ab und lindert das Leid auf ungeheuer wirksame Weise.

Sollen wir uns wirklich durch diesen Sturm hindurchmeditieren?

Das kommt darauf an!

In Zeiten großer Bedrängnis kann Meditieren schwierig sein – egal, wie es um deine psychische Gesundheit steht. Andererseits ist Meditation in solchen Situationen manchmal das Beste, was man tun kann. Menschen, die Meditation als Bewältigungsstrategie nutzen, vom Meditieren abzuraten, ist genau das Gleiche, als würde man einem Tänzer sagen, er solle wegen eines schmerzenden Zehs aufhören zu tanzen, oder einem Tennisspieler empfehlen, dass er lieber auf das Spielen verzichten soll, wenn ihm das Knie wehtut. Natürlich sollten wir darauf achten, mit unserer Meditationspraxis keinen Schaden anzurichten. Wir müssen nicht auf Biegen oder Brechen durchpowern, wenn uns nicht danach zumute ist. Eine wild entschlossene Meditationskriegerin zu sein, ist nicht unbedingt immer zielführend. Und oft haben wir auch gar nicht das richtige Urteilsvermögen, um diese Entscheidung zu treffen; denn die Situation ist individuell verschieden. Frage einen Lehrer, eine Therapeutin oder sonstige Fachpersonen um Rat, wenn du Bedenken hast, vor allem, wenn du schon einmal ein Trauma erlebt hast.

Aber falls du dich dafür entscheiden solltest, in einer schwierigen Lebensphase zu meditieren, ist der Prozess derselbe wie bei jedem anderen Meditationsobjekt: Lasse Achtsamkeit und Gelassenheit in deine Erfahrung hineinfließen. Wähle das Objekt aus, auf das du dich fokussieren möchtest. Bohre dich mit deiner ganzen Konzentration in dieses Objekt hinein und lass deine Gedanken und körperlichen Empfindungen dabei einfach so sein, wie sie sind.

Und jetzt bist du dran: Emotionen entwirren

Probiere die nun folgende komplexe Übung zunächst im Stehen oder Sitzen aus. Sobald du sie besser beherrschst, kannst du sie auch während deiner Bewegungsmeditation machen.

Wähle ein Meditationsintervall aus und richte deine Aufmerksamkeit dann auf eine emotionsgeladene Situation, die starke Gefühle in dir auslöst. Während du an diese Situation denkst, achte darauf, an welcher Stelle deines Körpers du sie spürst. Ist deine Kehle wie zugeschnürt? Spürst du ein Brennen im Magen? Kommen dir die Tränen? Nimm dir ein paar Minuten Zeit, diese körperlichen Empfindungen wahrzunehmen. Dann wendest du deine Aufmerksamkeit den damit einhergehenden Gedanken zu. Tue dein Bestes, um die Körperempfindungen von den Gedanken zu trennen. Nimm diesen Unterschied einfach zur Kenntnis und versuche, sowohl die Gedanken als auch die Empfindungen, die in dir aufsteigen, ihre kleinen Tänze vollführen und dann wieder vorüberziehen zu lassen. Auch das ist eine Übung für Fortgeschrittene. Es ist normal, dass man sich dabei anfangs entweder von den Gedanken oder den körperlichen Empfindungen mitreißen lässt. Wenn du dich in solchen Situationen an deine Absicht erinnerst, zu meditieren, dann klopfe dir dafür in Gedanken anerkennend auf die Schulter, führe deinen Geist sanft zu deinem Körper zurück und beginne wieder von vorn.

Zusammenfassung

Nun, da du weißt, dass diese starken Emotionen einfach nur ein Gewirr aus Gedanken und körperlichen Empfindungen sind, kannst du diesen Fäden während deiner Bewegungsmeditation nachspüren und sie entwirren.

Im nächsten Kapitel geht es darum, wie man mit schmerzhaften und beglückenden Gedanken und Körperempfindungen umgeht. Deine Bewegungsmeditation ist stets eine Chance zu innerem Wachstum – egal, womit dein Leben dich gerade konfrontiert.

KAPITEL 8

WIE MAN DURCH SCHMERZ (UND FREUDE) INNERLICH WACHSEN KANN

Über Schmerz und Freude meditieren

Da war er wieder, dieser altbekannte stechende Schmerz. Für meinen dritten Marathon trainierte ich nicht auf dem eis- und schneebedeckten Olentangy Trail, sondern in der Halle. Nach 25 Kilometern fingen die Verkrampfungen in meinem Rücken an. Es war höchste Zeit, dass ich lernte, mit dem Schmerz zu arbeiten.

Als Ed mir beibrachte, wie man meditiert, war ich anfangs nicht sonderlich überzeugt von dieser Praxis – bis ich erfuhr, wie gut Meditation gegen Schmerzen hilft. In meinem Buch *Depression Hates a Moving Target* erzähle ich, wie mein kaputter Knöchel mir früher jede Show gestohlen hat. Ich schrieb in diesem Buch zwar nichts über meine Rückenschmerzen; aber eine leichte Skoliose zwickt mich schon ab und zu im Kreuz. Doch inzwischen weiß ich zum Glück, wie man damit umgeht.

Verkrampfungen der Rückenmuskulatur sind genau das, was das Wort besagt: Verkrampfungen. Und sie dauern auch nicht ewig, sondern sind lediglich etwas Vorübergehendes – so wie alles im Leben. Bevor ich meditieren lernte, habe ich mich während dieser Verkrampfungen innerlich angespannt und gegen den Schmerz gewehrt. Wenn mich der Schmerz unvorbereitet überrascht, tue ich das auch heute noch. Doch an jenem Tag hatte ich noch sechs Kilometer vor mir – also jede Menge Gelegenheit, meinen Schmerzen nachzuspüren. Ich wurde neugierig auf sie, tat mein Bestes, um mich zu entspannen, wenn sie anfingen, und registrierte es genau, wenn sie wieder vorübergingen.

Als mein Verstand mich verzweifelt anschrie und mir eine Horrorgeschichte erzählte – »Du ruinierst deinen Körper. Irgendwann wirst du gelähmt im Rollstuhl sitzen! Warum hast du dich nicht für eine vernünftigere Sportart entschieden?« –, machte ich das zu meinem Meditationsobjekt. Das Kommen und Gehen der Schmerzen und der Geschichte, die mein Verstand dazu erfand, war für mich wie ein kleines Theater, das ich mir anschaute, während ich weiterlief. Seinen eigenen schmerzhaften Rücken-Verkrampfungen nachzuspüren, mag zwar eine etwas seltsame Form der Unterhaltung sein, aber es ist immer noch besser, als sich vor Schmerzen zu krümmen.

Und Schmerz ist nicht der einzige Meditationslehrer, den es gibt. Man kann auch über Freude meditieren.

Wenn man Schmerzen hat, neigt man dazu, sie von sich wegzuschieben. Freude dagegen würde man am liebsten zu sich hinziehen. Die richtige Praxis besteht jedoch darin, weder etwas von uns wegzuschieben noch zu uns hinzuziehen – egal, um was für Erfahrungen es sich handelt. So widersinnig es auch klingen mag: Wir sollten lieber lernen, uns dem Schmerz zuzuwenden und die Freude loszulassen, und beobachten, was dann passiert. Und dann recyceln wir unsere Reaktionen darauf, indem wir sie in unsere Meditationspraxis einbeziehen.

Vergnügen besteht – wie jede andere Erfahrung auch – aus Gedanken und körperlichen Empfindungen. In deiner Bewegungspraxis hast du die Möglichkeit, angenehme Gedanken, angenehme Körperempfindungen (oder beides) zu deinem Meditationsobjekt zu machen. Entspanne dich einfach in diese Gedanken und Empfindungen hinein und beobachte, was dabei passiert. In Wirklichkeit nimmt das Vergnügen durch dein Streben nach *noch mehr* Vergnügen nämlich ab. Wenn du dagegen einfach nur deine Aufmerksamkeit auf angenehme Erfahrungen richtest und das mit einem ausgeglichenen Geist tust, nimmt das Vergnügen oft sogar zu, und vielleicht verspürst du dann wiederum den Drang, dich an diese verstärkten angenehmen Empfindungen zu klammern. Nimm diesen Drang wahr. Richte deine Aufmerksamkeit auf alles, was passiert.

Shinzen hat zum Thema »Schmerz und Leid« folgende brillante Gleichung aufgestellt:

Leid = Schmerz x Widerstand.[26]

Wenn dein Schmerz auf einer Punkteskala von 10 bei 7 liegt und du dich mit einer Intensität von 6 dagegen wehrst, dann leidest du in einem Schweregrad von 42 von 100 Punkten. Wenn du dich stattdessen für den Schmerz öffnest und Gelassenheit hineinfließen lässt, nimmt das Leid ab. Du kannst deinen Widerstand dagegen vielleicht nicht bis auf Stufe 1 herunterbringen, doch selbst wenn es dir gelingt, ihn bis auf Stufe 3 abzusenken, beträgt dein Leid nur noch 21 statt 42 Punkte.

Shinzens genaue Formel für Freude kenne ich zwar nicht, doch dafür gilt das gleiche Prinzip. Freude – im jetzigen Augenblick ohne jedes Verlangen erlebt – ist Glückseligkeit. Wenn du Freude in einer Haltung der Gelassenheit erlebst, indem du die damit einhergehenden Gedanken und Körperempfindungen einfach so sein lässt, wie sie sind, hält sie länger an und schenkt dir mehr Erfüllung. Durch dein Streben nach Freude dagegen machst du die Freude zunichte.

Die Macht des Schmerzes

Schmerz hat eine intensivere Wirkung auf uns als unsere Atmung oder andere körperliche Empfindungen. Statt zu versuchen, ihn zu ignorieren und uns krampfhaft an ein anderes Meditationsobjekt zu klammern, können wir uns auch auf ihn einstimmen. Dadurch wird unsere Meditationssitzung produktiver.

Es liegt eine gewisse Gefahr darin, deinen Geist darauf trainieren zu wollen, dass er sich auf die Dinge konzentriert, die du ihm vorgibst. Wenn du einem jungen Hund beibringen willst, sich zu setzen und an seinem Platz zu bleiben, ihn aber nach dem Befehl »Sitz!« ignorierst, obwohl er aufsteht und weggeht, hast du dich nur in der Kunst des Ärgerns geübt. Der Hund weiß, dass deine Absicht sinnlos ist. Wenn du meditierst, dann tue es auf sanfte, behutsame Weise. Trainiere deinen Geist darauf, immer wieder an den Ort zurückzukehren, an den du ihn gebracht hast, und ermahne ihn notfalls mit einem energischen Stupser, aber nicht mit einer Ohrfeige oder einem Schlag.

Wege, sich auf den Schmerz zu konzentrieren

Mit welcher Art von Aufmerksamkeit man sich auf seinen Schmerz konzentrieren sollte, hängt von der Art des Schmerzes ab.

Wenn ich mir eine kleine Verletzung zugezogen habe, die einen stechenden Schmerz verursacht, konzentriere ich mich mit punktförmiger Aufmerksamkeit auf diese Stelle: Das heißt, mein Fokus ist nicht sehr breit gestreut, aber dafür unendlich tief. Vor ein paar Monaten habe ich mir beispielsweise einen Zehennagel zu kurz geschnitten. Daraufhin legte ich eine mehrtägige Laufpause ein, damit die Wunde in Ruhe abheilen konnte. Dann verband ich meinen Zeh und ging wieder joggen. Obwohl der Zeh beim Laufen nicht weiter verletzt wurde, versetzte er mir immer noch ab und zu kleine schmerzhafte Stiche. Diesen leichten Schmerz hätte ich problemlos ignorieren können, doch stattdessen machte ich ihn zu meinem Meditationsobjekt.

Ich nahm die Schärfe des Schmerzes und das damit einhergehende Hitzegefühl wahr, dachte aber nicht darüber nach, sondern ließ mein Bewusstsein tief in diese Erfahrung eintauchen. Das mag masochistisch klingen, war aber ein hervorragendes Meditationsobjekt. Denn wenn der Schmerz ohnehin schon deine Aufmerksamkeit erregt, musst du dich nicht besonders anstrengen, um deinen Fokus dort zu halten.

Indem ich mich in dieses unangenehme Gefühl hinein entspannte, konnte ich weiterlaufen und sogar eine Art Zuneigung für meinen armen Zeh empfinden, den ich versehentlich mit der Nagelschere verstümmelt hatte.

Durch diesen nur von einem einzigen Punkt ausgehenden Schmerz gelang es mir, meinen Geist zu fokussieren. Ich merkte, wie der Schmerz kam und wieder abebbte. So konnte ich meine Laufform beibehalten; außerdem gelang es mir, nicht zu hinken und auch keine Schonhaltung einzunehmen, wodurch ich womöglich einen anderen Teil meines Körpers überlastet und in Mitleidenschaft gezogen hätte.

Ein breiterer Fokus oder ein frei schwebendes Bewusstsein eignet sich besser für dumpfe Schmerzen oder für einen Schmerz, der sich über den ganzen Körper erstreckt (zum Beispiel aufgrund von ermüdeten Muskeln); er hilft aber auch bei geistiger Ermüdung, wie sie bei Ausdauersportarten häufig auftritt. Experimentiere mit verschiedenen Arten der Fokussierung. Auf diese Weise wird deine Meditationspraxis niemals langweilig; außerdem wird es dir dadurch leichter fallen, deine Meditationserfahrung unter Kontrolle zu bringen. Tauche in einer Haltung der Neugier tief in die Meditation ein. Öffne dich für alle Veränderungen, die an der Stelle deines Schmerzes auftreten können, und lass dich beim Meditieren von diesen Veränderungen leiten.

Aber bitte mach keine Bewegungsmeditation, wenn die Gefahr besteht, dass du deinem Körper dadurch schadest. Eine kleine Verletzung ist vielleicht einfach nur ein bisschen unangenehm und kann sogar eine Chance für eine besonders produktive Meditation bieten, doch Schmerzen können auch ein Warnsignal dafür sein, dass du dich ausruhen oder einen Arzt aufsuchen solltest. Also pass auf dich auf und verschiebe deine achtsame Bewegung notfalls lieber auf einen anderen Tag.

Desensibilisierung bei schmerzhaften Geräuschen

Ich nutze die Meditation auch, um die Schwierigkeiten, die ich mit unangenehmen Gedanken und körperlichen Empfindungen habe, zu überwinden – wobei mir vor allem das Geräusch von Laubbläsern und Rasenmähern Probleme bereitet. Immer wenn Mitarbeiter des städtischen Gartenbaubetriebs in unserer Straße unterwegs waren, geriet ich in Panik – als ob die Maschinen (nicht die Arbeiter) mich angreifen könnten, obwohl ich doch in Wirklichkeit genau wusste, dass mir nichts passieren konnte. Innere Bilder davon, wie ich in diesem Lärm ertrank, stürmten auf mich ein. Negative Gedanken und Werturteile stiegen in mir auf: »Blöde Laubbläser. Warum müssen die so einen Krach machen?« Natürlich konnte ich mir den ganzen Tag über immer wieder vor Augen halten, dass diese Geräte keine Gefahr für mich darstellten, aber mein Kiefer verkrampfte sich trotzdem, meine Kehle schnürte sich zu, und ich bekam ein flaues Gefühl im Magen. Als ich dann anfing, regelmäßig zu joggen, nahm ich prompt »die falsche Medizin« gegen diese Angstzustände ein: Immer wenn ich ein Fahrzeug einer Gartenbaufirma in unserer Straße entdeckte, wartete ich, bis es wieder wegfuhr. Erst dann lief ich los.

Doch irgendwann hatte ich genug von dieser Phobie und versuchte mich mithilfe meiner Meditationspraxis gegen diese Geräusche zu desensibilisieren. Zunächst lief ich, wenn ein Fahrzeug der Gartenbaufirma in der Nähe war, nur bis zum Ende unserer kurzen Straße und dann wieder zum Haus zurück und nutzte die mit den Geräuschen einhergehenden unangenehmen Empfindungen als Meditationsobjekt.

Dabei fokussierte ich meine Aufmerksamkeit anfangs sehr eng, indem ich meine Gedankenkamera auf ein bestimmtes Gefühl in meinem Körper richtete, und zwar meistens auf die innere Unruhe, die sich wie ein angespanntes Vibrieren in meinem Gesicht und meinem Brustkorb anfühlte. Nachdem ich an ein paar Häusern vorbeigekommen war, öffnete ich mein Bewusstsein für die Gedanken, die mir durch den Kopf gingen: »Warum sind diese Dinger nur so laut?« und »Ich muss hier weg!«

Anfangs gelang es mir nicht, zu einer Haltung der Gelassenheit zu finden, und mir war auch nicht bewusst, dass meine Gedanken und körperlichen Empfindungen sich bewegten. Aber die Laubbläser boten mir immer wieder aufs Neue Gelegenheit, meine Gedanken von meinen Körperempfindungen zu trennen und die Gruselgeschichte, die ich mir dazu ausgedacht hatte, loszulassen. Allmählich verlängerte ich mein Meditationsintervall, erweiterte den Fokus meiner Aufmerksamkeit und gab mir Mühe, mich zu beruhigen und innerlich zu öffnen. Schließlich war ich so weit, dass ich das Haus verlassen und joggen gehen konnte, selbst wenn ein Lastwagen der Gartenbaufirma in meiner Straße unterwegs war.

Laubbläser und Rasenmäher erregen auch heute noch meine Aufmerksamkeit; doch inzwischen habe ich die Wahl: Ich kann mich darüber aufregen, dass diese Geräusche meinen friedlichen, meditativen Lauf stören. Ich kann sie ignorieren und mich auf meine Atmung oder auf andere Empfindungen konzentrieren. Oder ich kann meinen Fokus erweitern, mit allem arbeiten, was sich gerade ergibt, und die Laubbläser und Rasenmäher – und meine Illusionen darüber – zum Meditationsobjekt machen. Das kostet mich auch heute immer noch Mühe. Ich werde diese Geräusche niemals als angenehm empfinden. Aber sie halten mich nicht mehr im Haus gefangen, und dieser Fortschritt erzeugt wiederum positive Körperempfindungen, auf die ich mich konzentriere.

Der Schmerz psychischer Probleme

Bei meinem ersten großen Lauf (dem Capital City Half and Quarter Marathon in Columbus) hätten meine Ängste mich beinahe davon abgehalten, mich überhaupt dazu anzumelden. Am

Tag des Marathons hatten wir nicht genügend Zeit für die Ankunft und Parkplatzsuche eingeplant, und unangenehme Adrenalinschübe überfluteten meinen Körper. Es fühlte sich an, als würde mir der Kopf abfallen, und ich war sicher, dass mein Herz gleich explodieren würde, so heftig hämmerte es in meiner Brust.

Depressionen, Angstzustände, Manien und andere psychische Probleme verursachen ganz bestimmte Schmerzqualitäten. Dabei handelt es sich vor allem um seelische und emotionale Schmerzen, obwohl Depressionen auch ein Schweregefühl und Angstzustände und Manien eine innere Unruhe verursachen – lauter Gefühle, die einen ausgesprochen physischen Charakter haben.

Meditation kann dich für diese unangenehmen Gefühle desensibilisieren. Mithilfe winzig kleiner Expositionsdosen (wie bei meiner Laubbläser-Desensibilisierung) kannst du diese Erfahrungen in Werkzeuge umwandeln, die dir Erkenntnisse vermitteln. Indem du dich genau auf die Stelle deines Körpers konzentrierst, an der die Angst auftaucht, und den Gedanken nachspürst, die bei solchen Angstattacken kommen und gehen, wirst du ihre Unbeständigkeit erkennen und lernen, dass sie dir nichts anhaben können.

Als meine Freundin Leslee und ich uns zu Beginn dieses Marathons den Startboxen näherten und ich die vielen Menschen sah, die sich dort auf engem Raum zusammendrängten, begann sich um mich herum alles zu drehen. Wie gelähmt blieb ich stehen.

»Ich muss aufs Klo«, sagte ich und reihte mich in die lange Schlange vor den mobilen Toilettenhäuschen an den Startboxen ein.

Als ich wieder aus der Plastikbox herauskam, sagte Leslee: »Lass uns einfach am Eingang der Absperrung stehen bleiben. Sobald sich alle in Bewegung setzen, schlüpfen wir rein.«

Ich stieß einen Seufzer der Erleichterung aus. Meine Angst war zwar nicht verschwunden, aber nun wusste ich wenigstens, was zu tun war.

Wir gingen zum Eingang, stellten uns daneben, um die anderen vorbeizulassen, und warteten. Dabei führte ich einen kurzen Body Scan durch: Zittern in den Armen, flaues Gefühl im Bauch, Herzklopfen. Das am deutlichsten spürbare Gefühl war mein pfeifender Atem. Ich richtete meine ganze Aufmerksamkeit darauf. Trotz meiner Kurzatmigkeit nahm ich das vertraute Einatmen, die erste Pause, das Ausatmen und dann die zweite, wunderbar ruhige Pause wahr. Ich versenkte mein Bewusstsein in diese Pause und blieb so lange dort, bis mein Körper von selbst wieder Luft holte.

Als der Lärm der aufgeregten Läufer und Walker, die ungeduldig auf den Start warteten, meine Konzentration störte, lenkte ich meine Aufmerksamkeit sanft wieder auf meinen Atem zurück. Ein – Pause – aus – Pause. Ein – Pause – aus – Pause. Der altvertraute, gewohnte Rhythmus. Jetzt und hier. Sicher und geborgen in diesem Augenblick.

Doch auch andere Körperempfindungen schrien nach meiner Aufmerksamkeit. Nun, da ich mich in meine Atemzüge hinein entspannt hatte, scannte ich diese Körperteile erneut ab und gönnte jedem einzelnen einen Achtsamkeits-Mikrohit, bevor ich mich wieder der Sicherheit und Geborgenheit meines Atems zuwandte, der sich inzwischen vertieft und beruhigt hatte.

Allmählich setzte sich die Menschenmenge in Bewegung. Als wir an die Reihe kamen, fragte Leslee mich: »Bereit?« Ich hatte die Wahl. Ich konnte in die Startbox schlüpfen und loslaufen oder diese Chance verpassen. Ich nickte und betrat das Marathongelände. Mein erster großer Wettlauf hatte begonnen.

Angst und Panik

Und nun noch ein paar abschließende Worte zum Thema Angst und Panik: Als die Angstzustände (vor allem die Panikattacken) bei mir anfingen, konnte ich nicht sofort über diese Erfahrung meditieren. Zuerst musste ich mich davon überzeugen, dass ich nicht daran sterben würde. Die Symptome einer Panikattacke haben nämlich große Ähnlichkeit mit denen eines Herzinfarkts. Also begab ich mich in die Notaufnahme – nicht einmal, nicht zweimal, nicht dreimal, sondern öfter, als ich mich erinnern kann. Jedes Mal untersuchten freundliche Ärzte mich gründlich und erklärten mir, dass ich keine Herzprobleme hatte, sondern wahrscheinlich unter Angstzuständen litt.

Wenn wir mit einer Erfahrung konfrontiert werden, bei der unsere Gedanken und körperlichen Empfindungen so blitzschnell aufeinander folgen, dass wir sie nicht mehr voneinander trennen können, lässt sich dieser Zustand durch Meditation wahrscheinlich nicht überwinden. Shinzen bezeichnet das als »Ausflippen«.[27]

Als ich diesen Ausdruck zum ersten Mal von ihm hörte, wusste ich: Genau das passierte mir, wenn meine Angst so extrem wurde, dass sie in Panik umschlug. Selbst nach jahrelanger Meditationspraxis kam ich mit meiner Fähigkeit, mich zu fokussieren und gelassen zu bleiben, immer noch nicht gegen die Flut dieser Gedanken und Empfindungen an. In einem Zustand extremer Angst und Panik zu meditieren, ist etwas für Fortgeschrittene. Menschen, die sich mit Traumata und Meditation gleichermaßen auskennen, bieten Techniken an, bei denen die Meditation mit anderen Praktiken kombiniert wird. Das ist ein bisschen so, als würdest du deinen Zeh in die Meditation eintauchen, dann wieder herausziehen und gewissermaßen die genaue Dosis bestimmen, die du brauchst, um einem Ausflippen vorzubeugen. Eine genaue Beschreibung dieser Praktiken würde den Rahmen meines Buches sprengen, aber ich erwähne sie im Abschnitt »Das Wichtigste auf einen Blick« im Anhang dieses Buches.

Um dieses »Ausflippen« zu verhindern (obwohl ich bezweifle, dass Fachleute diesen Zustand so nennen würden), könnten Psychiaterinnen und Psychiater ihren Patienten Medikamente gegen Angstzustände verschreiben. Ich persönlich habe mich entschieden, keine Medikamente einzunehmen, die süchtig machen. Wie du in dieser Hinsicht vorgehen solltest, dazu kann ich nichts sagen. Das ist eine Frage, die du mit deinem Arzt oder deiner Ärztin besprechen solltest. Wenn du ein Suchtproblem hast, dann sei dir dessen bewusst und tue, was du für das Beste hältst.

Da ich keine Medikamente hatte, die mich vor meinen Symptomen schützten, war ich gezwungen, mich direkt mit meiner Panik auseinanderzusetzen. Aber zuerst musste ich mich davon überzeugen, dass meine Panikattacke *mich nicht umbringen würde*. Ja, ich hatte tatsächlich das Gefühl, daran zu sterben. Mein Verstand schrie: »Das wird dich umbringen!« Außerdem befürchtete ich, ohnmächtig zu werden; doch das ist zum Glück nie passiert. Ich meditierte, um diese beängstigenden Situationen zu überstehen.

Wenn sie sich wirklich Mühe geben, können die meisten Menschen die Konzentration und Gelassenheit entwickeln, die sie brauchen, um Gedanken und körperliche Empfindungen voneinander zu trennen, und das durch ihre Angst erzeugte Leid auf diese Weise abmildern. Doch um dazu innerlich bereit zu sein, musst du deine Ängste und Panikattacken satthaben. *Wirklich und wahrhaftig satt.* Und wahrscheinlich musst du vorher auch erst einmal viele andere Dinge ausprobiert haben. Nochmals: Ich fälle kein Urteil über dich. Du sollst nur wissen, dass ich dich anspornen und dir Mut machen will, egal, welche Entscheidung du triffst.

Depressionen

Während meiner Depression machte ich das Schweregefühl in meinem Körper, die Trägheit meines Geistes und meine mutlosen Gedanken zu meinem Meditationsobjekt. Immer wenn ich mit dem Hund spazieren ging (wobei ich stets das Gefühl hatte, mich in Zeitlupe zu bewegen), registrierte ich, wie diese Gedanken auftauchten und wieder verschwanden. »Diese Depression hört bestimmt nie auf.« Und: »Wenn ich ein besserer Mensch wäre, könnte ich mich da einfach durchkämpfen.« Und: »Warum passiert das ausgerechnet mir?«

Ich versuchte nicht, diese Gedanken zu verdrängen, umzuformulieren oder gar zu hinterfragen, sondern nahm sie einfach nur wahr. Ich ließ sie in mir aufsteigen, zu mir sprechen und wieder verschwinden. Oft lösten sie sich am Ende unseres Spaziergangs in nichts auf. An anderen Tagen blieben sie da. Aber ich verrannte mich nicht in sie. Durch die Meditation, die ich während meines Spaziergangs machte, nahm das Leid, das diese Gedanken mir verursachten, ab.

Das ist ein weiteres gutes Beispiel dafür, wie man die Fäden seiner Emotionen voneinander trennt. Wenn du die Fäden der Gedanken und körperlichen Empfindungen entwirrst und dabei ruhig und gelassen bleibst, nimmt das Leiden an den Symptomen deiner psychischen Erkrankung automatisch ab.

Motivation

Kleine Etappenziele

Fällt es außer mir sonst noch irgendjemandem schwer, sich zu bewegen?

Du brauchst deine Hand nicht zu heben. Wir alle kennen dieses Problem und können es nachempfinden.

Das Laufen hat mich aus einer furchtbaren Depression herausgeholt. Es lindert meine Ängste. Ich konnte dadurch sogar die Dosis meiner Antidepressiva reduzieren. Aber selbst jetzt – obwohl ich inzwischen schon rund 20 000 Kilometer gelaufen bin – fällt es mir manchmal immer noch schwer, mich dazu durchzuringen.

Eine meiner Bewältigungsstrategien für dieses Problem besteht darin, mir ein so kleines Ziel zu setzen, dass ich es unmöglich verfehlen kann.

Ich sage mir, dass ich ja nur eine Runde um den Block joggen werde, und wenn ich erst einmal gestartet bin, laufe ich normalerweise weiter.

Wenn meine Agoraphobie wieder einmal aufflackert und ich mich beim besten Willen nicht dazu aufraffen kann, das Haus zu verlassen, kann ich immer noch rund um unser ranchähnliches Haus joggen – das zählt auch.

Und manchmal schaffe ich es eben nur, ein paarmal im Korridor auf und ab zu laufen.

Weißt du, was überhaupt nicht weiterhilft? Sich in solchen Situationen auch noch mit Schuld- und Schamgefühlen zu quälen und sich eine Geschichte dazu auszudenken. Ich tue einfach, was ich kann, und werte das als Erfolg.

Achte auf deine Gedanken rund um das Thema Bewegung!

Früher habe ich vor allem *Sport getrieben*, um abzunehmen. Jetzt *bewege* ich *mich*, um meine Stimmung zu verbessern. Ich freue mich nach wie vor sehr darüber, dass Bewegung mir hilft, ein gesundes Gewicht zu halten, doch wenn ich eine Form der körperlichen Aktivität entdecke, die mir Spaß macht, verändert sich die Energie rund um diese Aktivität: Dann feiere ich damit dieses erstaunliche Ding, das wir »Körper« nennen.

Achte einmal auf deine Gedanken rund um das Thema Bewegung. Hält dich eine Geschichte, die du dir ausgedacht hast, oder eine unangenehme körperliche Empfindung davon ab, es mit körperlicher Aktivität zu versuchen? Erscheint Bewegung dir schwierig, langweilig oder geisttötend? Nimm diese Gedanken einfach wahr.

Schlechtes Wetter

Als ich noch jünger war, habe ich den Winter gehasst. Ich hasste sogar den Herbst, weil er unweigerlich zum Winter führte. Auch heute bin ich noch kein besonderer Winter-Fan, doch durch achtsame Bewegung hat sich meine Einstellung dazu verändert.

Wenn es früher im Dezember schneite, ging ich mit der Pupperina nur kurz joggen oder spazieren, wobei die Betonung auf *spazieren* lag, und achtete dabei darauf, nicht auf dem Eis auszurutschen. Wir schauten uns die Weihnachtsbeleuchtung an und hatten wunderbare Begegnungen mit den »Waldhunden« (= Rehen).

Ich renne zwar auch heute noch nicht mit Begeisterung nach draußen, wenn es kalt ist oder regnet. Es kann Stunden dauern, bis ich Stiefel, Handschuhe, Mütze und all die verschiedenen Kleidungsschichten angezogen habe, die ich brauche, um im Winter nicht zu frieren. Doch sobald ich einmal in die Gänge gekommen bin, finde ich es da draußen herrlich.

Dafür gibt es einen guten Trick: Bleibe im Hier und Jetzt. Wenn ich meine Stiefel anziehe, ziehe ich einfach nur meine Stiefel an. Und wenn ein Grauen vor der Kälte und dem Winterwetter in mir aufsteigt, lenke ich meine Gedanken einfach wieder auf meine Stiefel zurück. Mit dieser Einstellung kann ich mich leichter dazu überwinden, hinauszugehen.

Wie überwindet man den inneren Schweinehund?

Wenn die Motivation nachlässt, kann ich mich nicht immer dazu aufraffen, mich zu bewegen. Ich versuche es zwar, doch dann rebelliert irgendetwas in mir dagegen. So bin ich nun mal. Je besser du dich selber kennst, umso leichter wird es dir fallen, deinen inneren Schweinehund zu überwinden. Dir dabei deine natürlichen Neigungen zunutze zu machen, ist erfolgversprechender, als sie zu bekämpfen.

Das erinnert mich an die Zen-Arbeit bei Retreats. Ed hat im Zen Mountain Monastery bei Zen-Meister John Daido Loori meditieren gelernt. Seine erste Aufgabe war der Küchendienst; dabei stellte er fest, dass ihm das Schneiden von Gemüse und die Zubereitung von Speisen Spaß machten. Als Zen-Meister John Daido Loori merkte, wie viel Freude Ed daran hatte, teilte er ihn zu einem anderen Dienst ein. Dahinter steckte die Philosophie, dass diese Hausarbeiten eigentlich eine Herausforderung für die Meditationsschüler darstellen sollten. Vielleicht war Daido der Ansicht, dass Ed »die falsche Medizin« nahm – dass er nicht nur Freude, sondern auch Schmerz erleben musste. Vielleicht ist dein innerer Widerstand gegen körperliche Aktivität einfach nur eine

Prüfung für dich: Vielleicht musst du dich ein bisschen mehr fordern, um innerlich zu wachsen.

Oder möglicherweise brauchst du eine Gruppe gleichgesinnter Menschen – etwas, das Meditierende als »Sangha« bezeichnen.

Vielleicht benötigst du aber auch eine Herausforderung. Wandle eine traditionelle Meditationsform so ab, dass sie Bewegung umfasst, oder modifiziere eine Bewegungsform so, dass sie Meditation beinhaltet.

Oder vielleicht liegt dir der Wettbewerb mit anderen Menschen? Dann finde jemanden, mit dem du deine Bewegungsmeditationen gemeinsam machen kannst, und schließe eine Wette mit ihm ab oder lasst euch gemeinsam auf eine Mutprobe ein.

Bei alldem kommt es darauf an, herauszufinden, was dich motiviert. Die Natur? Dein Hund? Gemeinschaft mit anderen Menschen? Verantwortung? Dienst an anderen? Leistung? Wettbewerb? Input? Finde es heraus und gestalte deine Bewegungsmeditation dementsprechend. Es gibt einen guten Running Gag: »Ob ich von einer Klippe springen würde? Keine Ahnung. Gibt es denn eine Medaille dafür?«

Wenn du trotzdem weiterhin innere Widerstände gegen körperliche Aktivität verspürst, dann recycle diese Reaktion. Gedanken und Körperempfindungen, die darin bestehen, dass man sich gegen etwas wehrt, sind auch eine Art Schmerz. Mach diesen Schmerz zu deinem Meditationsobjekt. Analysiere ihn. Nimm ihn genau wahr. Taste dich langsam durch ihn hindurch. Am besten lernst du dich selbst kennen, wenn du deine Gedanken dabei beobachtest, wie sie auftauchen, ihren kleinen Tanz aufführen und wieder verschwinden. Einer der besten Wege, dich selbst kennenzulernen, ist die Meditation.

Deine innere Cheerleaderin und dein innerer Kritiker

Ich habe hart trainiert und bin viele Kilometer gelaufen. Mein ganzer Körper tut weh, und in meinem Kopf dreht sich alles.

Der bösartige Trainer in meinem Inneren schreit mich an: wie dumm es von mir war, mich überhaupt für dieses Rennen anzumelden, für das ich gerade trainiere. Außerdem bezeichnet er mich als Faulpelz, weil ich nicht schneller laufen kann. »Andere Leute sind viel besser in Form als du«, reibt er mir höhnisch unter die Nase.

Doch neben diesem fiesen Trainer hüpft eine Cheerleaderin auf und ab. Sie wedelt mit Pompoms und hat ein Megafon in der Hand. Ich kann sie kaum hören, weil dieser Fiesling in meinem Inneren so viel lauter spricht als sie. Doch je genauer ich ihr zuhöre, umso lauter wird ihre Stimme. Sie lobt mich: dass ich meine Sache sehr gut mache – dass es vernünftig von mir ist, auf meinen Körper zu hören und mich um seine Bedürfnisse zu kümmern, um auch am nächsten Tag noch am Leben zu sein und meinen Sport treiben zu können.

Die meisten Menschen tragen diese beiden (oder noch mehr) inneren Anteile mit sich herum. Zur Praxis der Achtsamkeitsmeditation gehört es, diese inneren Stimmen wahrzunehmen, diese Gedanken zu spüren und sie entstehen, sich bewegen und wieder abklingen zu lassen. Wenn es dir schwerfällt, dich zu deiner körperlichen Aktivität aufzuraffen, dann lass dich von deiner Cheerleaderin mit ihren Pompoms motivieren. Sobald du einen Schritt weiter bist und bereits regelmäßig deine Bewegungsmeditation praktizierst, kannst du versuchen, *beide* inneren Stimmen wahrzunehmen und dann wieder abebben zu lassen.

Freude

Und was ist mit Freude? Du hattest mir doch Freude versprochen!

Oh ja, das habe ich! Und rate mal, was jetzt kommt! Du weißt ja inzwischen, wie du über Freude, Glück, Ekstase und all die vielen anderen angenehmen Gefühle meditieren kannst, die es gibt.

Sprich mir nach: *Lasse Bewusstheit und Gelassenheit in deine Erfahrung hineinfließen!*

Und nun wollen wir wieder zu meinem ersten großen Lauf, dem Capital City Half Marathon, zurückkehren, für den ich damals meine ganzen Meditationsfähigkeiten brauchte, um ihn überhaupt antreten zu können. Und diese Fähigkeiten haben mir wirklich geholfen; denn sobald ich die Startlinie überquert hatte, verwandelte sich meine fast panische Angst in ein Gefühl tiefer Zufriedenheit, die hin und wieder sogar in Glückseligkeit überging.

Mein Ausflippen an der Startlinie hat meine Aufmerksamkeit und mein Bewusstsein geschärft. Schon bald überkam mich eine Flut angenehmer Gefühle, die die unangenehmen Empfindungen verdrängten. Aus meinem ersten Gedanken (»Ich werde ohnmächtig«) wurde: »Ich nehme an einem *richtig großen* Rennen teil!« und »Ich werde nicht die Letzte sein, die durchs Ziel läuft«. Immer wenn angenehme Gedanken und Empfindungen auftauchten, nahm ich sie so intensiv wie möglich wahr und ließ sie dann wieder los, um mich für das zu öffnen, was jetzt gerade in Echtzeit geschah.

Hin und wieder stiegen auch neutrale Empfindungen und Gedanken wie »Sind wir schon am Ziel?« in mir auf. Doch dank der Konzentrationsfähigkeit und Gelassenheit, die ich in jahrelanger Praxis entwickelt hatte, gelang es mir, meine Langeweile und innere Leere nicht zu verdrängen, sondern sie einfach auszuhalten. Der Marathonlauf wurde zu einem Karneval aus Gedanken und Empfindungen, die größtenteils angenehm oder neutral waren, was wiederum dazu führte, dass noch weitere angenehme Gedanken und Empfindungen in mir aufstiegen.

Das Lächeln auf meinem Gesicht, als ich die Ziellinie überquerte, strahlte in meinen ganzen Körper aus. Ich brauchte gar nicht sehnsüchtig nach diesem Gefühl zu greifen oder es festzuhalten. Es seinen Tanz vollführen zu lassen, war mehr als genug Freude für mich. Als das Gefühl vorüber war, ließ ich es wieder los.

Zusammenfassung

Da ich selbst mir diese Erkenntnis auch immer wieder aufs Neue vor Augen halten muss, wiederhole ich sie jetzt noch einmal: Du kannst über alle Erfahrungen meditieren – auch über Schmerz und Freude. Die Formel dafür ist immer die gleiche: Lass Bewusstheit und Gelassenheit in deine Erfahrung (= deine Gedanken und körperlichen Empfindungen) hineinfließen. Alles, was infolge deines Schmerzes oder deiner Freude in dir aufsteigt, kann zu einem Teil deiner Meditationspraxis werden. Recyceln. Recyceln. Recyceln.

Als Nächstes möchte ich ausführlicher auf die vier Gemütszustände zu sprechen kommen und einen Rahmen entwickeln, der dir hilft, sie besser zu verstehen. Dabei wird dir auch klar werden, wie du mithilfe von Meditation positive Gemütszustände entwickeln kannst. Auch das gehört zu dem Weg, der dazu führt, dein Leid zu verringern.

KAPITEL 9

POSITIVE GEMÜTSZUSTÄNDE KULTIVIEREN

Die vier Gemütszustände

Die buddhistische Tradition kennt vier Gemütszustände, die man kultivieren sollte:

- Gelassenheit
- Mitgefühl
- Mitfreude
- Liebevolle Güte

Die Lehre von diesen Gemütszuständen ist älter als der Buddha und stammt ursprünglich aus dem Hinduismus, wurde aber von vielen buddhistischen Lehrern übernommen.[28]

Als ich mit meiner Meditationspraxis begann, hatte ich eine falsche Vorstellung davon, wie man bestimmte Gemütszustände kultiviert: Damals glaubte ich, man solle alles loslassen. Mir war nicht klar, dass ich meinen Geist mithilfe des »rechten Bemühens« auf positive Dinge richten konnte. Das schien mir zu nahe an kontraproduktiven Ansätzen von »So tun als ob«, »Erschaffe dir deine eigene Realität« oder »Positives Denken führt zum Erfolg« zu sein, die ich in meinem früheren Leben praktiziert hatte.

Bei einem Retreat, an dem ich teilnahm, habe ich deshalb sogar Kritik an Bhante G. geäußert. »Ist das denn nicht das berühmte positive Denken, mit dem wir uns nur selber etwas vormachen?«, fragte ich ihn.

Er lächelte, bedankte sich für meine Frage und erinnerte mich daran, dass man Gemütszustände nicht erzwingen kann: Wir nehmen uns einfach vor, sie wahrzunehmen und uns daran zu freuen, wenn sie in uns aufsteigen.

Gelassenheit

Und nun wollen wir uns noch einmal mit dem Thema Gelassenheit beschäftigen, das für unsere Praxis der achtsamen Bewegung eine so wichtige Rolle spielt. Immer wenn ich an Gelassenheit denke, höre ich Natalie Goldberg sagen: »Lass die ganze Welt zu dir nach Hause kommen.« Nimm jede Erfahrung so, wie sie kommt, und akzeptiere sie als das, was sie ist. Nathalie sagte das ganz leise, während wir uns in langsamem Gehen übten, und empfahl uns, beim Gehen unsere Fußsohlen zu spüren und immer nur in dem Schritt präsent zu sein, den wir gerade machen – nicht davor oder danach.

Gelassenheit ist Freiheit. Wir lassen unsere Erfahrungen – die Empfindungen unseres wunderbaren Körpers und die Gedanken unseres komplizierten Verstandes – ganz natürlich und ohne jede Einmischung auf uns zukommen. Gelassenheit wird im Buddhismus zwar als »Gemütszustand« bezeichnet, aber man könnte sie auch als Herzens- oder Körperzustand betrachten. Sie fließt durch alles hindurch. Tue dein Bestes, um diese innere Haltung einzunehmen. Hast du gehört, was ich gesagt habe? »Tue dein Bestes.« Das ist wahre Gelassenheit.

Mitgefühl und Mitfreude

Eine der stärksten Einsichten, die wir bei unserer Bewegungs-meditation gewinnen können, ist die Erkenntnis der Nöte an-derer Menschen. Mitgefühl – der Wunsch, dass andere Lebewe-sen frei von Leid sein mögen – entsteht, wenn wir unsere eigene Freiheit erleben. Vielleicht regt sich dann der Wunsch in dir, an-deren Menschen von deiner Meditationspraxis zu erzählen oder ihnen mit gutem Beispiel voranzugehen, indem du dich in allen Lebensbereichen von deiner besten Seite zeigst.

Auch Mitfreude entsteht durch Einsicht. Wenn wir erkennen, dass wir nicht von anderen Lebewesen getrennt sind, fällt es uns leichter, allen das Beste zu wünschen. Wir feiern die Erfolge an-derer Menschen und freuen uns mit ihnen.

Praktiziere Mitgefühl und Mitfreude, indem du diese Gemüts-zustände einfach wahrnimmst, wenn sie von selbst in dir ent-stehen. Erlaube deinem Geist, bei ihnen zu verweilen und zu untersuchen, woraus sie bestehen. (Kleiner Tipp: Die Zutaten sind bestimmte Gedanken und Körperempfindungen.) Manche Lehrer werden dich vielleicht dazu auffordern, diese Gemütszu-stände in dir zu kultivieren, indem du dir vorstellst, wie du sie empfindest. Wenn du das kannst – gut. Falls du jedoch einen in-neren Widerstand dagegen spürst, dann kehre zu dem natürli-chen Zustand zurück, in dem du deine jetzige Erfahrung einfach in einer Haltung der Gelassenheit wahrnimmst.

Wir neigen dazu, das Selbstmitgefühl zu vergessen. Vor allem für Spitzensportler, aber auch für viele Menschen, die regelmä-ßig ins Fitnessstudio gehen, klingt dieses Wort nicht hart genug. Doch in Wirklichkeit ist es sehr sinnvoll, liebevoll mit dir selbst umzugehen, auch wenn du gerade ein anspruchsvolles Training absolvierst: Denn das hilft dir dabei, innere Stärke zu entwickeln.

Wenn du gelernt hast, dich selbst sanft und respektvoll zu behandeln, werfen schwierige Situationen dich nicht mehr aus der Bahn. Das ist ein weiterer Vorteil, den es dir bringt, nicht gegen dich selbst anzukämpfen. Und es bedeutet auch nicht, dass du ein »Softie« bist; du verhältst dich einfach nur gütig und liebevoll.

Liebevolle Güte (Metta)

Metta (auch unter dem Namen »liebevolle Güte« bekannt) ist eine geistige Haltung, die man durch Üben entwickeln und aufrechterhalten kann. Es ist wissenschaftlich erwiesen, dass die Metta-Meditationspraxis unsere Freundlichkeit und positive Einstellung gegenüber anderen Menschen erhöht und das Gefühl sozialer Verbundenheit stärkt.[29]

Entgegen der landläufigen Meinung geht es bei Metta nicht darum, nett zu sein – auch wenn dieser Gemütszustand durchaus zum »Nettsein« führen kann. Metta erfordert auch keine besondere Empfindsamkeit oder Zuneigung zu anderen Menschen. Vielmehr legt die Metta-Praxis die Grundlage dafür, dass die Eigenschaft der liebevollen Güte ganz von selbst in uns entsteht.

Um uns darin zu üben, sprechen wir laut oder in Gedanken eine Reihe von Sätzen vor uns hin. Zunächst einmal denken wir an jemanden, für den wir aufrichtige Zuneigung empfinden – denn wenn wir der betreffenden Person bereits von Natur aus Metta entgegenbringen, fällt es uns leicht, diese Gedanken und körperlichen Empfindungen der liebevollen Güte wahrzunehmen. Auf diese Weise können wir die Metta-Erfahrung leichter erkennen.

Dann wiederholen wir die Sätze und denken dabei an andere Menschen: zuerst an eine Person, der wir eher neutral gegenüberstehen, dann an eine schwierige Person, dann an uns selbst und schließlich an alle Menschen auf der Welt. Der Gedanke an Menschen, zu denen wir diese unterschiedlichen Beziehungen haben, stärkt unseren Metta-Muskel: Dadurch erkennen wir, wie weit Metta reichen kann.

Im Gegensatz zu den Gebetspraktiken anderer religiöser Traditionen (zum Beispiel des Christentums) richten wir unsere Bitten bei der Metta-Praxis nicht an eine äußere Instanz. Das Metta, das durch diese Praxis entsteht, kommt aus unserer eigenen Erfahrung (also aus unseren Gedanken und körperlichen Empfindungen).

Wir müssen auch nicht so tun, als würden uns die Sätze gefallen, oder uns zu freundlichen Gedanken zwingen, wenn wir diese Gedanken nicht von Natur aus in unseren Herzen und Köpfen haben: Wir schaffen mit dieser Meditation einfach nur die Voraussetzungen dafür, dass liebevolle Güte entstehen kann, und nehmen dieses Gefühl wahr, wenn es in uns aufsteigt.

Und jetzt bist du dran: Metta

Um dich in Metta zu üben, sprichst du eine Reihe von Sätzen vor dich hin, während du an bestimmte Personen denkst. Die Sätze, die in der Metta-Praxis verwendet werden, sind eine Art Mantra. Mach diese Sätze und alle Gedanken und Körperempfindungen, die dabei in dir aufsteigen, zu deinem Meditationsobjekt.

Hier ein paar typische Metta-Sätze:

- Möge es dir gut gehen.
- Mögest du voller Frieden sein.
- Mögest du glücklich sein.

- Möge dir kein Schaden widerfahren.
- Mögest du frei von Leid sein.
- Mögest du unbeschwert und mit Leichtigkeit leben.

Stell dir zunächst einen Menschen oder ein Lebewesen (zum Beispiel ein Haustier) vor, dem du bedingungslose Wertschätzung entgegenbringst und mit dem du keinerlei Konflikte hast. Sobald du diese Person oder dieses Wesen vor deinem inneren Auge siehst, wiederholst du diese Sätze.

Denk als Nächstes an einen Menschen, den du liebst. Das kann dein Lebenspartner, deine Ehepartnerin oder ein Elternteil sein. Vielleicht ist es auch ein Kind. Sobald du diese Person vor deinem inneren Auge siehst, wiederholst du diese Sätze.

Als Nächstes denkst du an einen Menschen, dem du neutral gegenüberstehst. Das kann zum Beispiel ein Verkäufer oder die Busfahrerin sein – irgendjemand, den du regelmäßig siehst, für den du aber keine besonderen Gefühle hegst. Sobald du diese Person vor deinem inneren Auge siehst, wiederholst du diese Sätze.

Dann denkst du an einen Menschen, mit dem du dich schwertust. Sobald du diese Person vor deinem inneren Auge siehst, wiederholst du diese Sätze.

Als Nächstes richtest du deine Gedanken auf dich selbst. Wiederhole die Metta-Sätze in entsprechend abgewandelter Form »Möge ich ...«

Und schließlich denkst du an die ganze Welt mitsamt allen Menschen, die du wertschätzt, den Menschen, die du nicht kennst, den schwierigen Menschen und den Menschen, die du liebst. Wenn du diese Menschen vor deinem inneren Auge siehst, wiederhole die Sätze mit den Worten »wir« und »uns« statt »du« und »dir«.

Du kannst dir für deine Metta-Meditation auch eigene Sätze ausdenken, so wie ich es manchmal tue.

Als ich nach einem besonders verstörenden politischen Ereignis durch unsere Siedlung joggte, fiel mir auf, dass der Anblick von Banner und Fahnen zugunsten von Politikern, die andere Ansichten vertreten als ich, mir körperliche Schmerzen bereitete. Unfreundliche Gedanken stürmten auf mich ein. Ich empfand Feindschaft gegenüber den Nachbarn, die in den betreffenden Häusern wohnten, obwohl ich die meisten von ihnen kaum kannte.

Daraufhin beschloss ich, es mit Metta zu versuchen.

Als ich am Haus eines befreundeten Nachbarn vorbeikam, sprach ich leise vor mich hin: »Möge es dir gut gehen. Mögest du glücklich sein. Möge dir kein Schaden widerfahren. Mögest du frei von Habgier, Hass und Verblendung sein.« Diesen letzten Satz fügte ich hinzu, weil ich ihn in der betreffenden Situation als besonders angemessen empfand.

Als Nächstes lief ich an mehreren Häusern von Menschen vorbei, die ich nicht kannte, an denen aber keine Fahnen oder Banner hingen. Wieder sprach ich vor mich hin: »Möge es dir gut gehen. Mögest du glücklich sein. Möge dir kein Schaden widerfahren. Mögest du frei von Habgier, Hass und Verblendung sein.«

Als ich mich einem Haus mit einer Flagge näherte, die mir ein Dorn im Auge war, begann ich wieder meine Metta-Sätze vor mich hin zu sprechen. Ich spürte, wie ich dabei die Zähne zusammenbiss und die Fäuste ballte. Daraufhin öffnete ich meine Hände, entspannte meine Kieferpartie und flüsterte: »Möge es dir gut gehen. Mögest du glücklich sein. Möge dir kein Schaden widerfahren. Mögest du frei von Habgier, Hass und Verblendung sein.«

Nachdem ich dieses Haus hinter mir gelassen hatte, dehnte ich meine Metta-Meditation auf alle Menschen aus – auch auf mich selbst und meinen Zorn. »Möge es *uns* gut gehen«, sprach ich vor mich hin. »Mögen wir glücklich sein. Möge uns kein Schaden widerfahren. Mögen wir frei von Habgier, Hass und Verblendung sein.«

Als mir diese Worte über die Lippen kamen, entspannte ich mich. Ich wollte meine Nachbarn nicht hassen. Ich kannte sie ja nicht einmal. Ich wusste nur, dass ich Angst hatte und mir wünschte, dass es uns allen gut gehen möge und wir glücklich und frei sein mögen. Eine Träne gefror auf meiner Wange. Ich wischte sie weg und lief weiter.

Üben

Wir üben unseren Sport. Wir üben uns in Meditation. Wir üben, uns dem Leben zu stellen.

Was ist eigentlich so besonders an dem Wort »üben«?

Durch Übung durchlaufen wir eine innere Wandlung. Vor allem die Meditationspraxis verändert dich auf zellulärer Ebene: nicht nur dein Gehirn, sondern auch deinen Geist – dein ganzes Ich.

Bei jemandem wie mir, der an einem Tag vielleicht sehr ehrgeizig ist und am nächsten vor Angst förmlich erstarrt, löst sich der Perfektionismus in nichts auf, die innere Anspannung lässt nach, und die Bewegung macht mehr Spaß, wenn ich sie zu einer Praxis – einer Übung – mache. Wir werden niemals perfekt sein, und das müssen wir auch gar nicht. Wir müssen nur weitermachen.

Auch wenn manche Motivationsredner das behaupten – wir können nicht jeden Tag hundertprozentig unser Bestes geben. In einem Interview erklärte der olympische Marathon-Rekordhalter Eliud Kipchoge, dass er nur am Wettkampftag sein Bestes gibt. Während seiner vielen Trainingsstunden hält er sich ein bisschen zurück: Dann übt er nur.

Doch selbst am Tag des Rennens, des Spiels, der Show, deines Wettkampfs oder Auftritts übst du immer noch – wenn auch auf dem höchsten Niveau deiner Fähigkeiten.

Bei der Meditation übst du dich im Wahrnehmen. Du übst, in deinem Körper und Geist präsent zu sein. Aber du wirst dich trotzdem hin und wieder davon ablenken lassen – du wirst Präferenzen haben und ein Verlangen nach angenehmen Erfahrungen verspüren. Vielleicht versuchst du, einen besonders schönen Spaziergang, einen schnellen Lauf, eine gute Kletterpartie, einen mitreißenden Tanz oder deinen stärksten Aufschlag noch einmal zu reproduzieren. So etwas wird dir immer wieder passieren – egal, ob du im Sitzen, Stehen, Liegen oder in Bewegung meditierst.

Deine regelmäßige Praxis ermöglicht es dir, sowohl bei schönem Wetter zu üben als auch an Tagen, an denen der Joggingpfad nur aus Matsch zu bestehen scheint (oder vielleicht *tatsächlich* nur aus Matsch besteht). Dank deiner regelmäßigen Praxis wirst du dich innerlich von deiner Niederlage erholen, wenn du den Berg nicht besteigen kannst, wenn dein Freiwurf danebengeht oder wenn du das Gefühl hast, ein Loch im Schläger zu haben – weil du weißt, dass du nur übst.

Das Üben hilft uns, inneren Frieden, ja sogar Freude zu finden, egal, was in unserem Körper und Geist vor sich geht. Vielleicht versuchen wir den Wettkampf zu gewinnen – aber wir versuchen zu gewinnen (oder zu verlieren), ohne zu leiden. Es ist eine ganzheitliche Erfahrung. Im ChiRunning-System wird »allmählicher Fortschritt« empfohlen. Wir befinden uns in einem ständigen Entwicklungsprozess und üben bis ans Ende unseres Lebens.

Akzeptanz versus Resignation

Eine ungerechte Kritik am Buddhismus lautet, dass wir dadurch passiv werden. Manche Menschen befürchten, dass die Akzeptanz, zu der der Buddhismus rät, sie zu »Prügelknaben« macht, die widerstandslos alles hinnehmen. Doch das stimmt nicht. Die Anführer bestimmter buddhistischer Sekten waren oder sind sogar Aktivisten – zum Beispiel der verstorbene Thich Nhat Hanh, der Dalai Lama, Bernie Glassman, Joan Halifax und Pema Chodron, um nur ein paar zu nennen.

Wenn du offen und bewusst mit deinen Erfahrungen umgehst, wirst du dadurch nicht zum Prügelknaben. Ganz im Gegenteil: Wenn du nicht mehr gegen dich selbst ankämpfst, werden die Anstrengungen, die das äußere Leben dir abverlangt, dich weniger belasten. Wenn du nicht mehr versuchst, deine Erfahrungen in der Welt unter Kontrolle zu bringen, bist du innerlich weniger angespannt. Dadurch sparst du Energie ein, die du dann in die *richtigen Dinge* investieren kannst.

Eine buddhistische Lebenshaltung führt also nicht dazu, dass du resignierst oder besiegt wirst, sondern du bist dann ein Kämpfer, der seine Energie auf sinnvolle Weise einsetzt und nicht mehr gegen den Strom schwimmt, sondern mit ihm. Durch Gelassenheit hilfst du deiner Energie, in die Richtung zu fließen, in die sie fließen möchte. Du lernst, den Energiefluss zu formen – ihn nicht zu drängen, sondern durch sanftes Anstupsen in die gewünschte Richtung zu lenken.

Ein weiteres ChiRunning-Prinzip besteht darin, darauf zu achten, dass alle Teile deines Körpers sich in die Richtung bewegen, in die du gehen willst. Augen nach vorne. Füße nach vorne. Der Körper fällt nach vorn. Die Arme schwingen nach vorn. Die Knie zeigen nach vorn. Nichts sollte den Bewegungsfluss unterbrechen. Das ist eine körperliche Manifestation von Gelassenheit. Wenn wir diese Haltung in unserer Bewegungspraxis entwickeln, fällt es uns leichter, auch unser übriges Leben danach auszurichten.

Die Geisteshaltung des »Ich weiß nicht«

Unser Verstand liebt es, Dinge zu wissen. Er sehnt sich danach, in allem einen Sinn zu finden. Konfuses und verworrenes Denken kann unangenehme körperliche Empfindungen hervorrufen. Wenn du dagegen eine Antwort findest oder ein Rätsel löst, entstehen angenehme Körperempfindungen.

Die Geisteshaltung des »Ich weiß nicht« ist ein Aspekt der Gelassenheit. Indem wir uns mit dem Nichtwissen vertraut machen, öffnen wir unseren Geist für das, was ist: die Realität.

Arbeite bei deiner Bewegungsmeditation damit. Vor kurzem habe ich mir eine Norovirus-Infektion geholt. Das Schlimmste war nach drei oder vier Tagen überstanden, aber ich bekam trotzdem immer noch alle paar Tage von Neuem Fieber, war müde und erschöpft. Als ich endlich wieder aufstehen und mit der Pupperina spazieren gehen konnte, machte ich dieses Erlebnis zu meinem Meditationsobjekt.

Ich achtete auf die Luft und die Farben. Schließlich war ich zehn Tage lang ans Haus gefesselt gewesen. Inzwischen hatte ein Nachbar sein Haus gestrichen. Zunächst war mein Geist sich nicht sicher, ob ihm die neue Fassade gefiel oder nicht, doch schließlich traf er eine Entscheidung. Ich nahm mein Urteil – »Es gefällt mir« – zur Kenntnis und spürte, wie angenehme körperliche Empfindungen in mir aufstiegen.

Aber ich fühlte mich schon schlapp, als wir noch nicht einmal das Ende unserer 400 Meter langen Straße erreicht hatten. »Wann werde ich endlich wieder fit genug zum Laufen sein?« und »Wann werde ich endlich wieder fit genug zum Schreiben sein?«, fragte ich mich.

Ich registrierte das unangenehme körperliche Gefühl, das durch diese Unsicherheit entstand – eine Art Schmerz und Traurigkeit in meinem Gesicht und meinem Bauch. Das löste weitere Gedanken in mir aus – eine ganze Spirale besorgter Fragen: »Ob das wohl etwas Ernstes ist?«, »Werde ich überhaupt in der Lage sein, an meinem nächsten Marathon teilzunehmen?« und »Was ist, wenn ich den Abgabetermin für mein Buch nicht einhalten kann?«.

Mein Körper fühlte sich angespannt und schwer an; er wehrte sich gegen meine Unsicherheit und meine gedrückte Stimmung. Also machte ich diese Reaktion zu meinem Meditationsobjekt. Bewusst entspannte ich meinen Bauch, ließ die Schultern sinken und ging weiter. Ich kämpfte nicht gegen meine Erfahrung an, versuchte nichts daran zu ändern und sie auch nicht zu verdrängen. Stattdessen wurde ich neugierig darauf. Wo spürte ich diese Empfindungen? Hatten meine Gedanken eine bestimmte Form? Was passierte, wenn ich nicht dagegen ankämpfte, sondern sie einfach gewähren ließ?

Und was am allerwichtigsten war: Ich fütterte diese negativen Gedanken nicht.

Immer wenn sich die Spirale meiner Gedanken schneller zu drehen begann, als ich sie wahrnehmen konnte, lenkte ich meine Aufmerksamkeit wieder auf meine Füße zurück und ließ die Gedanken einfach an mir vorüberziehen. Ich spürte meine Füße in den Schuhen, die Verlagerung meines Gewichts und das Gefühl der Luft an meiner Haut.

So lasse ich Gelassenheit in meine Erfahrung hineinfließen: Ich entspanne mich innerlich, werde ganz sanft und akzeptiere die Realität. Da ich seinerzeit körperlich immer noch sehr geschwächt war, kürzte ich den Spaziergang ab.

Doch bei all diesen Bemühungen blieb ich innerlich ruhig. Ich beobachtete meine Gedanken. Ich spürte, wie traurig ich über mein Nichtwissen war. Ich beobachtete die Beschaffenheit der Gedanken, die in mir aufstiegen, tanzten und wieder verschwanden. Ich beobachtete, wie dieses »Weiß nicht« sich anfühlte; und als ich zu Hause angekommen war, ging ich wieder ins Bett.

Gelübde

Im Rahmen meiner Praxis habe ich die folgenden buddhistischen Gelübde abgelegt, die man auch als Lebensregeln oder Gebote bezeichnet:

- Verzichte darauf, Leben zu nehmen. Kein Lebewesen töten.
- Verzichte darauf, zu nehmen, was dir nicht freiwillig gegeben wird. Niemanden bestehlen.
- Verzichte darauf, deine Sinne zu missbrauchen. Dir nicht zu viel sinnliches Vergnügen gönnen.
- Verzichte auf Falschheit in deinen Worten.
- Verzichte auf Rauschmittel, die deinen Geist benebeln.

Als Shinzen allen Interessierten anbot, diese Gelübde abzulegen, stellte er klar, dass niemand dazu gezwungen war. Niemand muss irgendetwas tun, um meditieren zu können – außer zu meditieren. Der Zweck der Gelübde besteht darin, öffentlich zu erklären, dass du dich auf den meditativen Weg begibst und dein Bestes tun wirst, um diese Gelübde einzuhalten. Etwas in deinem Inneren glaubt daran. Es ist eine Tradition. Indem ich meine Gelübde bei Shinzen ablegte, habe ich zum Ausdruck gebracht, dass ich bei ihm lernen will.

Diese Gelübde gelten für viel mehr als nur für die Meditation. Ich sehe da Parallelen in vielen Bereichen, auch im Hinblick auf die Bewegungsmeditation.

Erstens: Nicht töten. Ed und ich haben es nicht geschafft, vegan oder vegetarisch zu leben. Also schränken wir unseren Fleischkonsum ein. Streng genommen verstoßen wir nicht gegen das Gelübde, da keiner von uns die Tiere oder Fische, die er isst, selbst tötet. Aber das scheint mir ein etwas wackliges Argument zu sein. Ich halte mir dieses Gelübde zum Beispiel vor Augen, wenn ich ein Ernährungsprogramm ausprobiere, das viel Fleisch enthält, oder wenn ich Lust auf ein gutes Steak habe. Und ja: Ich gehöre zu den Menschen, die Wespen und Spinnen mit einer Tasse einfangen und ins Freie befördern.

Zweitens: Nimm nichts, was dir nicht freiwillig gegeben wird. Natürlich darfst du deinem Freund seine Joggingmütze nicht klauen, doch dieses Gelübde ist viel weiter gefasst. Als ich mit dem Laufen anfing, nahm ich anfangs immer interessante Sachen mit, die ich unterwegs fand: Kinderspielzeug, einen Ring aus dem Ramschladen oder sonstigen Kleinkram – einmal sogar einen Zwanzig-Dollar-Schein. Inzwischen bin ich so weit, dass ich Geld vielleicht immer noch einstecke, aber die anderen Gegenstände, die ich unterwegs entdecke, nur fotografiere. Denn wer weiß – vielleicht kommt ja jemand zurück und holt sie, weil ihm aufgefallen ist, dass er sie verloren hat. Außerdem ist es eine interessante Erfahrung, mein Verlangen nach diesem Kleinkram wahrzunehmen.

Drittens versuche ich auf allzu viel sinnliches Vergnügen zu verzichten. Zum Glück habe ich während der ganzen Zeit seit dem Beginn meiner Meditationspraxis eine glückliche Beziehung mit Ed geführt. Immerhin war er mein erster Lehrer. Aber sinnliches Vergnügen gibt es in den verschiedensten Formen: zum Beispiel verrückte, teure Wettkämpfe, Ausrüstungs- und Kleidungsstücke. Wegen meiner bipolaren Störung achte ich darauf, niemals etwas zu tun, wodurch ich zu sehr aus dem Häuschen gerate, denn das kann dazu führen, dass ich anschließend in ein tiefes Loch falle. Ich bin dankbar dafür, dass die Meditation mir hilft, solche Gefahren rechtzeitig zu erkennen. Immer wenn ich aus der Bahn gerate, bringt meine Gelassenheit mich wieder in mein Zentrum zurück.

Viertens: Achtsam mit meinen Worten umgehen. Ich würde ja gern glauben, dass ich mehr Cheerleaderin als Klatschtante bin, aber leider weiß ich, dass das nicht immer zutrifft. Das Gerede mit den Sportskameradinnen in der Umkleidekabine kann sehr schnell in übelsten Klatsch und Tratsch abgleiten. Und wie spreche ich über mich selbst? Dieses Gelübde erinnert mich daran, dass allem, was ich über mich und andere Menschen sage, eine große Macht innewohnt. Ich mache Fehler, erinnere mich dann an mein Gelübde und richte mich innerlich wieder neu aus.

Und schließlich der Verzicht auf Rauschmittel. Als Mensch, der sich gerade mitten im Genesungsprozess von einer psychischen Krankheit befindet, trinke ich weder Alkohol, noch nehme ich Drogen, doch auch Koffein und Zucker können Schaden anrichten. Dies ist eine weitere Gelegenheit für mich, innerlich zu wachsen.

Meine Gelübde erinnern mich daran, mich in den gewünschten Verhaltensweisen zu üben, und führen mich zu positiven Gemütszuständen zurück. Wenn bei meiner Bewegungsmeditation oder in meinem Leben irgendetwas schiefläuft, suche ich in den Gelübden nach einer Lösungsmöglichkeit.

Psychische Gesundheit

Auch wenn Meditation keine seelische Stabilität verspricht, bieten diese positiven Gemütszustände uns doch einen Einblick in das Zusammenspiel von Geist und Körper. Schon allein dieses umfassendere Verständnis kann die Symptome psychischer Erkrankungen lindern und ihre Behandlung erleichtern.

Gelassenheit zum Beispiel bringt unseren Geist ins Gleichgewicht. Sie ist eine Form der Akzeptanz und ermöglicht es uns, klar zu sehen, was gerade passiert. Gelassenheit kann dir helfen zu erkennen, wann du therapeutische Unterstützung brauchst. Sie kann dich dazu motivieren, Medikamente auszuprobieren oder ein Medikament zu wechseln, das nicht mehr wirkt. Und sie kann deine Hypervigilanz eindämmen und dir helfen, Panikattacken rechtzeitig vorauszusehen und abzufangen.

Die gleiche innere Ausgeglichenheit kann dich übrigens auch dazu bringen, dein Trainingsprogramm umzustellen, wenn du dich gerade in einer schwierigen Lebenssituation befindest oder einen zu rigiden Trainingsplan satt hast. Außerdem vermittelt sie dir die Erkenntnis, wann du bei deinem Training einen Gang höher schalten musst, um mehr von den Neurotransmittern auszuschütten, die dafür sorgen, dass du dich beim Sport gut fühlst. Und nicht nur das: Die Energie, die du gewinnst, wenn du aufhörst, gegen dich selbst anzukämpfen, verbessert sowohl deine Stimmung als auch deine sportliche Leistung.

Auch Mitgefühl wirkt sich positiv auf unsere psychische Gesundheit aus. Ein mitfühlendes Herz kann die Schmerzen, die das Leben uns zufügt, physisch wie auch emotional abpuffern. Wenn du dich liebevoll um deine Mitmenschen kümmerst, tust du nicht nur etwas für andere, sondern gleichzeitig auch für dich selbst.

Die logische Konsequenz des Mitgefühls – Selbstmitgefühl – verwandelt deinen inneren Kritiker (sobald du ihn als solchen erkannt hast) in einen inneren Cheerleader. Wir können uns nicht um uns selbst (oder um andere Menschen) kümmern, solange wir uns selber kein Mitgefühl entgegenbringen. Kennst du den uralten Spruch: »Setze zuerst deine eigene Sauerstoffmaske auf«? Diese Aussage ist in keinem Lebensbereich zutreffender, als wenn es um unsere psychische Gesundheit und unser seelisches Wohlbefinden geht. Du kannst niemanden heilen, indem du auf dich selbst einprügelst, auch wenn manche Trainerinnen und Ausbilder, ja sogar einige Therapeuten das behaupten. Schmerz bringt uns nicht unbedingt weiter.

Mitfreude macht dich zu einem guten Freund, einer guten Freundin für andere Menschen in deiner Trainingsgruppe und auch in deinem restlichen Leben. Sie lässt sich nicht erzwingen, doch wenn du diese Geisteshaltung entwickelst, wirst du automatisch für alle Menschen das Beste wollen. Das daraus entstehende Gefühl von Gemeinschaft und Verbundenheit hilft gegen Einsamkeit und Depressionen. Außerdem kannst du anderen Menschen damit ein gutes Vorbild sein – und dann wirst du dich automatisch auch selbst besser fühlen.

Und nicht zuletzt hebt liebevolle Güte (Metta) die Stimmung, weil dabei alle möglichen Glücksbotenstoffe freigesetzt werden. Diese Botenstoffe können zwar keine psychischen Krankheiten heilen, aber sie fühlen sich wirklich großartig an.

Die in diesem Kapitel beschriebenen vier Gemütszustände können dir als Gegenmittel für viele Symptome psychischer Erkrankungen dienen. Das ist ein weiterer großer Vorteil, den deine Bewegungspraxis dir bringt.

Zusammenfassung

Bewegungsmeditation ist so etwas Ähnliches wie ein Experiment in einer kontrollierten Umgebung: Wir schaffen Bedingungen, die dazu beitragen, dass bestimmte Dinge passieren – zum Beispiel führt diese Meditation zu einer positiven Veränderung in unserem Denken und Fühlen, an der nichts Erzwungenes ist, sondern die ganz von selbst eintritt. Liebevolle Güte, Mitgefühl, Mitfreude und Gelassenheit zu kultivieren, hilft uns nicht nur bei unserer Meditations- und Bewegungspraxis, sondern auch in unserem übrigen Leben.

Als Nächstes möchte ich auf kontraproduktive geistige Gewohnheiten eingehen. Diese können dir sowohl in deinem Leben als auch in deiner Bewegungsmeditation im Weg stehen. Du kannst dir die Auflistung dieser negativen Gewohnheiten im nächsten Kapitel zunutze machen, um herauszufinden, was du an deinem Verhalten ändern solltest, wenn du dich in deinem Leben irgendwie festgefahren fühlst.

KAPITEL 10

PROBLEME? VIELLEICHT SIND INNERE HINDERNISSE SCHULD DARAN!

Definition der fünf Hindernisse

Wie der Name schon sagt, handelt es sich bei diesen Hindernissen um negative Einstellungen, die dich bei der Bewegung, der Meditation und in deinem Leben am Vorwärtskommen hindern können. Sie stehen deiner Konzentration, inneren Ruhe und Achtsamkeit im Weg. Betrachte diese fünf Hindernisse als eine Art Checkliste, mit deren Hilfe du herausfinden kannst, welcher Aspekt gerade deine Aufmerksamkeit erfordert und wie du das Problem lösen kannst.

Die fünf Hindernisse sind:

- **Anhaften oder Festhalten** (oft auch als sinnliches Verlangen bezeichnet): das Streben nach Genuss durch die fünf Sinne Sehen, Hören, Riechen, Schmecken und Fühlen,
- **Groll:** Feindseligkeit, Ressentiments, Hass und Bitterkeit,
- **Trägheit und Lethargie:** halbherzige Aktionen, die ohne große Konzentration oder sogar völlig unkonzentriert ausgeführt werden,
- **Unruhe und Sorge:** die Unfähigkeit, deinen Geist zur Ruhe zu bringen,

- **Zweifel:** Mangel an Überzeugung oder Vertrauen.

Ich leide unter allen fünf Hindernissen.

Das Problem der Anhaftung – des Sich-an-etwas-Festklammerns – entsteht, wenn man sich nach einer bestimmten Erfahrung sehnt. Wenn ich beim Laufen Freude empfunden habe, will ich dieses Gefühl natürlich immer wieder erleben. Aber das Festklammern hindert mich daran, tatsächlich Freude im jetzigen Augenblick zu empfinden, weil ich mich dann auf eine Freude konzentriere, die ich früher einmal erlebt habe oder vielleicht irgendwann in der Zukunft erleben könnte.

Um dieses Hindernis zu überwinden, braucht man Gelassenheit: Ich muss mich von meiner Anhaftung an das, was ich mir wünsche, lösen. Außerdem brauche ich Konzentration, um mich in den jetzigen Augenblick zurückzuholen.

Erinnerst du dich noch an meine Joggingrunde, bei der ich so wütend auf die Nachbarn war, die meine politischen Überzeugungen nicht teilen? »Groll« ist noch eine höfliche Umschreibung für das, was ich damals empfand. Daraufhin praktizierte ich Metta (liebevolle Güte), machte aber gleichzeitig auch die Reaktionen, die meine Empörung in meinem Körper auslöste, zu meinem Meditationsobjekt und spürte, wie mein Herz dadurch wieder weicher und liebevoller wurde.

Wenn ich ängstlich und innerlich angespannt bin, werden Unruhe und Sorgen zu meinen ständigen Begleitern. Bei mir stecken dahinter oft finanzielle Sorgen oder die Angst vor einer Blamage. Trotz der vielen Kilometer (und Rennen), die ich inzwischen schon gelaufen bin, mache ich mir immer noch Sorgen darüber, es nicht bis zur Ziellinie zu schaffen, mich zu verlaufen oder auf irgendeine andere Art und Weise zu blamieren. Alles an meiner Meditationspraxis, was mich in die Gegenwart zurückbringt, hilft mir bei der Überwindung dieses Hindernisses. Oft nutze ich dafür meinen Gesichtssinn – vor allem Farben, weil sie mich so sehr faszinieren.

Wenn ich depressiver Stimmung bin, werde ich träge und lethargisch. Aber nicht, weil ich mir keine Mühe gebe – ich schaffe es dann einfach nicht, mich zu konzentrieren. Es fühlt sich so an, als hätte ich Matsch im Gehirn. An Tagen, an denen ich keine Lust zum Laufen habe, tue ich mein Bestes, um sanft und liebevoll mit mir umzugehen, denn oft steckt eine Depression dahinter. Auch Schläfrigkeit und Unkonzentriertheit können Formen inneren Widerstands sein. Wenn das der Fall ist, lenke ich meinen Geist wieder auf einen punktuellen Fokus wie beispielsweise meine Atmung oder eine bestimmte körperliche Empfindung zurück. Auch hier ist der Gesichtssinn für mich das Meditationsobjekt, auf das ich mich am leichtesten konzentrieren kann. Ich wähle eine Farbe (oft Grün im Sommer oder Grau im Winter) und achte darauf, sie bewusst wahrzunehmen, wann immer ich sie sehe. Dieses rechte Bemühen stärkt meine Konzentration und liefert mir wieder neue Energie.

Früher wurde mein Leben von Zweifeln beherrscht. Inzwischen nutze ich die Gedanken und körperlichen Empfindungen rund um diese Zweifel als Meditationsobjekt. Aber auch die Tatsache, dass ich trotz meiner Ängste jeden Tag meine Bewegungsmeditation mache – an Trainings- ebenso wie an Wettkampftagen –, zerstreut meine Zweifel. In meinem Buch *Depression Hates a Moving Target* habe ich diese Selbstzweifel ausführlich beschrieben: Trotz der langen Strecken, die ich lief, machte ich mir immer noch Sorgen darüber, keine richtige Läuferin zu sein. Doch mein Bemühen, einfach das zu tun, was vor mir lag – Tag für Tag, trotz meiner Zweifel und anderer Hindernisse –, zeigte mir, dass meine Befürchtungen unbegründet waren. Die Beschäftigung mit der Realität hat mich verändert.

Wenn du herausgefunden hast, über welches Hindernis du immer wieder stolperst, dann mach die Gedanken und körperlichen Empfindungen, die dieses Hindernis in dir hervorrufen, zu deinem Meditationsobjekt und versuche einen Gemütszustand zu entwickeln, der diesem Hindernis entgegenwirkt. Trotz jahrelanger Meditation habe ich auch heute immer noch mit Hindernissen zu kämpfen. Sobald mir ein solches Hindernis bewusst wird, mache ich es zu einem Teil meiner Meditationspraxis.

Musik als Motivation

Viele Leute behaupten, sie könnten nicht trainieren, ohne dabei Musik zu hören.

Wenn deine Bewegungsform Musik erfordert, ist das kein Problem. Natürlich kann man auch ohne Musik tanzen oder Zumba, Aerobic und Nia machen – doch wo bleibt da der Spaß?

Aber was ist, wenn mein Fitnessprogramm keine Musik erfordert? Darf ich dann dabei trotzdem Musik hören oder nicht?

Sicherlich weißt du inzwischen schon, was ich darauf antworten werde: »Das kommt darauf an.«

Denk einmal über deine Motive nach. Wenn die Musik für dein Bewegungsprogramm nicht unbedingt notwendig ist, was bedeutet sie dann für dich – eine Art Flucht? Kannst du Bewusstheit und Gelassenheit in deine Erfahrung (den Klang der Musik) hineinfließen lassen? Diese Frage kannst nur du beantworten. Meditierst du wirklich? Oder bist du in Trägheit und Lethargie verfallen?

Wenn ich draußen jogge, höre ich keine Musik – auch nicht mit Knochenschall-Kopfhörern. Nachdem ich beim Joggen schon mehrmals fast von einem Auto angefahren worden wäre, ist es mir inzwischen sehr wichtig, meine Umgebung genau wahrzunehmen. Außerdem nutze ich die Geräusche der Natur (und auch der Laubbläser) als Meditationsobjekte.

Das bedeutet aber nicht, dass du auf Musik verzichten musst. Sei einfach ehrlich zu dir selbst. Meditierst du wirklich? Dann ist alles in Ordnung – egal, ob du dabei Musik hörst oder nicht.

Aber bitte achte auf deine Sicherheit. Und zwar *immer*. Nach unserem heutigen Wissensstand kannst du nicht mehr in den Genuss der positiven körperlichen Auswirkungen des Meditierens kommen (oder zur Erleuchtung gelangen), wenn du tot bist. Also bleib bitte am Leben.

Wenn du bei deinem Training gefahrlos Musik hören kannst und deine Meditationsfähigkeiten weit genug entwickelt sind, dass dich die Musik dabei nicht stört, dann nutze sie ruhig als Meditationsobjekt. Geräuschwahrnehmungen in deinem Körper oder Gedanken in deinem Kopf – alles kann Wasser für deine Meditationsmühle sein. Und eigentlich hast du von vornherein genau gewusst, dass ich das sagen würde!

Hindernisse aufgrund von psychischen Problemen

Psychisch kranke Menschen haben vielleicht mit besonders schwerwiegenden Hindernissen zu kämpfen, aber das bedeutet nicht, dass sie nicht meditieren können. Obwohl meine psychische Gesundheit sich durch das Laufen sehr verbessert hat, stehen mir diese Hindernisse trotzdem nach wie vor im Weg. Wenn ich in einer depressiven Episode stecke, akzeptiere ich meine Trägheit und Lethargie beim Joggen ganz einfach und versuche sie sanft von mir wegzuschieben. Ich spüre die schweren Gedanken und das Blei in meinen Armen und lade sie dazu ein, mit mir mitzulaufen.

Bevor ich dank meines Laufsports die Anzahl meiner Medikamente reduzieren konnte, machten die Medikamente, die mich vor meiner Depression retteten, es mir gleichzeitig schwer, mich zu konzentrieren. Manche meiner Läufe wurden förmlich zu einer Studie über mangelndes Konzentrationsvermögen. An anderen Tagen machte der Groll darüber, dass ich an einer so lähmenden psychischen Krankheit leide, meinen Geist zu einem brodelnden Kessel. All diese Zustände habe ich als Meditationsobjekte genutzt.

Mein Wunsch, besser zu werden – ja sogar der Wunsch, mich durch meine *Meditationspraxis* auf wundersame Weise zu verbessern –, steht mir auch heute noch im Weg. Warum bin ich nicht schneller? Warum kann ich nicht weiter laufen? Und immer wieder meldet sich der Zweifel – mein ständiger Begleiter – zu Wort. Doch auch das ist Futter für meine Meditationspraxis. Mir werden nie die Themen ausgehen, auf die ich meine Aufmerksamkeit während der Meditation richten kann.

Alles, womit das Leben mich konfrontiert, ist eine neue Gelegenheit, eine neue Chance, das Licht der Achtsamkeit auf das zu richten, was jetzt, in diesem Augenblick gerade, geschieht – diesen Prozess von innen heraus zu erleben und meinen Körper und meinen Geist dabei zu beobachten.

Gelassenheit und Selbstmitgefühl helfen mir dabei. Und zwar ganz sanft und behutsam. Auch Beharrlichkeit ist wichtig – und die Unterstützung, die man von einem Lehrer und einer Gemeinschaft erhält. Auf die letzten beiden Themen werde ich in Kürze noch näher eingehen.

Zusammenfassung

Wenn wir uns mit dem Meditieren schwertun, geben uns die fünf Hindernisse – sinnliches Verlangen, Groll, Trägheit und Lethargie, Unruhe, Sorge und Zweifel – Hinweise darauf, was wir an uns selbst und an unserer seelischen Verfassung ändern sollten. Achte darauf, welches dieser Hindernisse dir bei deiner Meditationspraxis oder in deinem Leben Schwierigkeiten verursacht. Schon allein durch dieses Bewusst-Machen kann sich etwas verändern. Wende dich deinem Hindernis zu und mache es zu einem Teil deiner Meditation.

Als Nächstes wollen wir uns ein paar weitere Spielarten der Bewegungspraxis anschauen. Achtsame Bewegung kann etwas sehr Flexibles sein; du kannst sie genau an deine Bedürfnisse anpassen.

KAPITEL 11

VARIATIONEN ÜBER EIN THEMA

Mantras: Wiederholung von Wörtern und Sätzen

Das Wort »Mantra« stammt aus der indischen Sprache Sanskrit, in der viele buddhistische Texte abgefasst sind. Das Sanskrit-Wort »Man« bedeutet auf Deutsch »Geist«, und »Tra« bedeutet »Fahrzeug«. Ein Mantra ist also ein Fahrzeug für deinen Geist – ein weiteres Meditationsobjekt, das du nutzen kannst.

Bei der Meditation auf ein Mantra sprichst du ein Wort oder einen Satz entweder laut oder in Gedanken immer wieder in einem bestimmten Rhythmus vor dich hin. Verwende dafür einfache, klare Sätze oder Wortgruppen, die man sich leicht merken kann.

Meine Favoriten sind: *Jetzt und hier*, *Groß und stark* und *Keine Stinktiere*. Ich meine: Wer weiß? Vielleicht schreckt dieser Satz ja tatsächlich Stinktiere ab!

Außerdem benutze ich ein Mantra, das ich bei einem Retreat von Shinzen gelernt habe: *om mani padme hum*. Ins Deutsche übersetzt heißt das in etwa »Oh du Juwel in der Lotusblüte«, und es stammt aus einem alten buddhistischen Text. Das ist sehr schön, aber ich spreche es einfach nur vor mich hin, weil es mich an die angenehme Zeit erinnert, die ich damals mit den anderen Teilnehmern dieser Meditationsgruppe verbracht habe.

Wenn du Golf spielst, kannst du in Gedanken ein Mantra vor dich hinsagen, während du darauf wartest, dass der langsame Vierer vor dir endlich fertig wird. Beim Joggen stimme ich mein Mantra auf den Rhythmus meiner Schritte oder Atemzüge ab. Beim Tennisaufschlag kannst du leise ein Wort ausatmen. Oder auch laut schreien. Wen kümmert das schon!

Diese Mantra-Praxis fördert die Konzentration und die Entstehung gesunder Gemütszustände. Die Metta-Meditation (Meditation auf liebevolle Güte) ist zum Beispiel eine Form der Mantra-Praxis, bei der man bestimmte Sätze mehrfach wiederholt. Ähnliche Mantras kann man verwenden, um seinen Geist in andere heilsame Gemütszustände wie beispielsweise Gelassenheit, Mitfreude und Mitgefühl zu versetzen.

Als ich im Jahr vor dem Krebstod meines Vaters mit ihm Golf spielte, entwickelte ich ein Mantra, das mir dabei helfen sollte, mich in Gelassenheit zu üben, und sprach es jedes Mal, wenn ich in Panik geriet, leise vor mich hin:

In diesem Augenblick sind alle unsere Rechnungen bezahlt.
In diesem Augenblick ist Papa noch am Leben und
hat keine Schmerzen.
In diesem Augenblick kann ich bei ihm sein.

Bei der Mantra-Praxis solltest du nicht versuchen, die Gedanken, die von selbst in dir aufsteigen, durch das Mantra zu ersetzen. Und du musst auch nicht versuchen, schlechte Gedanken zu verdrängen. Versuche stattdessen lieber, positive Gedanken zu haben. Aber arbeite dabei nicht mit Willenskraft, sondern nur mit sanften Wiederholungen. Mehr Stupsen als Schubsen. Wenn du gegen irgendeinen Satz einen inneren Widerstand spürst, dann nimm das zur Kenntnis und mache auch diesen Widerstand zu einem Teil deiner Meditationspraxis.

Mantras für die psychische Gesundheit

Einzelfallberichte aus vielen Jahrhunderten und zahlreiche wissenschaftliche Untersuchungen haben gezeigt, dass die Arbeit mit Mantras beruhigend auf unser Nervensystem wirkt.

In einer Studie aus dem Jahr 2015, die in der Fachzeitschrift *Brain and Behavior* erschienen ist, konnten Wissenschaftler zeigen, dass die Gehirnaktivität von Studienteilnehmern, die mit Mantras arbeiteten, abnahm, wodurch sich [wiederum] ihr Konzentrationsvermögen und ihre Entspannungsfähigkeit verbesserten – und das sind optimale Voraussetzungen für eine gute psychische Gesundheit.[30]

Die Studie zeigte, dass »Sprechen mit Wiederholungscharakter« (= ein Mantra) die Gehirnaktivität verringert, auch wenn die Teilnehmer kein komplexes Training dazu absolvieren. In den Augen der Studienautoren waren diese Auswirkungen von Mantras auf die Strukturen im Gehirn so stark, dass sich die beruhigende Wirkung der meditativen Mantra-Praxis dadurch erklären ließ; und das war in ihren Augen ein Grund, warum sich diese Praxis »über kulturelle und historische Grenzen hinweg« so großer Beliebtheit erfreut.

Auch Bewegungsmeditation für sich allein hilft schon sehr gut gegen Ängste, doch in Kombination mit der Mantra-Praxis, deren beruhigende Wirkung wissenschaftlich erwiesen ist (und schon seit jeher genutzt wird), stellt sie eine ungeheuer wirksame Methode zur Eindämmung von Angstzuständen dar – sie setzt nicht nur bei den Ursachen dieser Zustände an, sondern hilft auch, wenn man bereits mittendrin steckt.

Rechenaufgaben lösen

Du kannst deine Konzentration und Gelassenheit steigern, indem du während des Trainings Rechenaufgaben löst. Achte auf deinen Drang danach, die Lösung zu finden. Wenn du diesen Drang loslässt, wird das Aufgabenlösen zu einer Art »Weiß nicht«-Geisteshaltung.

Ich bin Mitglied eines Fitnessstudios mit einer Indoor-Laufbahn; wenn man diese Bahn 20-mal umrundet hat, ist man eine Meile gelaufen. Eine meiner Lieblingsmeditationen besteht darin, Brüche zu kürzen. Auf diese Weise behalte ich leichter den Überblick darüber, wie viele Runden ich gelaufen bin. Ich habe zwar auch einen Handzähler dabei, doch das Spiel mit den Brüchen hilft mir, ruhig und konzentriert zu bleiben.

Wenn ich vier Meilen laufen muss, sind das 80 Runden. Nach der ersten Runde denke ich »1/80«. Dieser Bruch lässt sich nicht kürzen. Die zweite Runde (2/80) kürze ich auf 1/40. Die Bruchzahl der dritten Runde (3/80) lässt sich ebenfalls nicht kürzen. Die vierte Runde (4/80) kürze ich zuerst auf 2/40 und dann auf 1/20: Inzwischen habe ich also ein Zwanzigstel meiner Strecke geschafft. Wenn meine Gedanken abschweifen, hole ich sie sanft zu den Brüchen zurück und werfe dann einen Blick auf den Zähler in meiner Hand. Wenn er 7 (7 Runden) anzeigt, ist das 7/80 – ein Bruch, der sich nicht kürzen lässt. Aber aus 8/80 wird 1/10. Diese Übung hilft mir, mich zu konzentrieren, in einen gelassenen Gemütszustand zu kommen und mir die Zeit zu vertreiben. Meine

Freunde sagen im Scherz oft zu mir, dass ich offenbar unendliche Kapazitäten für Langeweile habe. Dann nicke ich immer nur und denke: »Aber ich langweile mich doch gar nicht. Ich meditiere.«

Nichtstun

Ich habe diese vielen Anweisungen satt. Ich kann mich nicht ent- scheiden, was ich denn nun eigentlich tun soll. Mir schwirrt der Kopf!

Na prima!

Dann ist es jetzt eben an der Zeit, nichts zu tun.

Wie bitte?

Shinzen lehrt eine Praxis, die er »Nichtstun« nennt. In ande- ren Traditionen bezeichnet man das als »absichtsloses Gewahr- sein« oder »einfach sitzen«. Die einzige Anweisung dazu lautet: »Lass alles geschehen, was geschieht. Sobald du in dir die Absicht wahrnimmst, deine Aufmerksamkeit unter Kontrolle zu brin- gen – lass diese Absicht fallen.«[31] Das ist die ultimative Lösung für den Zustand der Verwirrtheit und Entscheidungsmüdigkeit, in den Meditation uns versetzen kann. Mit der Zeit – und Shin- zen legt großes Gewicht auf das Wort *Zeit* – kannst du mithilfe des »Nichtstuns« jenen Teil von dir zur Ruhe bringen, der alles zu kontrollieren versucht – einschließlich deiner Aufmerksam- keit. Die Stille dieses Nichtstuns wird sowohl deinen Körper als auch deinen Geist beruhigen.

Und worin unterscheidet sich das von dem, was ich getan habe, bevor ich meditieren lernte?

Der Unterschied besteht darin, dass du inzwischen eben ge- lernt hast, zu meditieren. Früher warst du eine Gurke, aber jetzt wirst du zu einer Essiggurke. Es gibt keinen Weg zurück. Selbst wenn du nur ein kleines bisschen meditiert hast, weiß ein Teil von dir jetzt, was zu tun ist, und die Praxis des Nichtstuns sorgt dafür, dass dieser Teil automatisch die Kontrolle übernimmt.

Und jetzt bist du dran: Nichtstun

Entscheide dich für eine Bewegungsform und ein Intervall. Allerdings wählst du für diese Übung kein Meditationsobjekt, sondern fängst einfach an, dich zu bewegen. Lass deine Erfahrung während dieser Bewegungspraxis genau so sein, wie sie ist. Zerstreut? Kein Problem. Schläfrig? Auch gut. Versuche nichts an deiner Reaktion zu verändern. Lass dein Bewusstsein gehen, wohin es will. Lass deine Gedanken schweifen. Wenn du den Drang verspürst, irgendeinen Teil deiner Erfahrung (einschließlich deiner Aufmerksamkeit) unter Kontrolle zu bringen, dann lass auch diesen Drang los.

Zusammenfassung

Mantras! Rechenaufgaben! Oder gar nichts tun! Du meine Güte! Was soll denn das alles?

Im nächsten Kapitel werde ich auf die Ursprünge dieser Praxis eingehen. Ich unterrichte zwar Bewegungsmeditation; doch diese Idee stammt nicht von mir.

WER IST AUF DIESE IDEE GEKOMMEN?

Die Buddhisten beten nicht den Buddha

Anfang der 2000er Jahre (lange bevor ich mit dem Laufen anfing) begann ich Erwachsenen in Zentral-Ohio das Schreiben beizubringen. Dieser Kurs, der auf Natalie Goldbergs Arbeit beruht, beinhaltete auch Meditationen. Manche Teilnehmer meines Kurses sperrten sich dagegen. Als ich alle, die schon einmal meditiert hatten, aufforderte, sich zu melden, hoben vier oder fünf von 30 Personen schüchtern die Hand und ließen sie dann schnell wieder sinken. (Inzwischen – mehr als 20 Jahre später – hebt fast jeder die Hand, wenn ich diese Frage stelle.)

Aber Meditationserfahrung zu haben, bedeutet noch lange nicht, dass die Teilnehmer die Art von Meditation verstehen, die ich anbiete.

Bei einem meiner Kurse sagte eine Frau: »Ich möchte Buddha nicht anbeten.« Ich dankte ihr dafür, dass sie dieses wichtige Thema angesprochen hatte, denn vorher hatte ich gar nichts von diesem Irrglauben gewusst. Daher möchte ich diesen Punkt jetzt gern aufklären und alle Bedenken darüber zerstreuen, was die Meditationspraxis mit dem religiösen Glauben, religiösen Vorstellungen oder sonstigen Überzeugungen eines Menschen zu tun haben könnte.

In meiner buddhistischen Meditationspraxis wird der Buddha nicht angebetet.

Der Buddha war keine Gottheit. Manche Buddhisten glauben zwar an Reinkarnation und manche verehren den Buddha auf eine Art und Weise, die wie Anbetung aussieht, aber in Wirklichkeit führen sie einfach nur seine Praktiken aus.

Doch dadurch wird man nicht zum Buddhisten oder zur Buddhistin. Das ist eine irreführende Bezeichnung. Vielmehr *praktizieren* wir die buddhistische Meditation. Ja, es gibt buddhistische Philosophien, Konzepte und Ideen, aber die sind nicht dazu gedacht, jemanden zum Anhänger einer bestimmten Religion zu machen. Vielmehr sollen sie dir zu der Erkenntnis verhelfen, wer du wirklich bist. Für manche Menschen mag das einen religiösen Beigeschmack haben, für andere nicht. Um zu meditieren, musst du dein Glaubenssystem nicht aufgeben; du brauchst an gar nichts zu glauben.

Meditation ist einfach nur eine Technik, um deinen Körper und deinen Geist zu erforschen – eine Technik, mit der du dich darin übst, deinen Geist dort zu halten, wo dein Körper gerade ist: im jetzigen Augenblick.

Vertraue nicht auf mich. Vertraue nur auf deine eigene Erfahrung. Probiere die Techniken aus und warte ab, was passiert.

Wer war der Buddha?

Der Buddha war ein Mann, eine aus mehreren Männern zusammengesetzte historische Figur oder vielleicht auch nur eine Geschichte von einem Mann, der im fünften Jahrhundert vor Christus in Indien gelebt hat. Ob das nun ein bloßer Mythos ist oder sich wirklich zugetragen hat: Laut der Geschichte, die man sich über den Buddha am häufigsten erzählt, war er ein Prinz aus einer reichen Familie. Sein Vater wollte ihn vor der Welt abschirmen; und so wurde der Junge, den man später Buddha nannte, weder mit Alter noch mit Krankheit oder Tod konfrontiert.

Doch eines Tages überredete der neugierige Prinz seinen Diener, mit ihm das Palastgelände zu verlassen, und außerhalb dieser schützenden Mauern sah er die Realität des Lebens.

»Was ist das?«, fragte er beim Anblick eines Mannes, der sich in einen Eimer übergab.

»Der Mann ist krank.«

»Was bedeutet ›krank‹?«

Daraufhin erklärte der Diener dem kleinen Jungen, dass Menschen manchmal krank werden. Dann gingen sie weiter.

»Was hat sie denn?«, fragte der Junge beim Anblick einer älteren Frau, die an einem Stock ging und sich ein Tuch um das weiße Haar gewickelt hatte.

Der Diener erklärte. »Das ist eine alte Frau. Wir alle werden älter. Unser Körper bleibt nicht so, wie er jetzt ist. Das geht allen Menschen so.« Sie gingen weiter.

Schließlich kamen sie an einem Scheiterhaufen vorbei. »Was ist das?«, fragte der Junge.

»Ein Mensch ist gestorben. Das ist eine Beerdigung.«

Wieder war der Junge verwirrt. Der Diener erklärte ihm, dass alles Leben irgendwann aufhört. »Alle Menschen müssen sterben.«

»Auch mein Vater?«, fragte der Junge.

»Ja, auch dein Vater. Auch ich. Auch du.«

Da wurde der Junge ganz still. »Bitte bring mich zurück«, sagte er. Bei seiner Rückkehr gelobte er, das Leid, das er mitangesehen hatte, zu beenden, verließ den Palast seiner reichen Eltern und kehrte nie wieder dorthin zurück.

Auf seiner Suche nach einem Ende des Leids schloss der Buddha (der damals noch keiner war) sich verschiedenen Gemeinschaften an. Irgendwann wurde er zum Ästheten, doch das war nicht die Lösung. Dann trat er einer anderen Gruppe bei, die mit tiefer Konzentration arbeitete. Aber er konnte nicht ewig in diesem konzentrierten Zustand bleiben; und als er aus seiner Trance erwachte, war das Leid wieder da.

Auf seinem Weg sah der angehende Buddha jemanden, der ein Saiteninstrument spielte. Wenn die Saite zu locker war, produzierte sie keinen Klang. War sie dagegen zu fest gespannt, so würde sie reißen. Sie musste also genau die richtige Spannung haben: der goldene Mittelweg.

Schließlich setzte der Mann, der einmal der Buddha werden sollte, sich unter einen Bodhi-Baum (den Baum der Erleuchtung). Er saß und saß, während Versuchungen und Zorn über ihn hinwegfegten. Im Volksmund heißt es, dass Mara, der Herrscher über das Reich der Wünsche, dem Buddha eine Versuchung nach der anderen schickte, um ihn von der Erleuchtung abzuhalten.

Es gibt viele Geschichten darüber, wie der Buddha schließlich trotzdem erleuchtet wurde. Hier meine Lieblingsgeschichte: Tagelang ertrug der Buddha geduldig alle Versuchungen, Herausforderungen und Tricks seines Verstandes. Als er trotz aller Anfechtungen weiter unter dem Baum sitzen blieb, tauchte Mara auf und konfrontierte ihn mit einer letzten Herausforderung.

Er hielt sein Gesicht direkt vor das des Buddha und schrie so wütend, wie er konnte: »Wer bist du, dass du der Erleuchtete sein willst?« in der Hoffnung, dem Buddha dadurch furchtbare Zweifel einzuflößen.

Doch der Buddha hatte inzwischen Gelassenheit entwickelt und ließ sich durch nichts mehr erschüttern. Er schlug nicht einmal die Augen auf, sondern legte einfach nur seine Finger auf den Boden und berührte ihn sanft mit den Fingerspitzen. Mit der Erde als Zeuge sagte er:

»Ich bin hier.«[32]

Für jemanden wie mich, der sich trotz wiederholter Erfolge in allen Lebensbereichen wie eine Hochstaplerin fühlt und ständig an sich selbst zweifelt, ist diese Geschichte überzeugender als alles andere. Ich bin hier. Ich stelle mich dem Leben. Ich tue meine Arbeit. Das gibt mir das Recht, Linderung zu erfahren – wenn schon nicht das Ende all meines Leids, dann zumindest die Linderung, die Meditation uns bringen kann.

Wodurch entsteht Leid?

Einer der Kritikpunkte am Buddhismus lautet, er beruhe auf einer negativen Lebenseinstellung. Schließlich lautet die erste der vier edlen buddhistischen Wahrheiten, frei übersetzt: »Es gibt Leid.« Und wer will das schon? Ein Großteil der Wellness-Industrie existiert nur deshalb, weil Menschen vor dem Leid flüchten wollen: Orientiere dich um, kaufe dir das nötige Zubehör, erlerne irgendetwas Neues.

Manchmal funktioniert das auch tatsächlich.

Aber was ist, wenn es nicht funktioniert? Was passiert, wenn diese Ablenkung nur dazu führt, dass du immer mehr willst und das Gelernte dir nichts mehr bringt? Was tust du, wenn alles, was du versuchst, dir nur Leid verursacht? Was dann?

An dieser Stelle kommt die Meditation ins Spiel. Sie empfiehlt, sich direkt mit dem Problem selbst zu befassen.

Die Grundannahmen des Buddhismus sind in den vier edlen Wahrheiten zusammengefasst:[33]

1. Es gibt Leid.
2. Das Leid entsteht durch Verlangen und Abneigung.
3. Wenn wir uns von diesem Verlangen und dieser Abneigung befreien können, hört das Leid auf.
4. Der edle achtfache Pfad[34] ist eine Methode, die dazu dient, sich von Verlangen und Abneigung zu befreien.

Demnach ist Meditation also eine Art Selbsthilfe?

In gewisser Weise schon. Allerdings glauben Buddhisten nicht an einen festen, beständigen Zustand des »Ich«; also gibt es auch kein »Ich«, dem man helfen kann. Auf dieses Thema werde ich später noch näher eingehen. Vorläufig genügt es zu wissen, dass Meditation ein Teil des achtfachen Pfades ist, der uns dabei helfen kann, das Leid zu beenden.

Doch nun wollen wir zunächst mal ein paar Begriffe definieren.

Verlangen

Kurz gesagt, bedeutet Verlangen, dass man etwas will. Das ist völlig normal. Du willst essen. Du willst in deinem Job gut sein. Vielleicht wünschst du dir auch einen Partner, eine Partnerin oder einen Hund oder beides. Und wer weiß – vielleicht bekommst du all das ja sogar.

Aber was passiert, wenn du das bekommst, was du willst? Reicht dir das dann? Oder willst du mehr?

Und was passiert, wenn du das, was du dir wünschst, *nicht* bekommst? Kannst du dich damit arrangieren? Nach außen hin vielleicht. Du machst mit deinem Leben weiter. Du suchst dir einen anderen Job. Du lernst, allein zu leben. Aber was passiert in deinem Inneren?

Dort schwelt das Verlangen weiter. Es ist wie ein ständiger Zug, der auf deine Psyche ausgeübt wird – das Gefühl, etwas Bestimmtes haben zu müssen. Und dadurch entsteht ein Ungleichgewicht.

Denk zum Beispiel an ein Verlangen nach einem bestimmten Lebensmittel oder Getränk. Wir wollen unbedingt Schokolade, Kaffee, ein Bier oder das Stück Käsepizza, das wir neulich in der Werbung gesehen haben. Wir spüren dieses Verlangen in unserem Körper. Es zerrt an uns. Uns läuft das Wasser im Mund zusammen. Vielleicht haben wir nicht einmal Hunger oder Durst, aber das Verlangen ist trotzdem da. Wir sehnen uns nach diesem Essen oder diesem Getränk.

Natürlich ist unser Körper darauf programmiert, uns am Leben zu erhalten, und dazu braucht er Nahrung. Vielleicht wirst du jetzt einwenden, dass Heißhunger auf ein bestimmtes Nahrungsmittel nur dann zum Problem wird, wenn wir dieses Verlangen nicht unter Kontrolle haben und zu viel essen oder unseren Körper mit etwas füttern, was ihm nicht guttut. Aber kannst du etwas, das einen so starken Zwang auf dich ausübt, wirklich genießen, selbst wenn es dir nicht schadet?

Dieses Verlangen hat uns ständig im Griff. »Ich will dies. Ich will das. Ich will jenes. Ich will, ich will, ich will.« Sobald du einmal anfängst, auf dieses Gefühl des Verlangens zu achten, wird es dir ständig auffallen. Ich will auf diesem Stuhl sitzen. Ich will auch so ein Auto fahren, wie sie es hat. Ich will mit einer Frau zusammen sein, die genauso aussieht wie sie. Dieses ständige »Ich will« spielt sich in unserem Unterbewusstsein ab. Erst die Meditation bringt es ans Tageslicht: Dann nimmst du es wahr und weist ihm schließlich den Platz zu, der ihm gebührt.

Abneigung

Abneigung ist das Gegenteil von Verlangen: Es bedeutet, etwas *nicht* zu wollen. Du willst keinen Hunger leiden. Du willst nicht allein leben. Du willst die Schlange, die dein Partner sich als Haustier wünscht, nicht haben.

Kehren wir nun zum Thema Essen zurück, um zu untersuchen, wie Abneigung sich in diesem Lebensbereich äußert. Denk mal an das widerwärtigste Lebensmittel, das du niemals essen würdest – etwas, wobei sich dir der Magen umdreht. Igitt! Das ist Abneigung – ein sehr starkes, unangenehmes Gefühl.

Ähnlich wie Verlangen ist auch Abneigung ein wichtiger Antrieb in unserem Leben. Sie drängt uns von bestimmten Dingen weg. »Ich will dies oder das oder jenes *nicht*.« Ich will nicht auf diesem Stuhl sitzen. Ich friere nicht gern. Ich möchte nicht mit jemandem zusammen sein, der X, Y oder Z glaubt. Ich will keine Schlange als Haustier! Wenn du dir solche Gefühle in deinem täglichen Leben bewusst machst, wird dir klar, wie viel Energie du darauf verwendest, Dingen aus dem Weg zu gehen, die du nicht magst. Abneigungen – schwache ebenso wie starke – begleiten dich durchs Leben und veranlassen dich zu vielen deiner Handlungen.

Sowohl Verlangen als auch Abneigung sind den ganzen Tag über unsere ständigen Begleiter, wobei Verlangen uns zu etwas hinzieht und Abneigung uns von etwas wegtreibt. Das ist die zweite edle Wahrheit: Begierde (also Verlangen oder Abneigung) verursacht Leid.

Ich hatte dich davor gewarnt, dass all das sich vielleicht ziemlich deprimierend anhören wird. Aber ich verspreche dir: Es ist nicht alles düster und traurig. Denn die dritte edle Wahrheit zeigt uns den Ausweg aus diesem Dilemma. Du kannst dem Leid ein Ende setzen, indem du dieses Verlangen und diese Abneigungen ausschaltest (oder zumindest abschwächst).

Die vierte edle Wahrheit bietet die Lösung im Umgang mit Verlangen und Abneigung – den achtfachen Pfad[35], und einer der acht Teile dieses Pfades ist die Meditation. Durch Meditation erkennen wir Verlangen und Abneigung als das, was sie sind. Wir lernen, voll und ganz bei diesen Gefühlen präsent zu sein. Indem wir meditieren, schalten wir zumindest einen Teil unseres Leids aus.

Nebenwege

Auf die Gefahr hin, den Sachverhalt zu sehr zu vereinfachen, kannst du dir diese Form der Meditation als tiefen inneren Tauchgang vorstellen. Unser Ziel besteht darin, geradewegs nach unten abzutauchen und uns nicht von irgendwelchen Nebenwegen ablenken zu lassen. Je tiefer wir in das trübe Wasser vordringen, desto besser. Oder wie der inzwischen verstorbene vietnamesische Zen-Meister Thich Nhat Hanh einmal gesagt hat: »Ohne Schlamm kein Lotos.«[36]

Stell dir einen geraden Weg nach unten (oder nach oben, wenn du willst) vor. Wenn du diesem Weg folgst, findest du unterwegs Ruhe, Klarheit, Konzentration, Einsicht, Mitgefühl und Freiheit vom Leid.

Doch wie bei den meisten Dingen im Leben gibt es auch hier Ablenkungen. Eine dieser Ablenkungen ist die Glückseligkeit.

Ich weiß schon: Glückseligkeit soll ja eigentlich etwas Gutes sein. Aber wenn man sich zu sehr nach Glückseligkeit sehnt, kann das zum Problem werden. Die erhöhten Bewusstseinszustände, die mit der Meditation einhergehen, können spontane angenehme Gefühle hervorrufen, und wenn jemand, der meditiert, einmal erlebt hat, welch positive Empfindungen mit der Glückseligkeit einhergehen, ist er vielleicht davon besessen, diesen Zustand wieder zu erreichen. Dieses Verlangen nach Glückseligkeit führt wiederum zu Frustration darüber, dass man nicht in der Lage ist, sich jederzeit auf Abruf wieder in diesen Zustand zu versetzen. Das verursacht Leid; und die Einsicht, die man durch das Meditieren eigentlich erlangen sollte, bleibt aus. Manche Menschen sind dann desillusioniert und glauben, dass Meditation nichts bringt.

Wenn man zu sehr danach strebt, wird die Glückseligkeit, die eine natürliche Folge der Meditation ist, zu einem Nebenweg, auf dem viele Menschen sich für lange Zeit verlieren. Dieser Weg kann irgendwann wieder zum Hauptweg – dem mittleren Weg – zurückführen; und wenn man diese Mitte erkennt, kann man sein Streben aufgeben und sich wieder unbeirrbar auf den Weg zum Ende des Leids begeben.

Ein anderer Nebenweg können Visionen oder sogar Halluzinationen sein.

Bei einem Retreat mit Shinzen Young, an dem ich kurz nach dem Tod meines Vaters teilnahm, erzählte ich begeistert von einer Meditationserfahrung, die ich vor kurzem gehabt hatte. Im Schneidersitz auf unserem Sofa sitzend und in einem Zustand tiefer Meditation versunken, hatte ich gehört, wie mein Vater mich ermutigte. Ich habe oft mit Selbstzweifeln zu kämpfen. Sie verfolgen mich. Sie sind meine ständigen Begleiter. Ich öffnete die Augen ein wenig und nahm eine große Gestalt wahr, in der ich sofort meinen Vater erkannte. Daraufhin schloss ich meine Augen wieder, weil ich nicht wollte, dass die Vision verschwand.

Ich begann mit meinem Vater zu sprechen und ihm von meiner Unsicherheit im Hinblick auf meine berufliche Karriere zu erzählen. Zuerst tat ich das nur in Gedanken, dann sprach ich ihn laut an: »Papa? Soll ich weiterschreiben?«

Und ich hörte ihn so deutlich sagen, als stünde er direkt vor mir: »Tu das.«

Ich schlug die Augen auf. Die Gestalt meines Vaters war verschwunden, doch unser kleiner weißer Hund Astro schaute unverwandt auf die Stelle, wo er gestanden hatte.

Als ich Shinzen von dieser Erfahrung erzählte, erinnerte er mich daran, welche Streiche unser Geist uns im Zustand tiefer Konzentration spielen kann.

»Damit will ich nicht sagen, dass du deinen Vater nicht gesehen hast. Viel wichtiger ist es, zu fragen: ›Kannst du Bewusstheit und Gelassenheit in diese Erfahrung hineinfließen lassen?‹ Und: ›Spürst du, wie das Verlangen nach mehr in dir aufsteigt?‹ Und schließlich: ›Ist dir bewusst, welches Leid dieses Verlangen verursacht?‹«

Aber davon wollte ich nichts hören. Meine Erfahrung war für mich sehr real und ist es auch heute noch. Ich habe immer noch das Gefühl, dass mein verstorbener Vater mich dazu ermuntert hat, das Schreiben nicht aufzugeben.

Doch Shinzen hat ja auch nicht über den Inhalt meiner Vision gesprochen, sondern über meine *Reaktion* darauf. Er wollte, dass ich durch meine Meditationspraxis die Fähigkeit entwickelte, meinen verstorbenen Vater vor mir stehen zu sehen und ihn die Worte sprechen zu hören, nach denen ich mich am meisten sehnte – dass ich das voll und ganz erlebte, *ohne mehr zu brauchen*. Doch mein Verlangen und meine Aufregung haben mich daran gehindert, bei dieser Erfahrung präsent zu sein, und meine Sehnsucht nach der Zustimmung meines Vaters verwandelte noch lange Zeit danach jede Meditationssitzung in einen tiefen Brunnen der Bedürftigkeit, in den ich hinabstürzte.

Ein anderer Lehrer aus einer anderen Tradition hätte mir vielleicht Strategien und Techniken beigebracht, um mit meinem Vater in Kontakt zu bleiben. In manchen Traditionen sprechen die Menschen mit den Toten, erleben Visionen und beschwören Bilder herauf.

Doch solche Wege nach links oder rechts – abseits vom Mittelweg – können auch zu mehr Leid führen. Shinzens Tradition (Vipassana) lehrt den mittleren Weg, und obwohl mir seine kritischen Fragen an jenem Tag fast das Herz gebrochen haben, traf er damit genau ins Schwarze.

Ein Finger, der auf den Mond zeigt

Nachdem ich all das niedergeschrieben habe, muss ich über mich selbst lachen, denn in meinen Worten klingt es so, als wäre der Weg klar und gerade. Es hört sich an wie eine Autobahn, die direkt in den Himmel führt.

Doch manchmal ist dieser Weg alles andere als klar.

Es ist nahezu unmöglich, das alles mit dem rationalen Verstand zu begreifen. Man muss es erleben. Oder wie der Buddha einmal gesagt haben soll: »Die Lehren sind nur ein Finger, der auf den Mond zeigt.«[3737]

Trotzdem werde ich weiter auf den Mond zeigen.

Zusammenfassung

Das alles war nicht meine Idee. Die Prinzipien der achtsamen Bewegungsmeditation wurden schon vor Jahrhunderten in Indien vom Buddha entwickelt. Du musst kein Buddhist werden, um zu meditieren. Und du brauchst mir auch nicht zu glauben. Du lernst, wer du bist, indem du dich auf eine Art und Weise auf deine eigene Erfahrung einstimmst, wie du es noch nie zuvor getan hast. Du musst nur an deine eigene Erfahrung glauben.

Im nächsten Kapitel wollen wir auf den allerersten Schritt meiner Anleitung »So machst du jede Bewegung zu einer Meditation« zurückkommen: die Entscheidung für eine bestimmte Art der Bewegung. Dazu stellen mir die Leute immer viele Fragen, und ich tue mein Bestes, um sie zu beantworten.

KAPITEL 13

VERSCHIEDENE ARTEN VON BEWEGUNG

Welche Bewegungsform soll ich wählen?

Gibt es eine bestimmte Bewegungsform, die sich besonders gut zum Meditieren eignet?

Gibt es irgendwelche Grundvoraussetzungen, die eine Bewegungsform erfüllen muss, damit man sie zur Meditation machen kann?

Nach welchen Kriterien soll ich meine Bewegungsform auswählen?

Wo und wie soll ich damit anfangen?

Ich weiß, ich höre mich an wie eine Schallplatte, die einen Kratzer hat – aber meine Antwort lautet auch diesmal wieder: Das kommt darauf an.

Und worauf kommt es an? Auf dich!

Ich bin kein Fan des Sprichworts »Ohne Fleiß kein Preis«. Aber bestimmte Unannehmlichkeiten lassen sich nun einmal nicht vermeiden. Wir sollten genau das richtige Ausmaß an Anstrengung investieren, ohne uns unnötige Schmerzen zuzumuten.

Ich genieße das Laufen, betrachte mich als Läuferin und identifiziere mich mit Leuten, die Laufsport betreiben. Doch mit zunehmendem Alter lässt mein Tempo immer mehr nach. Wettkämpfe, die mir früher Spaß gemacht haben, finde ich inzwischen langweilig und anstrengend. Ich respektiere das, akzeptiere es und stelle mich darauf ein, und wenn ich irgendwann einmal nicht mehr laufen kann, werde ich eine andere Bewegungsform finden.

Es kommt nicht auf die *Art* der Bewegung an, sondern auf die *Bewegung*. Wichtig ist nur, dass du dich bewegst.

Bitte bedenke das. Wir bilden uns ein, eine bestimmte Aktivität oder Umgebung zu lieben, doch in Wirklichkeit ist es die Konzentration, die wir genießen. Unser Gehirn sehnt sich nach Konzentration – nach der inneren Ruhe, die sich einstellt, wenn man sich intensiv in eine Aufgabe vertieft, selbst wenn diese Aufgabe teilweise unangenehm ist.

Auch wenn du vielleicht aus finanziellen Gründen, wegen deiner körperlichen Ausdauer, früherer Verletzungen und/oder deiner Persönlichkeit eine bestimmte körperliche Aktivität bevorzugst, ist es eigentlich egal, für welche Bewegungsform du dich entscheidest.

Fazit: Die *beste* körperliche Aktivität für dich – die optimale Bewegungsform, die sich am besten für eine transformative Meditationspraxis eignet – ist *diejenige, die du auch wirklich machst.*

Körperhaltung

Ein Großteil der Literatur über Meditation befasst sich mit der Praxis der Sitzmeditation und hebt die zentrale Bedeutung der sitzenden Körperhaltung hervor. Das Sitzen ist eine der drei Meditationen, auf die der Buddha eigens eingegangen ist; außerdem sprach er über das Liegen und Stehen. Ich kann mir nicht vorstellen, dass der Buddha die Bewegungsmeditation vergessen hat.

Thich Nhat Hanh tat das jedenfalls nicht: Durch ihn ist die Gehmeditation populär geworden. Auch viele andere Meditationslehrer sprechen über diese Form der Meditation:

> *»Gehen ist das große Abenteuer: unsere allererste*
> *Meditation, eine herzhafte, seelenvolle Praxis und*
> *die primäre Bewegungsform des Menschen. Gehen ist*
> *die exakte Balance zwischen Spiritualität und Demut.«*
> – GARY SNYDER[38]

Die Prinzipien im Hinblick auf die Körperhaltung, auf die es beim Sitzen ankommt, gelten auch für die Bewegungsmeditation. Beim Laufen arbeite ich mit der ChiRunning-Form: leichtfüßiges Gehen, Dehnen aus der Wirbelsäule heraus; leicht nach vorn gekipptes Becken und hohe Schrittfrequenz; außerdem soll der Körper aus meinem Energiezentrum (dem Körperschwerpunkt, einem Punkt direkt unterhalb des Nabels) heraus nach vorne fallen. Ich wähle entweder einen Aspekt dieser Form als Meditationsobjekt oder wechsle mit meiner Aufmerksamkeit zwischen mehreren verschiedenen Aspekten hin und her.

Warum ist die Körperhaltung so wichtig?

Bei der Sitzmeditation fördert eine gute Körperhaltung einen Zustand der inneren Klarheit und Ruhe. Du bist aufrecht und wach, aber entspannt – genau wie die Saite eines Instruments: nicht zu fest gespannt, aber auch nicht zu locker. Das schaltet Ablenkungen aus, wirkt Hindernissen entgegen und erleichtert die Meditation.

Wenn du auf die empfohlene Körperhaltung achtest, steigt die Wahrscheinlichkeit, dass du bei der Meditation ähnliche Erfahrungen machen wirst wie die Millionen von Menschen, die vor dir meditiert haben (darunter auch der Buddha) – vielleicht steigen dabei ganz einfache Erkenntnisse in dir auf, vielleicht erlebst du aber auch eine richtige Erleuchtung. Denn die Körperhaltung schafft ein Umfeld, das solche Erfahrungen begünstigt.

Auch bei der Bewegungsmeditation spielt die Körperhaltung eine wichtige Rolle: Sie hilft dir, wach, voll konzentriert, entspannt und geerdet zu bleiben. Für jede Fitnessdisziplin wird eine Körperhaltung empfohlen, die man normalerweise als Technik bezeichnet. Diese körperliche Manifestation ermöglicht es dir, die betreffende Sportart besser auszuüben. Wenn du dich in einer Bewegungsaktivität verbessern möchtest, solltest du die dazugehörige Technik erlernen und üben.

Diese Technik kann dir übrigens auch helfen, ein geeignetes Objekt für deine Meditation zu finden. Beim Golfspielen könnte das der Schwung sein. Beim Tennis bietet sich ebenfalls der Schwung an, aber auch die Bewegung und die Fußarbeit eignen sich als Meditationsobjekt. Beim Tanzen kannst du dich auf die Fußarbeit, die Armbewegungen und (falls es sich um Tango handelt) auch auf deine Mimik konzentrieren. Beim Basketball, Fußball oder anderen Mannschaftssportarten ist die Dynamik noch ausgeprägter, doch auch im Rahmen dieses Gesamtbewegungsablaufs gibt es bestimmte Körperhaltungen: Haltungen innerhalb der Haupthaltung, Bewegungen innerhalb der Bewegung.

Ein Basketballspieler vollführt an der Freiwurflinie und beim Sprungwurf jeweils ähnliche Bewegungen: Hochwerfen der Arme, Hand-Augen-Koordination usw. Doch zwischen diesen beiden Bewegungen gibt es graduelle Unterschiede. Auf dem Spielfeld achtet er vielleicht eher auf die Verlagerung seines Gewichts von einem Fuß auf den anderen, auf den Augenblick des

Abstoßens und auf die Ausführung, wobei sich der Freiwurf vom Dreipunktwurf unterscheidet.

Bei jeder Bewegungsform gilt es andere wichtige Aspekte zu beachten. Selbst in einem Aerobic-Kurs, den du nur zum Spaß und zur Steigerung deiner Fitness belegst, ohne an Wettkämpfen teilnehmen zu wollen, hast du es leichter, wenn du die Technik beherrschst. Dieses angenehme Gefühl, die Sache rauszuhaben, ist ein weiteres wichtiges Ergebnis des Übens.

Es kann sein, dass du dich beim Erlernen der Körperhaltung (also der Bewegung) unwohl fühlst. Wenn das der Fall ist, dann mach dieses Unbehagen zu einem Teil deines Trainings. Betrachte es als *rechtes Bemühen*, dann empfindest du es vielleicht nicht mehr als so lästig oder entmutigend. Lass es in deine Meditation einfließen.

Vielleicht fühlst du dich gehemmt, wenn du eine neue Form der Bewegung erlernst oder versuchst, eine Bewegungsform, die du bereits praktizierst, zu verbessern. Bei der Meditation bezeichnet Shinzen dieses Stadium als eine der »unbeholfenen Zwischenstufen«.[39] Diese Zwischenstufen haben wir alle schon einmal erlebt.

Wenn ich versuche, mich auf eine neue ChiRunning-Form zu konzentrieren, fühle ich mich ebenfalls ungeschickt und unbeholfen: »Weiß ich überhaupt, wie man läuft?«, frage ich mich dann. Und unter solchen Selbstzweifeln leidet eine Frau, die schon Tausende von Kilometern gelaufen ist! Natürlich weiß ich, wie man läuft – nur *diese spezielle Form* des Laufens beherrsche ich eben noch nicht. Wenn du dich daran gewöhnst, dich auf eine bestimmte Art und Weise zu bewegen, schaltest du auf Autopilot. Dann fühlt es sich vielleicht seltsam und unangenehm an, deine Aufmerksamkeit auf jede Bewegung zu richten. Falls du das so empfindest, dann mach die Gedanken und Körperempfindungen der Unbeholfenheit zu deinem Meditationsobjekt.

Aber ich bewege mich doch nie!

Wirklich nicht?

Du gehst ins Bad, um dir die Zähne zu putzen. Du gehst in die Speisekammer, um Futter für den Hund zu holen, und in die Küche, um Kaffee zu kochen. Du gehst zur Hintertür, um den Hund rauszulassen. Und so weiter und so fort – du gehst den ganzen Tag über irgendwohin. Auch ein ganz normaler Spaziergang zählt als Bewegung. Willst du, dass er mehr zählt? Dann gehe mehr.

Du bückst dich … um deine Schuhe zuzubinden.

Du reckst deinen Arm, um einen Gegenstand aus einem hohen Regal zu nehmen.

Du verdrehst deinen Arm, wenn du nach einem Türknauf greifst, und dein Handgelenk, wenn du den Knauf drehst.

Siehst du! Also bewegst du dich doch.

Aber das ist nicht die Bewegung, die ich gemeint habe!

Ja, ich weiß.

Wir haben bestimmte Vorstellungen davon, was Bewegung sein *sollte,* was wir dabei tun *sollten* und wie sie aussehen *sollte* (*und wie wir dabei aussehen sollten*). Diese Vorstellungen solltest du jetzt loslassen. Und da es dir womöglich nicht so leichtfällt, deine Erwartungen an das, was Bewegung sein sollte, über Bord zu werfen, wollen wir stattdessen lieber auf etwas anderes hinarbeiten: Öffne dich innerlich für alles, was Bewegung mit sich bringen kann.

Hier meine Definition von körperlicher Aktivität: ganz normale Bewegungen, die man auf strukturierte Art und Weise und in einer bestimmten Absicht ausführt.

Und hier ein paar Tipps:

1. *Suche dir eine Bewegungsform, die zu dir passt.* Brauchst du den Wettbewerb oder spielt Leistung für dich eine wichtige Rolle? Bist du lieber in einer Gruppe oder allein? Magst du intensive Aktivität oder lieber etwas Langsames, Systematisches? Brauchst du Abwechslung oder haben Bewegungen, die sich wiederholen, eine beruhigende Wirkung auf dich? Es gibt für jede Persönlichkeit eine passende Bewegungsform.

2. *Verbinde deine Bewegung mit irgendetwas, das du ohnehin bereits tust.* Du putzt dir jeden Tag die Zähne? Dann mach während des Putzens Dehnübungen. Bringst du deine Kinder morgens jeden Tag zur Schule? Dann fahr in den Park und laufe ein paar Runden, statt anschließend gleich nach Hause zurückzukehren. Verzichtest du auf deine Mittagspause und nimmst lieber nur einen kleinen Imbiss an deinem Schreibtisch ein? Dann dreh vor diesem Imbiss eine Runde um das Bürogebäude (bei schlechtem Wetter kannst du dich alternativ im Treppenhaus bewegen).

3. *Schließe eine Wette ab.* In seinem Buch *The Four-Hour Body* (deutsch: *Der 4-Stunden-Körper)* beschreibt Tim Ferriss, dass Wetten die Erfolgschancen erhöhen. Wenn du im Internet nach »Sportwetten« suchst, findest du eine ganze Reihe virtueller Möglichkeiten dazu, aber mach es lieber wie in guten alten Zeiten und fordere einen Freund oder eine Freundin zu einer Wette auf! Oder wähle eine der Herausforderungen, die ich in meinem E-Mail-Newsletter veröffentliche. Natürlich

ist der Ansporn besonders hoch, wenn Geld auf dem Spiel steht, doch oft genügt schon ein einfaches »Wetten, dass ...?«.

Und bitte warte mit der Suche nach einer für dich geeigneten Bewegungsform nicht, bis eine Katastrophe passiert – zum Beispiel eine depressive Episode, die so schwer ist, dass du dein Leben am liebsten beenden würdest. Das Wichtigste ist, eine Bewegungsform zu wählen, die dir Spaß macht und die du auf jeden Fall regelmäßig praktizieren wirst.

Was ist mit Yoga?

Wie steht es mit Bewegungsformen, die normalerweise eher als meditativ gelten (oder angepriesen werden)? Soll ich mich für Yoga, Qigong oder Tai-Chi entscheiden? Eignen bestimmte körperliche Aktivitäten sich besonders gut für Achtsamkeit und meditative Zustände?

Du musst dich nicht unbedingt für eine Bewegungsform entscheiden, die traditionell als »meditativ« gilt, wenn sie dich nicht anspricht. Alles, was wir tun oder nicht tun, kann als Vehikel für die Meditation dienen. Du kannst dazu alles nutzen, was du möchtest.

Die eigentliche Frage lautet, ob du bei der Ausführung dieser Bewegung *meditierst*. Bewegung allein ist nämlich noch keine Meditation. Es kommt darauf an, was du mit deinem Geist tust. Wo ist deine Aufmerksamkeit, während du dich bewegst?

Yoga, Tai-Chi, bestimmte Tanzstile und Praktiken der bewussten Bewegung wie Feldenkrais oder Alexander-Technik scheinen sich besonders leicht in meditative Bewegungen umwandeln zu lassen; trotzdem sind sie nicht unbedingt immer die bessere Wahl.

Yoga hat ähnliche Ursprünge wie die buddhistische Meditation. Die ältesten Texte zu diesem Thema sind in einer gemeinsamen Sprache abgefasst, und manche Meditationslehrer bezeichnen ihre Schüler sogar als »Yogis«.

Es gibt also durchaus Überschneidungen zwischen Yoga und Meditation. Manche Yogalehrer bieten genau die Art von Meditationspraxis an, die ich empfehle; andere konzentrieren sich dabei eher auf die Yogapositionen und leiten die Schüler nicht dazu an, ihre Aufmerksamkeit auf das Innere ihres Körpers zu richten. Vielleicht unterweisen sie sie auch nicht in Gelassenheit oder in der Entwicklung bestimmter Gemütszustände.

Auch Kampfsportarten wie Tai-Chi und Qi Gong haben ähnliche Wurzeln wie die buddhistische Meditation, und auch dabei kann ein Schüler Meditationsfähigkeiten erlernen, wenn er den richtigen Lehrer dafür hat. Manchmal geht es in diesen Kursen allerdings mehr um körperliche Aktivität als um das, was sich in unserem Geist abspielt.

Bewegung allein ist keine Meditation. Du kannst zwar auch ohne Anleitung in einen meditativen Zustand geraten, vor allem, wenn du dich von Natur aus gut konzentrieren kannst, wenn die Art deiner Bewegung aus Sicherheitsgründen Konzentration erfordert oder es mehr Spaß macht, sich genau darauf zu konzentrieren; aber ich möchte, dass du aus einer inneren Absicht heraus meditieren lernst.

Natürlich sucht dein Verstand nach der für dich *optimalen* Bewegungsform, weil er alles mag, was *leicht* ist. Vielleicht sucht er auch nach einem Grund, um dich vom Meditieren abzuhalten. Hinterlistiger, vertrackter Verstand! Sei wachsam gegenüber jedem Gedanken, der dir einzureden versucht, dass du aus irgendeinem Grund nicht meditieren kannst.

Und nein: Deine Frage bedeutet nicht automatisch, dass du nicht meditieren willst. Du suchst damit nicht unbedingt nach einer Ausrede (obwohl das durchaus sein könnte!). Deine Frage könnte auch bedeuten, dass du meine Definition von Meditation in diesem Buch noch nicht richtig verstanden hast. Außerdem könnte sie darauf hindeuten, dass du die Vorteile, die Meditation bringt, noch nicht kennengelernt hast.

Das ist ein weiterer Grund, warum Meditation die flexibelste Strategie zur Erlangung von Wohlbefinden ist, die es gibt: Sie passt zu jeder Aktivität oder Nicht-Aktivität. Man kann alles zu einer meditativen Praxis machen.

Wähle eine Bewegungsform

Für welche Art von Bewegung du dich entscheidest, ist nicht so wichtig wie der Entscheidungsprozess selbst. Und der Entscheidungsprozess ist wiederum weniger wichtig als das tatsächliche Ausführen der Bewegung. Sobald du eine Bewegungsform gefunden hast, die dir zusagt, empfehle ich dir, so lange dabei zu bleiben, bis du den Dreh raushast, wie man diese Bewegung in eine Meditation verwandelt.

Warum?

Wenn dir diese Bewegungsmeditation vertraut ist, fühlst du dich dabei nicht mehr so unwohl und befangen. Ja, natürlich können wir auch über dieses unangenehme Gefühl meditieren, aber wenn du mit einer Bewegungsform vertraut bist, fällt es dir leichter, tiefer in die Meditationspraxis einzusteigen.

Das kann übrigens auch von deiner Persönlichkeit abhängen. Ich mache gern immer wieder das Gleiche, doch das geht nicht allen Menschen so: Andere brauchen vielleicht Abwechslung, springen zwischen verschiedenen körperlichen Aktivitäten hin und her oder wandeln ihre Bewegungen öfters ab. Ich für meinen Teil bleibe beim Laufen, wähle aber öfter mal eine andere Strecke oder laufe in einem anderen Tempo.

Sobald du dich einmal für eine bestimmte Bewegungsform entschieden hast, kannst du dich einfach in sie hineinfallen lassen. Du musst nicht darüber nachdenken, wie du die Bewegungen ausführen sollst, während du deine Bewegungsmeditation machst. Und wenn du nicht über deine Bewegung nachdenken musst, fällt es dir leichter, dich zu konzentrieren und Gelassenheit zu entwickeln.

Wenn du zum Beispiel bereits Badminton spielst und die Regeln kennst, kannst du dich bei der Badminton-Bewegungsmeditation umso intensiver auf die Bewegungsform konzentrieren und subtile Veränderungen wahrnehmen, die du vielleicht nicht bemerken würdest, wenn du die Regeln erst noch lernen müsstest.

Spezifische Sportarten

Wie gestalten andere Menschen, die schon seit langem meditieren, ihre Bewegungspraxis?

An dieser Stelle möchte ich ein paar Antworten abdrucken, die die Mitglieder der Facebook-Gruppe »Shinzen Young Mindfulness Community«[40] auf diese Frage geben.

Der Meditationscoach Daron Larson empfiehlt, beim *Gewichtheben* folgende Prinzipien zu beherzigen:

»1) Superlangsame Wiederholungen. Zu Beginn und am Ende
jeder Wiederholung halten. Versuche das unangenehme Gefühl
in der Mitte der Wiederholung mit Gelassenheit zu ertragen.
2) Wenn du deine Gewichte in gleichmäßigem Tempo hebst,
nimmst du wahr, wie der Muskel bei den Wiederholungen
allmählich immer mehr ermüdet. 3) Registriere die subtilen,
angenehmen Empfindungen der Ermüdung und
verstärkten Durchblutung am Ende des Trainings.«

– DARON LARSON[41]

Eishockey-Torwart Jeff Sinclair gelingt es dank seiner Meditationspraxis, während eines rasanten Spiels konzentriert und emotional ausgeglichen zu bleiben:

»Ich konzentriere mich auf meine Atmung, den Puck
und die anderen Spieler. Wenn mir Gedanken durch den
Kopf gehen, benenne ich sie als ›Sehen‹ oder ›Hören‹,
um mich nicht darin zu verlieren und nicht aus dem
jetzigen Augenblick gerissen zu werden. Außerdem kann
ich die Auto-Move-Techniken anwenden, weil die meisten
meiner Paraden ziemlich automatisch ablaufen.
Ich beobachte einfach, wie der Puck reingeschossen kommt,
und mein Körper macht automatisch die Bewegungen,
die notwendig sind, um den Schuss zu halten.«

– JEFF SINCLAIR[42]

Benennungen wie beispielsweise »Auto Move« hat Jeff aus dem von Shinzen Young entwickelten Meditationsprogramm Unified Mindfulness[43] übernommen.

Alan Francis beschreibt seine Meditationspraxis beim *Snooker*, einem billardähnlichen Spiel, folgendermaßen:

>*»Ich bin am besten in Form, wenn ich mich in einem meditativen Zustand befinde. Während ich darauf warte, an die Reihe zu kommen, beobachte ich entweder meine Atmung oder richte meine Aufmerksamkeit auf den Tisch. Wenn ich dann drankomme, nehmen bestimmte Teile meines Körpers – Füße, Arme, Hände – meine ganze Aufmerksamkeit in Anspruch. Während ich das Queue führe, richte ich meine Aufmerksamkeit auf den Tisch und die Kugeln. Ich konzentriere mich auf meinen Tastsinn und meinen Gesichtssinn. Es gibt keine schlechten oder guten Stöße. Ich versuche mit allen auf die gleiche Art und Weise umzugehen. Mein einziger wahrer Gegner bin ich selbst. Wenn ich mich an einem Tag nicht gut in Form fühle, beobachte ich dieses Gefühl einfach in einer Haltung der Gelassenheit.«*
>
> – ALAN FRANCIS[44]

Patrick Dement erzählt, auf welche Meditationsobjekte er sich beim *Tanzen* konzentriert:

>*»Gewicht verlagern, einen Schritt machen, ein Bein heben, meine Arme bewegen – einfach alles. Sich auf die Empfindungen einstimmen, den Fluss wahrnehmen, die Musik hören.«*
>
> – PATRICK DEMENT[45]

Suzie Loveday beschreibt achtsames *Segeln* folgendermaßen:

>*»Beim Segeln – vor allem bei der Nachtwache – konzentrierte sich meine Achtsamkeit fast ausschließlich auf innere*

Wahrnehmungen. Ich spürte den Wind vorne, hinten, links
und rechts an meinem Körper. [Ich nahm wahr], was die Wellen
machten – fühlte sie in meinen Füßen, Beinen und Hüften.
Die Stärke der Strömung spürte ich in meiner Hand und in
der Kraft, die ich brauchte, um das Segel ruhig zu halten.
Wenn wir uns in Landesnähe befanden, erkannte ich das am
Geruch oder an den Vogelstimmen: eine Verschmelzung von
Körper, Boot und Natur, um auf Kurs zu bleiben.«
– Suzie Loveday[46]

Brad Constable macht in der *Physiotherapie* Übungen gegen
seine Spinalkanalstenose und konzentriert sich darauf, was er
spürt, wenn er seine Nervenwurzeln von ihrer Kompression befreit, während er *Yoga*-Dehnübungen ausführt.[47]

Jim Smith praktiziert verschiedene Arten der Bewegungsmeditation, darunter eine *Entspannungsübung*, bei der er jeden
Körperteil zehnmal bewegt, um Muskelverspannungen zu lösen.
Beim Einkaufen macht er außerdem eine *Geh- oder Fahrradme-
ditation*. Jim beobachtet seine körperlichen Gefühle während der
Bewegung und trainiert sein Konzentrationsvermögen, indem er
die Wiederholungen zählt.

Über die Entwicklung von Gelassenheit sagt er:

»[Ich lasse Gelassenheit] ebenso in diese Praxis hineinfließen,
wie ich es in jeder Situation tun würde, in der unangenehme
Gedanken, Emotionen oder Gefühle in mir aufsteigen könnten.
Ich versuche dieses Unangenehme nicht zu verdrängen oder
als eine Art ›Wahrheit‹ zu betrachten und lasse
meine Gedanken auch nicht abschweifen.«
– Jim Smith[48]

Manchmal wird er ungeduldig; dann nimmt er das einfach zur Kenntnis. Außerdem nutzt er die Technik des Benennens, um seine Konzentration zu steigern:

»Wenn meine Gedanken mir keine Ruhe lassen, benenne ich manchmal meine Bewegungen: ›Schritt‹, ›Ausstrecken‹, ›Drehen‹ usw. Ich versuche aber nicht jede Bewegung zu benennen, weil ich bei meiner Meditation gern einen entspannten Rhythmus beibehalten möchte. Wenn mein Geist ruhiger ist, nehme ich einfach wahr, dass ich mich bewege und im Gleichgewicht bin. Wenn irgendetwas Unangenehmes in mir aufsteigt und ich mich innerlich dagegen wehre, es zu beobachten, schaue ich mir diesen inneren Widerstand genau an. Das kann sehr produktiv sein, weil es dich auf eine tiefere Gefühlsebene hinunterbringt, und wenn ich die unterste Ebene erreiche, entdecke ich dort oft eine unbequeme Wahrheit über mich selbst. Diese unbequemen Wahrheiten bewusst zu erkennen und zu akzeptieren, ist eine Art der Ergebung, die dich von einer Menge kognitiver Dissonanzen (Leid) befreit.«

– JIM SMITH[49]

Jim achtet bei der Bewegungsmeditation im Freien aber auch auf seine persönliche Sicherheit, so wie das hoffentlich alle Menschen tun:

»Da draußen, wo jede Menge Autos herumfahren und Leute herumlaufen, lässt man sich leicht ablenken. Ich muss genau auf den Verkehr achten. Ich beobachte die Straße, horche auf herannahende Autos, atme dabei gleichzeitig entspannt, versuche ganz locker zu bleiben und nehme alle Emotionen wahr,

die in mir aufsteigen. Wenn mich irgendetwas stresst, versuche ich, es nicht von mir wegzuschieben, sondern lasse es zu, aber gleichzeitig versuche ich auch, achtsam zu bleiben, mich nicht von abschweifenden Gedanken ablenken zu lassen oder zu denken, diese Emotion sei irgendetwas anderes als ein bloßes Gefühl in meinem Geist/Körper. Emotionen sind keine Wahrheiten, und es steckt auch keine Logik darin.«

– Jim Smith[50]

Patricia Houser nutzt die Strategie des Zur-Kenntnis-Nehmens und Benennens beim *Laufbandtraining* als Motivation:

»Oft habe ich keine Lust zum Sport. Wenn ich dann auf dem Laufband stehe, benenne ich dieses Unlustgefühl und wiederhole es einfach immer wieder. Ich komme in eine Art Rhythmus und sage: ›Scheiße, Scheiße, Scheiße‹. Manchmal denke ich mir auch einfach irgendein Wort aus. Das funktioniert tatsächlich! Die CD ›Pain Relief‹,[51] die Shinzen Young vor ein paar Jahren aufgenommen hat, hilft mir dabei sehr.«

– Patricia Houser[52]

Pez Owen unterrichtet kleine Gruppen von Menschen im *achtsamen Wandern*. Dabei sollen sie darauf achten, was sie beim Wandern sehen und hören und welche körperlichen Empfindungen sie dabei haben. Er meditiert sogar beim *Laser Tag*![53]

Victor Cotea praktiziert *brasilianisches Jiu-Jitsu*, arbeitet aber daran, Meditation in alles zu integrieren, was er in seinem Leben tut – auch in seinen Sport und in alle anderen körperlichen Aktivitäten. Beim Jiu-Jitsu nutzt er seinen Körper und alles, was in seinem Gesichtsfeld auftaucht, als Meditationsobjekt. Wenn sich ein bestimmtes Fenster für ihn öffnet, praktiziert er die Metta-Meditation:

>*Ich halte meinen Fokus möglichst breit gestreut und versuche den ganzen Raum (vor allem das, was ich sehe und spüre) gleichzeitig zu erfassen. Brasilianisches Jiu-Jitsu ist eine sehr intensive körperliche Aktivität; dabei finden viele Kontraktionen im Körper und Geist statt (zumindest auf dem Niveau, auf dem ich mich gerade befinde – zwischen Anfänger- und Mittelstufe). Jedes Mal, wenn ich bewussten Kontakt zu meinem Körper oder meinem Gesichtsfeld aufnehme, versuche ich meine Konzentration auf das ganze Feld zu erweitern.*«*
– Victor Cotea[54]

Er versetzt sich bewusst in einen Zustand der Gelassenheit, indem er seinen Blick während des Sparrings defokussiert und seinen Körper absichtlich entspannt, wann immer die Situation es erlaubt.

>*Jiu-Jitsu-Techniken sind subtil und komplex. Oft folgen die sensorischen Wahrnehmungen dabei blitzschnell aufeinander. Man braucht viel Entschlossenheit und gute Achtsamkeitsfähigkeiten, um während des Trainings einen Zustand achtsamer Bewusstheit zu erreichen.*«*
– Victor Cotea[55]

Als ich Victor fragte, ob er während des ganzen Trainings meditiert, lachte er:

>*Schön wär's! Meistens erlebe ich nur einzelne Augenblicke der Achtsamkeit durch die Technik des Zur-Kenntnis-Nehmens, die*

ich praktiziere, wann immer ich kann. Das ist kein kontinuierlicher Prozess. Ein Achtsamkeitsfenster öffnet sich vielleicht während des Unterrichts oder in einer Pause, während wir warten oder uns erholen. Ich konzentriere mich auf erholsame geistige und körperliche Zustände: Dann zoome ich mich aus dem Geschehen heraus, löse das Gefühl der Begrenzungen meines Körpers – der Grenzen zwischen Außen und Innen – auf (so gut ich kann), und an diesem Punkt, an dem ich eine gewisse Weite in meinem Körper spüre, entsteht oft ein Gefühl der Dankbarkeit und Wertschätzung (dafür, mit Freunden zusammen zu sein, zu trainieren, gemeinsam besser zu werden). Ich nutze dieses, sagen wir mal, ›Metta‹-Gefühl als Meditationsobjekt und lasse zu, dass es sich in alle Richtungen um mich herum ausdehnt.«

– VICTOR COTEA[56]

Die *Tennis*spielerin und Trainerin Kika Cicmanec verfolgt eine ganz ähnliche Meditationspraxis:

»Wenn ich spiele, konzentriere ich meine Aufmerksamkeit auf das Geräusch des Balls beim Aufschlag. Dabei bleibe ich eine Zeit lang, dann verlagere ich meine Aufmerksamkeit auf das Gefühl, den Ball zu schlagen, und erst dann gehe ich dazu über, den Ball wirklich zu beobachten (wie er sich dreht – ich versuche ihn fast wie in Zeitlupe zu sehen). So streue ich Achtsamkeits-Mikrohits in meine Trainingseinheit ein.«

– KIKA CICMANEC[57]

Beim *Gewichtheben* verfolgt sie einen etwas anderen Ansatz:

*»Wenn ich während eines Satzes mit Ermüdung zu
kämpfen habe, lenke ich meine Aufmerksamkeit von dem Gefühl
der Erschöpfung und dem Gedanken, wie schwer das alles ist,
weg und konzentriere mich ausschließlich auf den Muskel, den
ich gerade trainiere. Dadurch vergesse ich den Gedanken
an meine Erschöpfung und bekomme einen zusätzlichen
Energieschub, der mir hilft, den Satz zu beenden. Ich staune
immer wieder darüber, wie sich meine ganze Erfahrung
verändert und die Übung mir leichter fällt, wenn ich meine
Aufmerksamkeit auf das richte, was der Muskel tut.«*
– Kika Cicmanec[58]

Andrew McMillan beschreibt, wie er Meditationsobjekte für die
verschiedenen Phasen seines *Aerobic*-Trainings auswählt:

*»Bewusstes Atmen während der Aerobic-Übung. Erweitertes
Gesichtsfeld und Auto-Move beim Klettern (um zu verhindern,
dass man einen bestimmten visuellen Punkt zu fokussieren
versucht). Erweiterte Sicht und Flow-Gefühl beim Bergabfahren
mit dem Mountainbike oder beim Skifahren.«*
– Andrew McMillan[59]

Der *CrossFit*-Enthusiast Juan Samuel Sangüesa Massiel erklärt
seine Vorgehensweise folgendermaßen:

*»Ich höre (mit Gelassenheit im Hintergrund) in mich hinein,
wenn ich Wiederholungen zählen und ein
hartes Workout durchstehen muss.«*
– Juan Samuel Sangüesa Massiel[60]

Bei einem Shinzen-Retreat erstellte der Meditationslehrer W. T. S. Tarver ein Übungsprogramm, das die Teilnehmer während der Meditation absolvieren konnten, wenn sie wollten: Sie machten dabei *Gymnastikübungen* wie beispielsweise Hampelmänner, Sit-ups, Liegestütze und Liegestützsprünge (Burpees). Sowohl die Übungen als auch die Meditationstechniken wurden von Tag zu Tag komplizierter. Trotzdem berichteten die Teilnehmer, dass sie selbst bei den anstrengendsten Übungen Stille in ihrem Geist und Körper finden konnten.[61]

Zusammenfassung

Es gibt unzählige Möglichkeiten, Bewegungsformen für die Meditation zu nutzen; und das muss auch nicht unbedingt ein komplizierter Entscheidungsprozess sein. Mach es dir ruhig einfach. Finde eine körperliche Aktivität, an der du Freude hast – eine, die du auch wirklich praktizieren wirst –, und mache sie zu deiner Bewegungspraxis.

Als Nächstes wollen wir uns anschauen, wie du deine Bewegungsmeditation so auf deine individuellen Wünsche und Bedürfnisse abstimmen kannst, dass sie zu deiner ganz persönlichen Praxis wird. Dr. George A. Sheehan, ein berühmter Läufer, der gleichzeitig auch Arzt war, hat einmal gesagt: »Jeder Mensch ist ein individuelles Experiment.«[62] Die Praxis der Bewegungsmeditation gibt es zwar schon seit Jahrtausenden, aber sie wurde noch nie von jemandem wie *dir* ausgeführt. Deshalb wollen wir uns nun überlegen, wie du sie dir zu eigen machen kannst.

KAPITEL 14

SO ENTWICKELST DU DEINE PERSÖNLICHE MEDITATIONSPRAXIS

Wähle eine körperliche Aktivität, die dir Freude macht

Als Dr. Dan Skinner, der Chefredakteur von *World Medical & Health Policy*, mich für seinen Podcast *Prognosis Ohio* auf WCBE (einem lokalen Radiosender) interviewte, erwähnte er mehrmals, dass er das Laufen hasse. Vielleicht wollte er, dass ich ihn dazu überredete, doch das habe ich gar nicht erst versucht. »Kann sein. Vielleicht sind Sie tatsächlich kein Läufer«, stimmte ich ihm zu.

Zwinge dich niemals zu einer Bewegungsart, die dich nicht interessiert oder dir nicht liegt. Die Entscheidung für eine körperliche Aktivität ist etwas sehr Individuelles. Es ist zwar durchaus sinnvoll, wenn du bei deinem Sport ins Schwitzen kommst; aber noch wichtiger ist, dass er dir Spaß macht.

Geh mal auf YouTube und gibt den Suchbegriff »Prancercise« ein. Es übersteigt meine schriftstellerischen Fähigkeiten, zu beschreiben, was das ist. Schau es dir einfach an – du wirst mir dankbar für den Tipp sein. Am besten gefällt mir folgender Kommentar dazu: »Hier ist jemand, der nicht versucht, irgendjemand anders zu sein als er selbst.«[63] Genau das sollte auch dein

Ziel sein. Falls du dich dazu entschließen solltest, Prancercise bei dir zu Hause zu betreiben (oder ganz besonders mutig: es draußen zu machen, wo dich jemand dabei beobachten könnte), dann lass es mich bitte wissen. Du musst mir natürlich nicht unbedingt ein Video davon schicken, aber ich würde unheimlich gerne eins sehen.

Probiere verschiedene Bewegungsformen aus. Wenn du dich schnell langweilst, wirst du wahrscheinlich nicht lange bei einer Aktivität bleiben, deren Bewegungsabläufe sich ständig wiederholen. Wenn du Spaß an Wettkämpfen hast, brauchst du vielleicht eine Sportart wie Handball, Tennis oder Racquetball, bei der man schnell weiß, wer gewinnen wird (obwohl es auch eine gute Praxis ist, deine Gedanken und körperlichen Empfindungen bei Langeweile oder bei einer Niederlage zu beobachten).

Nutze bei deinem Entscheidungsprozess alles, was du über dich weißt. Egal, ob du gern mit dir selbst oder mit anderen Menschen konkurrierst, ob du am liebsten allein bist oder dich nach Gemeinschaft sehnst – finde die richtige körperliche Aktivität für dich. Wenn du neben der körperlichen auch eine geistige Herausforderung suchst, brauchst du eine Sportart, bei der es nicht nur auf körperliche Aktivität, sondern auch auf Strategie ankommt. Du liebst Geometrie? Dann könnte Golf genau das richtige Spiel für dich sein. Nimm dir in dieser Entscheidungsphase ruhig ein bisschen Zeit zum Experimentieren!

Für mich ist Laufen die optimale Sportart, weil ich dabei allein durch die Straßen joggen und die Pupperina mitnehmen kann. Trotzdem brauche ich auch Gesellschaft und die Unterstützung anderer Menschen; deshalb habe ich mich einer Gruppe angeschlossen. Doch selbst bei unseren Gruppenläufen am Samstag hinke ich immer ein bisschen hinterher. Ich starte vielleicht zusammen mit meiner Gruppe, falle aber dann meistens zurück und schließe mich entweder einer anderen Joggerin an oder laufe allein. Die Gruppe versorgt alle Mitglieder mit Trinkwasser und bietet ihnen die Sicherheit innerhalb eines Pulks von Läuferinnen und Läufern, die man als Frau nun mal leider braucht. Ich genieße diese Vorteile, mache aber trotzdem mein eigenes Ding.

Werde kreativ. Finde deinen Weg.

Bei dem Ausbildungsprogramm zur Meditationsleiterin, das ich am Sage Institute for Creativity and Consciousness absolviert habe, wurde besonderes Gewicht auf den kreativen Teil der Meditationspraxis gelegt. Das fand ich gut. Wenn wir uns erlauben, erfinderisch zu sein, bereitet uns das ein bisschen zusätzliche Freude, sodass wir garantiert weitermachen.

Anfangs musst du deine Bewegungen vielleicht verlangsamen. Denn womöglich bist du nicht in der Lage, hochkonzentriert und achtsam zu meditieren, wenn du dich schnell bewegst. Vielleicht musst du mit einer langsameren Aktivität wie beispielsweise Gehen beginnen oder deinen bevorzugten Sport in Zeitlupe ausführen, um dir dabei Ruhe, Konzentration und innere Klarheit zu bewahren.

Eine andere Möglichkeit besteht darin, in Intervallen zu meditieren. Diese Option habe ich bereits zu Beginn meines Buches erwähnt, als es um die Wahl des Meditationsintervalls ging. Am Anfang müssen diese Intervalle vielleicht kurz sein, damit du dabei konzentriert und gelassen bleiben und deine Meditationsfähigkeiten langsam und allmählich aufbauen kannst.

»Gehe sanft, freundlich und liebevoll mit dir um. Du bist vielleicht nicht perfekt, aber du bist das Einzige, womit du arbeiten kannst. Der Prozess, der dich zu dem macht, was du

eines Tages sein wirst, beginnt mit der hundertprozentigen Akzeptanz dessen, was du bist.«

– BHANTE GUNARATANA, *MINDFULNESS IN PLAIN ENGLISH*[64]

Dein Tagebuch

Eine weitere Möglichkeit, die Bewegungsmeditation zu deiner ganz persönlichen Praxis zu machen, besteht darin, sie zu dokumentieren. Dabei kann es sich um ganz einfache digitale Statistiken handeln, die von einem Bewegungstracker aufgezeichnet werden, aber auch um private Notizen in einem Tagebuch.

Während meine Fitness-Uhr physische Daten wie Tempo, Strecke und Herzfrequenz aufzeichnet, halte ich schriftlich fest, was in mir vorgeht. Nach den meisten Trainingseinheiten mache ich Schreibübungen. Zusätzlich zu den statistischen Werten dokumentiere ich emotionale Veränderungen, Schmerzen und Glücksgefühle, die ich bei der Bewegungsmeditation spüre. Anhand dieser Aufzeichnungen kann ich feststellen, was an meiner Meditationspraxis bereits gut funktioniert und in welchen Bereichen ich mich noch weiterentwickeln könnte. Wenn ich etwas Neues ausprobiert habe, halte ich das schriftlich fest und notiere mir dazu, ob ich es noch einmal versuchen würde oder nicht.

Ich mache mir auch Aufzeichnungen über meine Stimmung, mein Energieniveau, die Technik, die ich gewählt habe, meine Reaktionen, meinen Gemütszustand und meine körperliche Verfassung. Wenn meine Aktivität draußen im Freien stattfand, mache ich mir Notizen über das Wetter, die Temperatur und meine Reaktionen darauf.

Außerdem beschreibe ich mein Meditationsobjekt und sämtliche Herausforderungen, auf die ich während der Meditation gestoßen bin. Ist es mir schwergefallen, mich zu konzentrieren? Wie stand es um meine Gelassenheit? Hatte ich mit irgendwelchen Hindernissen zu kämpfen? Und ich erwähne auch sensorische Details. Waren meine Herausforderungen körperlicher, emotionaler oder geistiger Art, und wie habe ich darauf reagiert? Wenn ich irgendetwas bei meiner Bewegungsmeditation als sehr unangenehm empfunden habe, beschreibe ich die Gedanken und körperlichen Empfindungen, die zu dieser Emotion geführt haben. Vielleicht lasse ich auch die fünf Zustände in Gedanken noch einmal Revue passieren und überprüfe, ob mein Verstand sich womöglich eine Geschichte ausgedacht hat, die ich loslassen muss.

Ich beschreibe auch gern jeden Hund, dem wir unterwegs begegnet sind: was für eine Rasse es war, mit welcher Person er unterwegs war und wie Scarlet auf ihn reagiert hat (zum Beispiel mit Hüpfen, Hecheln und Hochspringen).

Oft sind das ganz einfache Einträge:

»Acht Kilometer im Nebel mit der Pupperina. Ein weites Gesichtsfeld als Meditationsobjekt gewählt. Stinktier gesehen. Körperlich angespannt. Mich daran erinnert, einfach nur das Stinktier zu sehen und mich nicht auf meine Gedanken zu konzentrieren. Schwarzes Fell, weiß gestreift, schlängelnde Bewegungen, wie ein Wurm. Es war schneller, als ich erwartet hatte. Wunderschön und erschreckend zugleich. Ich empfand Abneigung, Angst, Neugier und Erstaunen und entspannte mich in diese Gefühle hinein. Unangenehme Empfindungen gingen vorbei. Genau wie das Stinktier.«

Mithilfe dieser Notizen kann ich zurückblicken und sehen, wie meine Meditationspraxis läuft. Wenn ich mit einem Lehrer oder Trainer zusammenarbeite, habe ich die Möglichkeit, ihm meine Notizen zu zeigen und ihn um Feedback dazu zu bitten.

Immer, wenn ich bei so einem Eintrag auf »Speichern« klicke, gibt mir das einen kleinen Dopaminschub. Früher, als ich meine Einträge mit der Hand schrieb, weckte das Gefühl, wenn die Tinte über das Papier floss, Freude in mir. Auch dieses Gefühl der Freude habe ich sehr bewusst registriert.

Fang dort an, wo du gerade stehst

Druck. Druck. Druck. Von allen Seiten. Auf Schritt und Tritt dringt lautstark die Botschaft an dein Trommelfell, dass du nicht gut genug bist, so wie du bist. Verbessere dich. Arbeite an dir. Sieh zu, dass du dich ein bisschen mehr auf Vordermann bringst.

Wenn du ohnehin anfällig für psychische Erkrankungen bist, trifft dich diese Botschaft besonders hart. (Viele Menschen haben mit psychischen Störungen zu kämpfen, die manche ihrer Mitmenschen für bloße Einbildung halten – oder sie glauben, dass die Betroffenen selbst daran schuld sind.) Varianten dieser Botschaft können sich zum Beispiel folgendermaßen anhören: »Wenn du nur fleißiger wärst, deine Denkweise ändern, dich gesünder ernähren oder ein anderes Buch lesen würdest …« (damit ist natürlich nicht das Buch gemeint, das du gerade in der Hand hältst!) oder »Wenn nur die Voraussetzung X, Y oder Z gegeben wäre, würde es dir gut gehen« – oder genau das Gegenteil: »Bei dir ist sowieso nichts mehr zu machen, du wirst immer unglücklich sein«. Ich rate dir dringend, solche Botschaften nicht zu nah an dich herankommen zu lassen.

Wenn du auch nur eine einzige Erkenntnis aus diesem Buch mitnimmst, dann sollte es folgende sein:

Du bist gut genug, und zwar genau so, wie du bist.

Vielleicht fühlst du dich zum Meditieren berufen. Meditation interessiert dich ganz einfach; du glaubst, dass deine Stimmung sich dadurch verbessern könnte (das ist immerhin wissenschaftlich belegt), oder du findest das ständige Häkeln allmählich langweilig und würdest lieber etwas anderes machen – oder was auch immer: Aus irgendeinem Grund hast du dieses Buch zur Hand genommen und möchtest es einmal mit der Bewegungsmeditationspraxis probieren.

Und das kannst du auch!

Schließlich geht es bei der Meditation nicht darum, uns zu verbessern (auch wenn sie uns durchaus dabei hilft), sondern sie ist eher das Gegenteil. Meditation bedeutet nicht, sich von etwas abzuwenden, sondern sie ist eine Hinwendung. Sie verengt deinen Horizont nicht, sondern öffnet dich innerlich.

Und das fängt damit an, dass du dich selbst akzeptierst.

Vielleicht bist du noch nicht so weit. Vielleicht wirst du furchtbar wütend, wenn du das hier liest. Oder es macht dich traurig, langweilt dich oder du kannst nichts damit anfangen. Bitte wende dich nicht von diesen Gefühlen ab.

Wenn du nicht dort bist, wo du sein willst, bedeutet das lediglich, dass du nicht dort bist, wo du sein willst. Mehr nicht. Schau dir diesen Zustand an. Fühle ihn. Sei dabei präsent.

Genau das ist dein Ausgangspunkt – dein Hier. Und bei diesem *Hier* fängst du an.

Die Entscheidung liegt bei dir

Damals, als es mir in emotionaler Hinsicht so schlecht ging, hatte ich nicht das Gefühl, dass mir viele Entscheidungsmöglichkeiten offenstanden. Es gab zwar ein paar Dinge, die ich nicht wollte, aber ich glaubte nicht daran, selbst darüber entscheiden zu können. Ich schaltete einfach auf Autopilot und Überlebensmodus.

Dieses Gefühl möchte ich nie wieder vergessen.

Ich will es zwar nicht noch einmal erleben. Es war alles andere als ein Vergnügen. Aber ich möchte nie wieder die Tatsache vergessen, dass mir eben *doch* Entscheidungsmöglichkeiten offenstehen.

Damals hätte ich nämlich durchaus eine Wahl gehabt, doch die Symptome meiner psychischen Erkrankung hinderten mich daran, das zu glauben. Ich fühlte mich gefangen. Ich hätte meinem Leben beinahe ein Ende gemacht, um aus dieser Falle herauszukommen. Dass ich mich damals freiwillig (also nicht gegen meinen Willen) in jene Klinik zur Behandlung von Verhaltensstörungen begeben habe, war der erste Schritt zu meiner psychischen Erholung.

Entscheidungsmöglichkeiten machen uns stark. Deshalb möchte ich dich dazu ermutigen, dir diese Meditationspraxis zu eigen zu machen. Das ist ein Schritt nach vorne. Du nimmst dir etwas vor und investierst Zeit und Energie in dieses Vorhaben. Wenn du ihm Zeit und Aufmerksamkeit widmest, gewinnt es dadurch an Macht in deinem Leben.

Genau deshalb ist es so wichtig, Fokus und Konzentrationsvermögen zu entwickeln. Denn wenn du dich nicht konzentrieren kannst, wie willst du dann Entscheidungen treffen?

Auch wenn deine Wahlmöglichkeiten durch deine Lebensumstände eingeschränkt sind, stehen dir immer noch gewisse Optionen offen. Wenn du nicht nach draußen gehen kannst, weil es dort zu gefährlich ist; wenn du dir keine Ausrüstung kaufen kannst; wenn du dich wegen der Medikamente, die du einnehmen musst, nicht richtig konzentrieren kannst oder wenn du kleine Kinder, alte Eltern oder einen kranken Ehepartner zu versorgen hast, stehen dir trotz allem noch Möglichkeiten offen. Und selbst wenn deine Lebensbedingungen sehr eingeschränkt sind, hoffe ich, dass du siehst, welche Möglichkeiten du trotzdem immer noch hast. Sie sind vielleicht nicht ideal – nicht das, was du dir wünschst, oder das, was ich mir für dich wünschen würde. Doch auch im Rahmen dieser Einschränkungen gibt es Entscheidungsmöglichkeiten.

Hier ein paar Beispiele:

Wenn du dich um ein Kind kümmerst: Du kannst die Berührung der Babykleidung, wenn du das Kind aus seinem Bettchen hebst, zu deinem Meditationsobjekt machen.

Krankenpflege: In so einer Situation kann das Geräusch medizinischer Geräte (vielleicht das Surren einer Magensonde oder das gleichmäßige Schlagen des Herzmonitors) zu deinem Meditationsobjekt werden. Diese Art der Meditation habe ich im Jahr 2020 praktiziert, als Ed einen Herzinfarkt hatte, am offenen Herzen operiert werden musste und viele Monate lang an eine Magensonde angeschlossen war.

In beengten Räumlichkeiten kann dein Training aus Hampelmännern, Liegestützen, Stuhldips, Ausfallschritten oder Yoga auf einem Flickenteppich bestehen.

Wenn Medikamente dir dein Training oder deine Meditation erschweren: Setze dir das Ziel, jedes Gefühl der Verärgerung wahrzunehmen, das in dir aufsteigt, wenn du eine Übung zu machen versuchst und sie dir nicht gelingt.

Entscheidungsmöglichkeiten können auch in deinem eigenen Inneren liegen. Du kannst die äußeren Umstände nicht ändern? Dann wende dich nach innen. Mach die Umstände zu einem Teil der Praxis.

Recycle deine Reaktion darauf!

Zusammenfassung

Und jetzt bist du dran: Let's dance

Lass uns tanzen. Fünf Minuten lang. Tu es einfach.
Wen kümmert es schon, ob jemand zuschaut?
Ist dir das peinlich? Nimm dieses Gefühl zur Kenntnis.
Bist du glücklich? Nimm auch das zur Kenntnis.
Beides? Dann nimm beides zur Kenntnis.

Finde eine Bewegung, die dir Freude macht. Lass Bewusstheit und Gelassenheit in diese Bewegungserfahrung hineinfließen, dann wird dir die Meditation kaum noch Mühe bereiten.

Egal, ob es ein Spieltag, ein Wettkampftag oder ein Aufführungstag ist – wenn du einen großen Tag hast, an dem du etwas Besonderes leisten möchtest, kann deine Bewegungsmeditationspraxis zu einem Teil dieser Erfahrung werden. Sie ist nicht nur zum Üben da, sondern auch für deinen großen Tag. Mit diesem Thema wollen wir uns als Nächstes beschäftigen.

KAPITEL 15

SPORTLICHE EREIGNISSE

Dein großer Tag

Und was ist mit meinem großen Tag?

Ach ja, natürlich! Für diejenigen unter euch, die in ihrer Sportart Wettkämpfe zu bestehen haben, ist der Tag des Rennens, des Spiels oder des Auftritts der Tag, an dem ihr mit eurer Bewegungspraxis nach draußen an die Öffentlichkeit geht.

Wenn ich vor einem Wettkampf gut trainiert habe, sagt mein Trainer: »Vertraue auf dein Training.« Die Stunden der Bewegungsmeditation vor deinem großen Tag werden auch dir helfen. Verlass dich drauf. Du wirst dann möglichst gut vorbereitet zu deinem Event antreten – körperlich ebenso wie geistig. Denn inzwischen hast du den Meditationsprozess verinnerlicht. Dieses Training wird dich tragen. Auch darauf kannst du dich verlassen. Und auch wenn wir beide wissen, dass dies ein ganz besonderer Tag ist, solltest du trotzdem dein Möglichstes tun, um mit dieser Einstellung an dein Event heranzugehen. Sei dabei genauso achtsam und konzentriert, wie du es bei deinem Training warst.

Erinnere dich daran, was du gelernt hast. Während du dich anziehst, deine Ausrüstung zusammensuchst und zum Start fährst oder läufst, sei achtsam, und wenn du dort angekommen bist, bleibe konzentriert. Wärme dich auf. Mach ein paar dynamische Dehnübungen. Jogge ein bisschen herum. Bewege Arme und Beine. Charlie Watts, der verstorbene legendäre Schlagzeuger der Rolling Stones, wackelte vor seinen Auftritten immer mit den Beinen und ließ die Arme kreisen, um sich aufzuwärmen, so wie er es bei Jazztänzern vor einer Show beobachtet hatte. Ich selbst mache »Lockerungsübungen«, die ich beim ChiRunning gelernt habe: kurze Bewegungen, um meine Muskeln aufzuwärmen und meinen Geist und Körper daran zu erinnern, dass er weiß, was zu tun ist. Wärme dich in einer Haltung der Achtsamkeit auf. Spüre in dich hinein, um festzustellen, ob du aufgeregt bist. Bleib ruhig, fokussiert und innerlich offen.

Nimm dir ein paar Minuten Zeit, um dich zu konzentrieren. Ein Golfer, den ich kenne, malt sich einen Punkt auf seinen Handschuh. Vor jedem Schlag schaut er auf diesen Punkt und richtet seine ganze Aufmerksamkeit darauf. Dank dieser Konzentration kann er hundertprozentig präsent sein, wenn er den Ball schlägt. Eine Basketballspielerin sitzt mit gesenktem Blick auf der Bank und richtet ihre ganze Aufmerksamkeit auf einen Fleck auf dem Boden. Sie meditiert und übt sich in Konzentration, bevor sie ins Spiel geht.

Versuche es doch einmal mit diesen Vorbereitungsstrategien. Wenn der Wettkampf dann beginnt, bist du voll dabei. Dann musst du gar nicht mehr daran denken, achtsam zu sein, denn du bist es bereits.

Veränderungen als Gedächtnisstütze

In den 1960er Jahren sind viele Menschen »ausgestiegen«: Sie wandten sich von der Gesellschaft und der herrschenden Kultur ab und nahmen Drogen, um ihr Alltagsbewusstsein hinter sich zu lassen. Meditation dagegen ist deine Chance, »einzusteigen« – voll und ganz in deinem Leben präsent zu sein. Es gibt keinen besseren Zeitpunkt dafür als während einer wichtigen sportlichen Veranstaltung.

Finde irgendeine Gedächtnisstütze, die dich daran erinnert, deine Aufmerksamkeit in die Gegenwart zurückzuholen. Übergänge oder Veränderungen in deiner sportlichen Aktivität eignen sich sehr gut dazu. Bei einem Rennen kannst du zum Beispiel Meilensteine dafür nutzen, bei einem Tennismatch einen Aufschlagwechsel oder Punkt, bei einem Spiel jede Unterbrechung im Spielgeschehen. Du tanzt? Dann kann eine Veränderung in der Musik dir das Signal zum »Einsteigen« geben. Wähle Veränderungen, die sich im Ablauf deiner körperlichen Aktivität auf natürliche Weise ergeben, und nutze sie als sanften Anstoß – als Erinnerung daran, dich ins Jetzt und Hier zurückzuholen.

Das funktioniert übrigens auch in deinem täglichen Leben. Zum Beispiel kannst du dir vornehmen, bewusst zu registrieren, wenn du nach dem Sitzen aufstehst. Oder wenn du durch eine Türöffnung gehst: Mit welchem Fuß hast du sie zuerst durchschritten? Lass deine Bewegungsmeditationspraxis auch auf dein restliches Lebens übergreifen.

Ein Gedicht

Ich habe ein kleines Gedicht für dich geschrieben. Es beginnt folgendermaßen:

Spieltag
Erfolg kann deine Stimmung heben.
Misserfolg kann deine Stimmung kaputtmachen.
Durch Meditation lernst du, dich durch beides nicht
aus dem Konzept bringen zu lassen.

Als ich bei Natalie Goldberg lernte, zählte sie uns oft drei Prinzipien auf, die sie von Zen-Meister Katagiri Roshi gelernt hatte:

Mach unter allen Umständen weiter.
Lass dich nicht aus dem Konzept bringen.
Bemühe dich auf positive Weise um das Gute.[65]

Diese drei Zeilen sind eine gute Zusammenfassung der Bemühungen, die jeder Weg erfordert – auch der Weg der Bewegungsmeditation.

Ich wünschte, ich würde mich weder durch Erfolg noch durch Misserfolg aus dem Konzept bringen lassen, doch manchmal passiert mir das leider immer noch. Wie ein wichtiges sportliches Ereignis sich auf mich auswirkt, hängt davon ab, wie ich es angehe. Oft erlebe ich immer noch ein großes High vor dem Marathon, bin furchtbar aufgeregt und innerlich angespannt; und danach kommt der große Absturz – auch wenn ich mein Bestes getan habe, um während des ganzen Wettkampfs achtsam zu bleiben. Ich kann mir gar nicht vorstellen, in was für ein Wechselbad seelischer Höhen und Tiefen solche Marathonläufe mich stürzen würden, wenn ich meine Bewegungsmeditationspraxis nicht hätte.

Ich erinnere mich an meine Praxis, und das bedeutet im Grunde genommen, dass ich mich an mich selbst erinnere. Und hier kommt der Rest meines Gedichts:

Während eines Rennens erinnere ich mich an mich selbst.
Nach dem Rennen erinnere ich mich an mich selbst.
Unabhängig vom Ausgang des Rennens
erinnere ich mich an mich selbst.
Ich lasse mich los. Ich lasse mein Ich los.
(Auf dieses Thema werde ich gleich noch näher eingehen.)

Zusammenfassung

Und jetzt bist du dran: Dein großer Tag

Baue an deinem großen Tag ein paar der folgenden Übungen in dein Aufwärmprogramm ein:

Schärfe deinen Fokus, indem du eine Konzentrationsübung machst. Zähle deine Atemzüge. Fokussiere deinen Blick auf einen Punkt am Boden. Sag ein Mantra auf. Übe, ganz in deinem Körper zu sein. Mach einen Body Scan. Entwickle eine Haltung der Gelassenheit. Finde irgendetwas, was dir unangenehm ist, und öffne dich innerlich dafür. Wenn dich deine Nase oder irgendetwas anderes juckt, dann kratze nicht daran.

Sportliche Ereignisse sind etwas sehr Schönes, aber sie kommen und gehen. Deine Meditationspraxis dagegen ist immer da. Nach dem Ereignis kehrst du wieder zu deiner Praxis zurück.

Als Nächstes möchte ich ein etwas verwirrendes Thema ansprechen: Wer meditiert? Wer erlebt und beobachtet die Gedanken und körperlichen Empfindungen, die dabei entstehen? Wer bist du?

KAPITEL 16

WER MEDITIERT?

Veränderlichkeit

Ein Schüler bat Shunryu Suzuki Roshi einmal, die Quintessenz des Buddhismus in einem einzigen Satz zusammenzufassen. Roshis Antwort darauf lautete:

»Alles verändert sich.«[66]

Vergänglichkeit.

Dinge tauchen auf, tanzen ihren kleinen Tanz und vergehen dann wieder.

Eine weitere mögliche Definition der Achtsamkeitsmeditation lautet, sich von Augenblick zu Augenblick der Veränderlichkeit allen Seins bewusst zu sein. Wir sehen, riechen, schmecken, hören und fühlen etwas. Wir nehmen Gedanken wahr, und wir registrieren, wie all diese Dinge (Gedanken und Körperempfindungen) auftauchen, ihren kleinen Tanz aufführen und dann wieder vergehen.

Auch wir selbst sind diesem Prinzip der Vergänglichkeit unterworfen: Auch wir tauchen auf (werden geboren), führen unseren kleinen Tanz auf (leben unser Leben) und vergehen (früher oder später muss jeder Mensch sterben).

Die Bewegungsmeditation macht uns diesen natürlichen, unendlichen Prozess bewusst. Nimm die Veränderlichkeit allen Seins wahr. Sei dabei präsent. Lass deine Erfahrung zu und genieße sie sogar. Dann befindest du dich auf einem Weg zur Freiheit.

Stille in Bewegung

Zusätzlich zu dieser Erfahrung der Vergänglichkeit – wie sich alles verändert – können wir auch eine tiefe Stille erleben. Und zwar, während wir uns bewegen.

> *»Stille ist etwas, das aus deinem Herzen kommt, nicht von*
> *außen. Stille bedeutet nicht, dass du nicht redest und nichts tust;*
> *Stille bedeutet, dass du dabei innerlich unberührt bleibst.*
> *Wenn du wirklich still bist, kannst du die Stille genießen,*
> *egal, in welcher Situation du dich gerade befindest.«*
> – THICH NHAT HANH, »THE HEART OF THE MATTER«[67]

W. T. S. Tarver (der Meditationslehrer, der das Calisthenics-Programm für Retreat-Teilnehmer entwickelt hat) meditiert auch beim *Disc Golf:* Er versetzt sich in einen Zustand absoluter innerer Stille, während er sich darauf vorbereitet, die Scheibe zu werfen. In dem ganz kurzen Moment, bevor er sie loslässt, kommt alles zum absoluten Stillstand. Das ist ein Beispiel für Stille in Bewegung.

Wie ich schon sagte, sind wir bei der Sitzmeditation dazu angehalten, unseren Körper in einen Zustand der Stille zu versetzen (indem wir versuchen, nicht herumzuzappeln), damit auch unser Geist ruhiger wird. Körperliche Stille schafft Bedingungen, unter denen unser Denken und unsere Gedanken sich verlangsamen.

Bei der Bewegungsmeditation schaffen wir diese Bedingungen in einer Haltung entspannter Konzentration – einer Kombination aus Fokussierung und Gelassenheit.

Wenn du dich voll und ganz auf dein Meditationsobjekt konzentrierst, dich hundertprozentig auf die körperlichen Empfindungen oder Gedanken fokussierst, die während deiner Bewegungen in dir aufsteigen, und dabei in einer Haltung entspannter Gelassenheit bleibst, kann diese innere Stille unabhängig davon eintreten, was dein Körper gerade tut. Dann erlebst du den jetzigen Augenblick als die einzige Realität, die es gibt. Sämtliche Ablenkungen fallen von dir ab. Dieses geschärfte Bewusstsein schafft Raum, und wenn du auf diesen Raum achtest, eröffnet sich dadurch noch mehr Raum. Die Zeit kann sich verlangsamen oder beschleunigen. Auch das Auf und Ab deiner Gedanken kann sich beruhigen. Die Gedanken können sogar ganz aufhören.

Du hast sicherlich schon einmal von der »Zone« gehört – diesem besonderen Zustand, in den ein Sportler gerät, wenn er völlig in einer bestimmten Aktivität aufgeht. Da Meditation ein natürlicher Geisteszustand ist, kann das automatisch passieren. Doch mithilfe der bewussten Bewegungsmeditation kannst du mit voller Absicht in diese Zone eintreten. Durch die entspannte Fokussierung findest du die Stille in der Bewegung.

Vor kurzem habe ich bei einem Lauf versucht, meinen Kopf vom Scheitelpunkt her zu dehnen. Das war allerdings nicht mein Meditationsobjekt. Mein Meditationsobjekt waren die Empfindungen, die ich in meinem Kopf und Nacken spürte, während ich diese ChiRunning-Form ausprobierte – ein feiner, aber wichtiger Unterschied. Ich achtete also auf das Gefühl in meinem physischen Körper.

Während ich den Olentangy Trail entlanglief und dabei die leuchtend orangefarbenen und gelben Blätter (und zwischendurch hin und wieder die lindgrüne Kugel einer herabgefallenen Walnuss) wahrnahm, lenkte ich meine Aufmerksamkeit immer wieder auf den Scheitelpunkt meines Kopfes zurück und achtete dabei auf das Gefühl der Dehnung. Ich dachte nicht darüber nach. Ich war einfach nur in meinem Körper präsent und nahm meine Empfindungen wahr: ein leichtes Kribbeln, eine Dehnung und ein angenehmes Gefühl in meinem übrigen Körper.

Immer wenn mein Geist zu der wunderschönen Landschaft entlang des Weges abschweifte, erinnerte ich mich an das Meditationsobjekt, das ich gewählt hatte, und beruhigte mich mit dem Gedanken, dass ich nichts verpassen würde: Ich würde diesen Weg bald wieder laufen, und bis dahin würden noch mehr Blätter und Walnüsse auf den Boden fallen. Also zurück zum Scheitelpunkt meines Kopfes und zu meiner Schädelbasis. Zurück zu dem Gefühl der Dehnung.

Bald glitt ich in eine tiefe Konzentration, einen Zustand innerer Stille hinein: Da war nichts und alles zugleich. Ja, meine Arme schwangen hin und her, während meine Füße den Boden berührten. Doch innerhalb dieser Bewegung fühlte der Scheitelpunkt meines Kopfes, der sich bis in den Himmel hinein dehnte, sich ruhig und still an. Je stärker ich meine Aufmerksamkeit auf diesen Teil meines Körpers fokussierte, umso ruhiger wurde der Rest meiner selbst, einschließlich meines Geistes. Kein Greifen nach etwas. Kein Verlangen. Keine Abneigung. Nur der Scheitelpunkt meines Kopfes.

Ich habe bereits erwähnt, dass Shinzen oft sagt: »Alles Subtile ist von Bedeutung.«[68] Achtsame Bewegung kann erdrutschartige Veränderungen bewirken, doch meistens läuft die Veränderung eher schrittweise ab, ähnlich wie beim Konzept des ChiRunning, bei dem es um allmähliche Fortschritte geht.

Wenn wir uns auf eine einfache Bewegung (also nur auf einen kleinen Teil von etwas Kompliziertem) fokussieren, verlangsamen unsere Gedanken sich dadurch. (Und auch Herzfrequenz und Blutdruck sinken.) Das ist das Gegenteil von unserer hektischen modernen Welt.

Die Erfahrung des Nicht-Ich

Ein buddhistischer Lehrer hat einmal gesagt: »Es gibt kein Ich.«
Was bitteschön bedeutet das?

Manche Lehrer erklären das nicht. Sie sind der Meinung, dass du es selbst erfahren musst. Und letztendlich stimmt das auch. Aber ich möchte dir trotzdem erklären, was damit gemeint ist, weil ich es hilfreich finde, darüber Bescheid zu wissen.

Das Konzept des *Nicht-Ich* ist nicht so esoterisch, wie es klingt. Vielleicht hast du dieses Nicht-Ich sogar schon einmal erlebt. Wenn du die Vergänglichkeit und die Stille, die ich erwähnt habe, wahrgenommen hast, dann stehst du bereits an der Schwelle zur Erfahrung des Nicht-Ich.

Was Meditationslehrer mit »kein Ich« meinen, ist nicht, dass es kein Ich gibt. Das wäre ja lächerlich. Schließlich schreibe ich dieses Buch, und du liest es gerade.

Sie meinen vielmehr, dass das, was wir als »Ich« bezeichnen, kein Ding, sondern ein Prozess ist. »Dein Ich zu erfahren«, bedeutet, dass du dir der Entstehung, der Bewegung und des Vergehens von Gedanken und körperlichen Empfindungen bewusst bist – und auch der Vergänglichkeit allen Seins.

Schon nachdem ich ein paar Jahren lang regelmäßig meditiert hatte, begann ich diesen Prozess eines »fließenden Ich« zu erleben: Als mir auffiel, wie meine Gedanken und körperlichen Empfindungen sich ständig bewegten und veränderten, passte die Vorstellung von einer festen, dauerhaften »Nita« nicht mehr zu meiner Erfahrung. Der Schmerz in meinem linken Knie? Nicht mehr so hart und unveränderlich, wie ich gedacht hatte. Und das war auch nicht »Ich«, sondern eben einfach nur ein Schmerz, der irgendwann weicher wurde und wieder abebbte.

Die Geschichte, die ich mir manchmal auch heute noch einrede – dass ich zu alt, zu fett und zu langsam bin (und überhaupt: »Was glaubst du denn, wer du bist?«) –, besteht aus veränderlichen Gedanken und Körperempfindungen, die sich in einer ständigen Spirale gegenseitig aufschaukeln. Wenn ich nicht begriffen hätte, dass diese Gedanken nicht real sind – dass sie nicht zu mir gehören –, wäre ich nie über Woche vier des Anfänger-Laufprogramms »Couch to 5k« hinausgekommen. Wenn ich meditiere, während ich laufe (oder sitze oder tanze oder Dehnübungen mache), entwirren sich die Fäden. Meine Achtsamkeit zeigt mir jeden Gedanken und jede körperliche Empfindung als das, was sie sind – ein vorübergehendes Phänomen, hin und wieder durch einen Hauch von Stille unterbrochen. Die Spirale verlangsamt sich und hört schließlich ganz auf. Das nenne ich gelindertes Leid!

»Es gibt keine wichtigere Voraussetzung für wahres inneres Wachstum, als zu erkennen, dass du nicht die Stimme deiner Gedanken bist – du bist nur derjenige, der sie hört.«
– Michael A. Singer, The Untethered Soul:
The Journey Beyond Yourself [69]

Oder um es mithilfe einer Analogie aus der Wissenschaft zu veranschaulichen: Du bist mehr Welle als Teilchen. Wenn du beim Meditieren die Veränderlichkeit aller Dinge erkennst, wird dir klar, dass es kein festes, konkretes, solides »Ich« gibt, das meditiert. Empfindungen dringen durch deine Sinnestore in dich ein, und Gedanken entstehen. Die Identität, die wir als »Ich« bezeichnen, entsteht aus der Bewusstwerdung dieses Prozesses – der Erkenntnis der Veränderlichkeit aller Erfahrungen, Gedanken und körperlichen Empfindungen.

Veränderlichkeit in Aktion zu sehen, zu beobachten, wie das, was du für dein »Ich« gehalten hattest, fluktuiert und sich ständig verändert, hat etwas Beruhigendes. Der Schmerz ist nicht von Dauer. Die Erschöpfung wird nachlassen. Der Schwimmwettkampf wird enden. Das Rennen wird irgendwann vorbei sein. Früher oder später wirst du wieder von deinem Rad absteigen können.

Selbst wenn du die Ideen der Vergänglichkeit und des »Nicht-Ich« rein verstandesmäßig auch jetzt schon begreifst, wird dir trotzdem erst dann richtig klar werden, dass das *Ich* ein Prozess ist, wenn du deine eigenen Erfahrungen entstehen, ihren kleinen Tanz vollführen und wieder abebben siehst. Außerdem ist nichts Falsches daran, ein Ich zu haben. Du hast auf jeden Fall eines. Bitte kein Selbsthass! Und falls trotzdem ab und zu einmal ein Gefühl des Selbsthasses in dir aufkommen sollte, ist das einfach nur ein weiterer Punkt, den du in deine Meditationspraxis einbauen kannst.

Dank unserer Bewegungsmeditationspraxis können wir unser Ichgefühl als das erkennen, was es wirklich ist, und diese Einsicht hilft uns, die Emotionsspirale zum Stillstand zu bringen. Unsere Meditationspraxis fordert uns dazu auf, diesen Prozess mit der inneren Offenheit der Gelassenheit wahrzunehmen. Beobachte, ohne zu urteilen. Frage, ohne unbedingt die Antwort auf deine Frage bekommen zu müssen.

Wenn du lernst, dich nicht mehr mit deinen Gedanken oder körperlichen Empfindungen zu identifizieren, sondern sie einfach *sein* zu lassen, bist du im jetzigen Augenblick. Dann weißt du, wer du wirklich bist, und nicht, was du zu sein (oder sein zu sollen) glaubst.

Wenn das Selbst sich zeigt

In unserem Alltag sind wir immer wieder im »Autopilot«-Modus unterwegs. Wenn wir beispielsweise eine Tür öffnen, denken wir dabei nicht: Heb deinen rechten Unterarm. Greif nach der Türklinke. Drück die Klinke hinunter. Öffne die Tür. Tritt durch den Türrahmen. Dreh dich um und schließe die Tür wieder. Die Bestandteile dieser alltäglichen Handlung in die Tastatur meines Laptops zu tippen, fühlt sich kompliziert an. Ich musste mich zur Langsamkeit zwingen, um mir alle Schritte dieser Handlung zu vergegenwärtigen. Normalerweise führen wir all diese Schritte automatisch aus. Der innere Prozess läuft im Hintergrund ab, wie ein Computerprogramm, das wir nicht wahrnehmen, weil wir auf unserem Monitor ein anderes Programm im Vollbild-Modus laufen haben.

Wenn sich jedoch unser Selbst zeigt, kommen solche bislang unbewusst ablaufenden Prozesse uns zu Bewusstsein. Gedanken und Körperempfindungen, und eben auch Emotionen, poppen auf.

Solange der innere Fluss unserer Gedanken und Körperempfindungen unbewusst abläuft, kontrolliert er uns. Vielleicht würden wir bestreiten, dass unsere Gedanken und Körperempfindungen sich ständig im Fluss befinden, oder wir haben gelernt, es zu ignorieren. Wir haben uns daran gewöhnt. Diese negative Stimme in uns, die wir für ganz normal, vielleicht sogar für hilfreich gehalten haben, hat aber das Potenzial, unsere Stimmung in den Keller zu treiben. Das ist Teil des *Selbst*-Prozesses. Und dieses flaue Gefühl in der Magengrube, wenn wir daran denken, dass wir uns verletzen und dann nicht mehr in der Lage sein könnten, unseren Lieblingssport auszuüben, ist ebenfalls ein Aspekt des *Selbst*-Prozesses.

Wenn wir etwas Neues ausprobieren, verlassen wir den »Autopilot«-Modus. Die Handlungsschritte sind noch nicht eingeübt, fühlen sich ungewohnt an. Wir fühlen uns unbeholfen. Unser Selbstgefühl, das sonst im Hintergrund abläuft, wird uns bewusst.

Manche Menschen finden dies zunächst unangenehm, während andere sich daran freuen, dieses neue Selbstgefühl auftauchen zu sehen und spüren zu können, wie es im natürlichen Fluss unserer Erfahrungen kommt und geht.

»Weg«-Meditation

Und jetzt bist du dran: »Weg«-Meditation

Nachdem ich dich einmal darauf hingewiesen habe, wirst du vielleicht darüber staunen, wie einfach es ist, die Vergänglichkeit körperlicher Empfindungen am eigenen Leib zu erfahren. Wir wollen dazu wieder einmal unser Gesichtsfeld nutzen.

Beginne dich zu bewegen. Wähle dabei ein Meditationsobjekt, das vor dir liegt – aber nicht direkt, sondern entweder ein Stückchen links oder rechts.

Wenn du dich im Freien befindest, könnte das zum Beispiel ein Baum oder Verkehrsschild sein; drinnen könntest du ein Möbelstück oder Bild als Meditationsobjekt wählen.

Lass das Objekt seinen Platz in deinem Blickfeld einnehmen, während du dich darauf zubewegst. Achte darauf, wie es immer größer zu werden scheint, je näher du ihm kommst. Und schließlich gehst du daran vorbei. Du weißt zwar, dass das Objekt immer noch hinter dir ist, doch inzwischen gehört es in den Bereich der Erinnerungen. Das Objekt liegt nicht mehr in deinem Blickfeld; nur die Erinnerung bleibt. In deinem jetzigen Bewusstsein ist das Objekt »weg«. Mach diese Meditation so lange, wie du möchtest.

Die »Weg«-Meditation vermittelt dir die Erfahrung der Unbeständigkeit allen Seins. Du kannst sie auch mit anderen Körperempfindungen und Gedanken durchführen. Eine der stärksten »Weg«-Meditationen, die ich je erlebt habe, war eine juckende Nase, an der ich mich nicht kratzte: Ich wurde so neugierig auf dieses Gefühl, dass ich meine Nase einfach jucken ließ. Und schließlich hörte das Jucken auf, ohne dass ich etwas dagegen zu tun brauchte! Der Juckreiz war *weg*!

Nachdem du Konzentrationsvermögen und Gelassenheit entwickelt hast, kannst du eine Meditation über dein Ichgefühl machen. Dabei wirst du feststellen, dass das Ich einfach nur eine sich bewegende und verändernde Konstellation aus Gedanken und körperlichen Empfindungen ist. Dein Ich ist das flaue Gefühl in deinem Magen, wenn der Professor dich aufruft und du nicht darauf vorbereitet bist, die Daten und Fakten eines bestimmten Rechtsstreits vorzutragen. Es ist das warme Glühen in deinem Herzen, wenn dein Partner dich auf eine bestimmte Art anschaut. Und es ist das Aufhören dieser beiden Empfindungen – denn normalerweise klingen sie im Lauf der Zeit irgendwann wieder ab.

Zusammenfassung

Ich hoffe, du bist bei meinen Ausführungen über das Nicht-Ich nicht aus der Lektüre ausgestiegen. Wenn du weiterübst, wirst du Veränderlichkeit und Stille erkennen. Dein Gefühl eines festen, soliden Ich wird sich vielleicht verändern. Doch wie dem auch sei – lass weiterhin Bewusstheit und Gelassenheit in deine Erfahrungen hineinfließen. Und liebe dein Ich auch weiterhin, egal, ob es eine Welle, ein Teilchen oder einfach nur Wasser für deine Meditationsmühle ist (und Letzteres ist es in jedem Fall)!

Als Nächstes wollen wir uns darüber unterhalten, was für Vorteile es bringen kann, Experten – Meditationslehrer und Therapeuten – um Hilfe zu bitten, und wie gefährlich es ist, zu einem allzu großen Experten zu werden. Zu diesem Thema möchte ich dir im nächsten Kapitel gern ein paar kleine Orientierungshilfen geben.

KAPITEL 17

WARUM EIN THERAPEUT UNBEDINGT EINEN THERAPEUTEN UND EIN LEHRER UNBEDINGT EINEN LEHRER BRAUCHT

Vielleicht brauchst du einen Meditationslehrer

Auch wenn dieses Buch dir die Grundlagen der Achtsamkeitsmeditation vermittelt, gibt es doch keinen Ersatz für einen le-
bendigen Menschen, der dich (persönlich oder online) in Echtzeit dazu anleitet. Vielleicht solltest du dir also jemanden suchen,
zu dem du Vertrauen hast, der oder die gut ausgebildet ist und
dir deine Fragen beantworten kann. Sogar der eigenständigste,
selbstgenügsamste und introvertierteste Sportler holt sich hin
und wieder Hilfe, und mit Sicherheit würde der Lehrer oder die
Mentorin, die du auswählst, davon profitieren, ebenfalls einen
Lehrer zu haben. Auch wenn diese Beziehung vielleicht ein bisschen anders aussieht als das traditionelle Verhältnis zwischen
Lehrenden und ihren Schülerinnen und Schülern: Ein guter Lehrer, eine gute Lehrerin hat Mentoren, auf die er/sie sich verlassen kann.

Kein Ich – kein Problem

Trotz der anfänglichen Bedenken meines Therapeuten hat meine Erkenntnis, dass es *kein Ich* (das heißt, kein fixes, unveränderliches Ich) gibt, meiner psychischen Gesundheit nicht geschadet. Vielmehr ist mir dadurch klar geworden, wie bestimmte Teile meiner selbst (vor allem diejenigen, die sich nicht unbedingt positiv auf mich und mein Leben auswirken) entstehen und wieder vergehen. Ich beobachte, wie – gesunde und ungesunde – Impulse in mir aufsteigen und wieder verschwinden, und stelle fest, dass jede Reaktion wieder abklingt, wenn man ihr nur genügend Zeit dafür lässt. Das ist eine lebensbejahende Perspektive, die mir Erfüllung schenkt: Statt mich innerlich leblos zu fühlen, habe ich das Gefühl, hundertprozentig lebendig zu sein.

Aber denk an Dr. Sheehans Motto: »Jeder Mensch ist ein individuelles Experiment.«[70] Manche Menschen, die meditieren, empfinden das Gefühl, dass es kein Ich gibt, als beängstigend. Zu erleben, wie Dinge vergehen, kann sich bedrohlich und traurig anfühlen. Bei der »Weg«-Meditation kann Kummer in uns aufsteigen. Die tieferen Schichten unseres Geistes bergen zwar starke heilende Energien, doch je stärker man diese psychischen Energien (einschließlich seines eigenen Schattens) mobilisiert, umso mehr davon steigt an die Oberfläche.

Wenn diese hinderlichen, zerstörerischen Energien in uns aktiver werden, können sie eine ganze Reihe seelischer Reaktionen auslösen: zum Beispiel unbewusste Ängste und Abwehrsysteme, die schon seit langem in das subtile Gefüge unserer Psyche eingewoben sind. All das sind normale Begleiterscheinungen des Vertiefungsprozesses unserer Meditationspraxis, und wenn man sich nicht darum kümmert, können sie sich mit der Zeit verschlimmern. (Das ist übrigens noch ein weiterer guter Grund dafür, sich beim Meditieren von einem Lehrer betreuen zu lassen.)

Die meisten Meditationsanleitungen (auch diejenigen von Shinzen und mir) empfehlen, jedes Problem, auf das man beim Meditieren stößt, zu einem Teil der Meditationspraxis zu machen: Recycle deine Reaktionen. Normalerweise funktioniert das auch – aber nur unter einer Bedingung:

Um Reaktionen recyceln zu können, musst du zuvor bereits eine starke Konzentrationsfähigkeit und Gelassenheit entwickelt haben.

Suche dir eine Lehrerin, die im Umgang mit Traumata und unerwünschten Nebenwirkungen der Meditation geschult ist, und trage deinen Teil zu dem Mentoring-Prozess bei, indem du regelmäßig mit ihr in Kontakt bleibst. Wenn du Erfahrungen machst, die dich beunruhigen oder ängstigen, sprich sie darauf an. Solche beängstigenden Erfahrungen können alles Mögliche sein – von Herzklopfen bis hin zu bedrohlich wirkenden inneren Bildern. Was der eine als beunruhigend empfindet, kann dem anderen Vergnügen bereiten. Nutze dein gesundes Urteilsvermögen. Wenn du noch neu auf dem Gebiet der Meditation bist, weißt du vielleicht nicht, was dich dabei erwartet. Dinge, die dir beunruhigend erscheinen, können in Wirklichkeit völlig normal sein. Ein erfahrener Lehrer kann hier Klarheit schaffen.

Falls das Meditieren bei dir sehr belastende Symptome hervorruft, solltest du einen erfahrenen Lehrer, eine Therapeutin oder sonstige Experten für die Behandlung psychischer Erkrankungen um Hilfe bitten. Auch hier gilt: Ein Symptom, das du als belastend empfindest, kann jemand anderem durchaus spannend erscheinen. Hab keine Angst davor, Fragen zu stellen. Und auch wenn das noch so merkwürdig klingen mag: Die Behandlung unerwünschter Nebenwirkungen der Meditation kann unter anderem auch Meditationen umfassen. Doch sie sollten stets unter der Aufsicht einer Fachperson geschehen, die sich im Umgang mit deiner Erkrankung auskennt. Bitte probiere das nicht auf eigene Faust bei dir zu Hause aus!

Traumata

Wenn du ein Trauma erlebt hast, lass dich bitte von einem Psychotherapeuten betreuen, der sich mit Meditation auskennt. Informiere auch deine Meditationslehrerin über deine Trauma-Vorgeschichte. Frage sie, ob sie Erfahrung im Umgang mit Traumata und mit den unerwünschten Nebenwirkungen hat, die beim Meditieren manchmal (wenn auch nur in seltenen Fällen) auftreten. Nähere Informationen dazu findest du im Abschnitt »Das Wichtigste auf einen Blick« in diesem Buch. Falls du dich gerade einer Therapie unterziehen solltest, sprich bitte mit deinem Therapeuten, deiner Therapeutin über das Thema Achtsamkeitsmeditation.

Die traumasensitive Achtsamkeitsmeditation wurde entwickelt, weil manche Menschen beim Meditieren unter Depersonalisation litten – einem Phänomen, bei dem einem seine eigenen Gedanken und Empfindungen unwirklich erscheinen. Bei der traumasensitiven Meditation leitet der Lehrer oder die Lehrerin die Lernenden dazu an, sich beim Meditieren eher angenehmen als unangenehmen Erlebnissen zuzuwenden und unerfreuliche Meditationserfahrungen nur in geringen Dosen zuzulassen – eine ähnliche Strategie wie die, mit der ich einst meine Panikattacken in den Griff bekommen habe. Damals wusste ich noch gar nicht, dass es so etwas wie diese Methode überhaupt gibt, aber sie hat mir sehr geholfen und sich auch bei anderen Menschen mit psychischen Problemen gut bewährt.

Bitte suche lieber früher als später ärztlichen Rat, wenn du beunruhigende oder emotional aufwühlende Symptome erlebst oder wenn belastende Symptome über einen längeren Zeitraum anhalten – vor allem, wenn sie dich bei deinen täglichen Aktivitäten oder zwischenmenschlichen Beziehungen oder bei deiner Arbeit stören. Dein Meditationslehrer und deine Therapeutin können dir bei der Bewältigung dieser Probleme helfen; aber es gibt auch andere Hilfestellungen. (Einige davon findest du im Abschnitt »Das Wichtigste auf einen Blick« am Ende dieses Buches.)

Psychotherapeutinnen und Psychotherapeuten

Normalerweise müssen Menschen, die Psychotherapeutin oder Psychotherapeut werden möchten, sich im Rahmen ihrer Ausbildung selbst einer Therapie unterziehen. Dafür gibt es mehrere Gründe.

Wenn dein Psychotherapeut selbst einmal in Therapie war, hat er an seinen persönlichen Problemen gearbeitet. Und was noch wichtiger ist: Dann weiß er, wie es ist, sich als Klient in psychotherapeutischer Behandlung zu befinden, und er weiß auch aus eigener Erfahrung, welche Behandlungsmethoden funktionieren und welche nicht.

Eine Therapie bietet zukünftigen Psychotherapeutinnen und Psychotherapeuten einen sicheren Raum, in dem sie sich mit ihren persönlichen Problemen auseinandersetzen können. Auf diese Weise können sie sich mit Dingen vertraut machen, die in der Therapie zu einem Problem werden könnten, wenn man sie nicht bearbeitet. Blinde Flecken und Trigger können ans Tageslicht gebracht und aufgelöst werden.

Eine Therapeutin, die sich selbst psychotherapeutisch behandeln lässt, geht anderen Menschen mit gutem Beispiel voran, denn dadurch zeigt sie ihren Glauben daran, dass diese Therapie funktioniert. Und sie leistet auch einen Beitrag zur Bekämpfung des Stigmas, das Menschen, die sich bei psychischen Problemen Hilfe suchen, selbst heute noch anhaftet.

Außerdem hat ein Psychotherapeut, der mit einem ethischen Problem konfrontiert ist und sich selbst in Therapie befindet, einen Mentor, mit dem er solche Probleme besprechen und potenziell schädliche Situationen abwenden kann.

Und nicht zuletzt kann eine Psychotherapie der Entstehung von Burnout oder Mitgefühlsmüdigkeit vorbeugen. Sie hilft Therapeutinnen und Therapeuten bei der Bewältigung des Traumas, das der Umgang mit den traumatischen Erlebnissen und/oder Missbrauchserfahrungen anderer Menschen mit sich bringen kann. Die gleichen Behandlungsmethoden, die ein Psychotherapeut uns anbietet, können auch ihm selbst dabei helfen, Bewältigungsstrategien zu entwickeln, und dann wird es ihm leichter fallen, mit all den Belastungen umzugehen, mit denen er bei seiner psychotherapeutischen Arbeit konfrontiert wird.

Eine erfolgreiche Therapeutin muss über Selbsterkenntnis und die Bereitschaft zur Selbstreflexion verfügen. Eine Psychotherapie hilft beim Aufbau bzw. bei der Verbesserung solcher Fähigkeiten.

Meditationslehrerinnen und Meditationslehrer

Aus ähnlichen Gründen, aus denen es für einen Psychotherapeuten sinnvoll ist, selbst einen Therapeuten zu haben, kann auch eine Meditationslehrerin eine kluge Beraterin – eine Lehrerin, die sie auf ihrem eigenen Meditationsweg begleitet – gut gebrauchen.

Und zwar zunächst einmal aus ethischen Gründen. Führungspersönlichkeiten brauchen eine Art »Sicherheitsgurt«. Das gilt nicht nur für Therapeutinnen und Therapeuten, sondern erst recht für Menschen, die Meditation lehren; denn Lehrende und Schülerinnen bzw. Schüler nehmen oft zusammen an Kursen oder Retreats teil – manchmal auch mit gemeinsamen Übernachtungen. Hinzu kommt der Guru-Faktor, der dazu führen kann, dass ein Lehrer die Bodenhaftung verliert und sich unangemessen verhält, weil er glaubt, über jeden Vorwurf erhaben zu sein. Lehrende müssen sich vor ihrem eigenen Ego schützen.

Da beim Meditieren außerdem (wenn auch nur in seltenen Fällen) unangenehme Nebenwirkungen auftreten können, ist es wichtig, eine Unterstützungsperson zu haben, auf die man sich verlassen kann, wenn so etwas passiert. Wenn du schon mal ein Trauma erlebt hast, solltest du darauf achten, dass dein Lehrer im Umgang mit traumatisierten Menschen geschult ist und sich dafür interessiert, wie es dir bei deiner Meditation geht. Ein geschulter Lehrer kann dir helfen, unerwünschten Nebenwirkungen vorzubeugen oder sie zumindest so problemlos wie möglich zu bewältigen.

Falls bei deiner Meditation beunruhigende oder emotional aufwühlende Symptome auftreten sollten, suche bitte sofort psychotherapeutische Hilfe. Dein Meditationslehrer und deine Therapeutin können dir auch bei der Suche nach anderen Unterstützungsangeboten helfen.

Zusammenfassung

Wenn du dich mit etwas so Persönlichem und Übermächtigem wie deiner Psyche – oder der Natur des Bewusstseins – beschäftigst, ist es wichtig, einen kompetenten, vertrauenswürdigen Menschen in deiner Nähe zu haben, der versteht, was du dabei durchmachst.

Jemand, der unter psychischen Problemen leidet, hat normalerweise am meisten Vertrauen zu Menschen, die in seinen Schuhen stecken (oder seine Schuhe wenigstens sehen können!). Wenn du sowohl einen Psychotherapeuten als auch einen Meditationslehrer hast, bist du doppelt abgesichert. Achte darauf, dass der Lehrer oder Therapeut, auf den du dich verlässt, sich auf seinem Gebiet auskennt und bei seiner Arbeit die nötige Vorsicht walten lässt. Du möchtest, dass er eine »Kontrollleuchte« für sich selber hat, so wie er auch eine für dich hat. Jemandem, der blind fliegt, kann man nicht vertrauen.

Im nächsten Kapitel wollen wir uns darüber unterhalten, dass du vielleicht bereits meditierst, ohne es zu wissen – während deiner körperlichen Aktivität und möglicherweise auch in deinem täglichen Leben.

KAPITEL 18

VIELLEICHT MEDITIERST DU BEREITS, OHNE ES ZU WISSEN

»Versehentliche« Meditation

Wer weiß – vielleicht bist du schon lange, bevor du von der Existenz der Bewegungsmeditation wusstest oder sie ausprobiert hast, rein zufällig in einen Zustand der Achtsamkeit hineingeraten – einfach weil gerade die richtigen Bedingungen dafür gegeben waren. Meditation ist ein natürlicher Zustand, den manche Menschen erleben, ohne sich dessen bewusst zu sein. Vielleicht treibst du sogar gerade deshalb so gerne Sport, weil du dich nach diesem ruhigen, konzentrierten Geisteszustand sehnst. Auf mich trifft das jedenfalls zu. Sobald du einmal erlebt hast, wie beglückend und befreiend bewusste Bewegung sein kann, wird dir auch klar werden, welch positive Auswirkungen sie auf dein übriges Leben hat. Wenn du deinen Widerstand aufgibst und dich ganz auf den jetzigen Augenblick einlässt, dann ist das Meditation.

Dieser Geisteszustand motiviert dich dazu, noch mehr Sport zu treiben. Vielleicht hast du ihn auch schon erlebt, als du künstlerisch tätig warst, Musik gemacht oder dich in der Natur aufgehalten hast, gereist bist oder mit einem geliebten Menschen zusammen warst. Und vielleicht war dir dabei gar nicht bewusst, dass du diese Aktivitäten eigentlich gerade wegen des meditativen Zustands, in den sie dich versetzen, so sehr genießt. Außerdem konntest du diesen Geisteszustand dadurch nicht immer herbeiführen, sondern er ist eher spontan aufgetreten. Doch nun, da du weißt, wie man in Bewegung meditiert, kannst du dich ganz bewusst in diesen ruhigen, konzentrierten Zustand versetzen.

Wenn du die Bewegungsmeditation praktizierst, die ich in diesem Buch beschreibe, wirst du mit viel größerer Wahrscheinlichkeit in diesen Zustand gelangen. Und was noch wichtiger ist: Du wirst auch weniger leiden, wenn dir das einmal *nicht* gelingt. Das heißt, du hoffst zwar auf diesen angenehmen Gemütszustand, kannst es aber auch akzeptieren, wenn er nicht eintritt. Du lernst, die Unannehmlichkeiten, die mit deiner körperlichen Aktivität möglicherweise einhergehen, zu tolerieren. Die Bemühung ist es wert – unabhängig vom Ergebnis. Die Bemühung wird zum Ziel. Du brauchst dem Ziel nicht hinterherzujagen, denn dadurch schiebst du es nur von dir weg.

Wenn du deinen Geist darauf trainierst, diesen Zustand wertzuschätzen und dankbar dafür zu sein, brauchst du nicht mehr auf zufällige meditative Erfahrungen zu hoffen oder darauf, dass du dabei besondere Höhepunkte erlebst. Schaffe einfach Bedingungen, die es deinem Geist ermöglichen, sich zu fokussieren, zu klären und weise zu werden. Sei dankbar für diese Augenblicke, wenn sie kommen, und genieße den Prozess – unabhängig vom Ergebnis. Gelassenheit im Umgang mit solchen Erfahrungen ist genauso wichtig wie die Erfahrung selbst.

Ist ein zufälliges Achtsamkeitserlebnis genauso sinnvoll wie eine bewusst durchgeführte Meditation?

Das kommt darauf an, was du damit anfängst. (Sicherlich hast du vorher schon gewusst, dass ich wieder sagen würde: »Das kommt darauf an«!) Wenn du dieses Erlebnis als das siehst, was es ist – flüchtig und vergänglich –, und es wieder an dir vorüberziehen lässt, so wie es will, dann ja. Aber wenn du dich daran festzuklammern versuchst, verursacht das nur Leid.

Vielleicht hattest du auch schon ein sogenanntes Gipfelerlebnis – einen kurzen, zufälligen Augenblick der Erkenntnis. Menschen, die von solchen Erlebnissen berichten, sind sich dabei der Verbundenheit aller Dinge bewusst – das Gefühl, »ich« zu sein, fällt von ihnen ab, und sie empfinden eine große Freude. All das passiert blitzschnell. Klingt wunderbar. Doch solche Erlebnisse sind nicht von Dauer. Jemand, der nicht im Meditieren geschult ist (und vor allem jemand, der sich der enormen positiven Auswirkungen von Gelassenheit nicht bewusst ist), wird nach einem solchen Gipfelerlebnis vielleicht sogar sehr leiden – nämlich dann, wenn er versucht, diesen Bewusstseinszustand aufrechtzuerhalten oder zurückzugewinnen.

Auch Menschen, die regelmäßig meditieren, können Gipfelerfahrungen machen. Der Unterschied ist nur, dass solche Leute wissen, wie man sich in einer solchen Situation verhält. Genau – du hast es erraten: Recycle diese Erfahrung und nutze sie als Meditationsobjekt. Beobachte sie mit hundertprozentiger Aufmerksamkeit und einem ruhigen Geist. Wisse sie zu schätzen, solange sie andauert, und lass sie wieder los, wenn sie vorüber ist.

Als ich einer befreundeten Gewichtheberin, die nebenbei auch schwimmt, von dieser Idee der zufälligen Meditation erzählte, nickte sie: »Ja, das stimmt. Die rhythmischen Bewegungen beim Schwimmen können einen meditativen Zustand hervorrufen.«

Ich stimmte ihr darin zu, dass rhythmische Bewegungen das Nervensystem »neustarten« und das Gehirn neu verdrahten können, sodass unser Stressalarmsystem ausgeschaltet wird. Deshalb wirken solche Bewegungen so beruhigend. Doch in Wirklichkeit kam es mir auf etwas ganz anderes an.

Ich vermutete nämlich, dass meine Freundin beim Gewichtheben womöglich »aus Versehen« – also unbewusst – meditierte. »Wenn du die Stange über deinen Kopf hältst, bist du wahrscheinlich hochkonzentriert und entspannt.« Ich erklärte ihr, dass ich damit einen Zustand der innerlichen ebenso wie körperlichen Entspannung meinte – das heißt, dass sie sich dabei gerade hielt und ihren Körper zwar gleichmäßig angespannt hielt, aber keine Muskeln aktivierte, die sie für dieses Krafttraining nicht brauchte.

»So habe ich das noch nie gesehen«, antwortete sie, stimmte meiner Einschätzung aber zu.

Wenn du bei deiner Tanznummer oder beim Yoga auf einen Punkt an der Wand starrst, um dich zu konzentrieren, im Gleichgewicht zu bleiben oder eine bestimmte Perspektive einzunehmen, dann ist das eine Konzentration, die zu einem fokussierten, ruhigen Geisteszustand führen kann. Und wenn du auf so hochkonzentrierte Art und Weise Musik hörst, dass außer dem Klang alles andere um dich herum verschwindet, handelt es sich dabei ebenfalls um einen meditativen Zustand.

Jede Aktivität, die dich ganz in den jetzigen Augenblick bringt, ist meditativ – egal, ob du diesen Effekt beabsichtigst oder nicht. Das ist eine gute Nachricht. Meditation ist eine ganz natürliche Fähigkeit, die zum Menschsein dazugehört. Du weißt bereits, wie man sie ausübt, und wenn du willst, kannst du sie weiterentwickeln.

Achtsam oder befangen?

Geht achtsame Bewegung mit einer gewissen Befangenheit oder Unbeholfenheit einher?

Am Anfang schon.

Deine ersten Versuche mit der Bewegungsmeditation wirst du vielleicht als sehr langsam und schwerfällig empfinden. Vielleicht hilft es dir dann, dich daran zu erinnern, dass du wahrscheinlich schon einmal so etwas Ähnliches wie Meditation erlebt hast. Meditation ist nichts Fremdartiges oder Exotisches, sondern etwas ganz Natürliches. Aber du lernst jetzt eben gerade erst, diesen meditativen Geisteszustand herbeizuführen, aufzubauen und zu nutzen.

Hast du dich bei dem Sport, den du treibst, anfangs nicht auch plump und unbeholfen gefühlt? Alles, was Übung erfordert, fühlt sich seltsam an – aber nur so lange, bis du den Dreh raushast.

Wenn du möchtest, kannst du ganz langsam mit deiner Bewegungsmeditation anfangen und ein kurzes Zeitintervall dafür wählen. Wachse langsam und allmählich in diese Meditation hinein, so wie du es auch bei einem körperlichen Fitnesstraining tun würdest. Nur wenige Menschen können gleich beim ersten Bankdrücken 50 Pfund stemmen. Also experimentiere einfach spielerisch mit der Meditation herum und beobachte, wie deine Aufmerksamkeit dabei kommt und geht. Tue dein Bestes, um in der Gegenwart zu bleiben, und lenke deine Gedanken immer wieder auf das gewählte Meditationsobjekt zurück, wenn sie abschweifen. Beobachte, wie sich die Intensität der körperlichen Aktivität auf deine Achtsamkeit auswirkt.

Bei deinen ersten Ausflügen in die Praxis der achtsamen Bewegung kann es durchaus passieren, dass dein Geist immer wieder abschweift. Bei intensiver körperlicher Aktivität dagegen wird sich dein Geist vielleicht beruhigen, denn er muss sich darauf konzentrieren, was du tust; also kann er es sich nicht leisten, von einem Gegenstand zum anderen zu springen.

Und was ist mit meiner Freundin, die das Schwimmen für ihren Zustand der Achtsamkeit hielt? Sie hatte mit ihrer Einschätzung zweifellos recht. Aber beim olympischen Gewichtheben wird sie mit höherer Wahrscheinlichkeit spontan in einen meditativen Geisteszustand hineingeraten, weil die damit einhergehenden Risiken automatisch ihre Konzentration steigern. Mit einer Hantel über dem Kopf ist man zwangsläufig hochkonzentriert.

Mit ein bisschen Übung wird achtsame Bewegung zu einem festen Bestandteil von allem werden, was du tust: Sie entwickelt sich gewissermaßen zu deinem Standardmodus. Die Unbeholfenheit fällt von dir ab. Du brauchst dich nicht mehr in Achtsamkeit zu üben, weil du ganz von selbst achtsam bist. Genau das bedeutet es, völlig in einer Aktivität aufzugehen oder in der »Zone« zu sein. Bewegung und Achtsamkeit werden zu einem Automatismus. Es gibt kein *Ich*, das sich bewegt, sondern nur die Bewegung.

Zusammenfassung

Die Geisteszustände, in die Meditation dich versetzt, kommen dir vielleicht bekannt vor und gehören zu den Gründen, warum du deine Bewegungsform genießt. Meditation ist ein natürlicher Geisteszustand. Vielleicht hast du sogar schon einmal »per Zufall« meditiert oder Gipfelerlebnisse gehabt. Nun, da du weißt, wie man meditiert, kannst du ganz bewusst die Voraussetzungen für solche Geisteszustände und Erlebnisse schaffen und weißt, was du tun musst, wenn sie auftreten. Jetzt kannst du mit Absicht meditieren!

Als Nächstes wollen wir uns überlegen, wie und warum es dir helfen kann, dich mit Menschen zu umgeben, die ebenfalls meditieren. Vielleicht gehörst du bereits einer Gemeinschaft von Leuten an, die regelmäßig körperlich aktiv sind. Eine Meditationsgemeinschaft kann dir ähnliche Vorteile bieten.

KAPITEL 19

FINDE DEINE GEMEINSCHAFT

Welche Vorteile hat eine Community?

Der alljährliche Emerald City-Marathon in Dublin (Ohio) fiel auf meinen Geburtstag. Zu diesem Event zog ich meinen grünen, glitzernden »Bolder Athletic Wear«-Laufrock und das dazu passende »6run4«-Top an (Zentral-Ohio hat die Vorwahl »614«). Als ich ankam, überraschte eine Lauffreundin mich mit einem Geburtstags-Diadem, während eine andere mir eine »It's My Birthday«-Schärpe an die Brust heftete.

Während des Laufs sangen fast alle Läufer und Walker – egal, ob ich sie kannte oder nicht – laut »Happy Birthday!«. Ein Gefühl der Zugehörigkeit erwärmte mein Herz. Als die Augusthitze in Zentral-Ohio und die Erschöpfung mir nach fast zehn Kilometern allmählich schwer zu schaffen machten, hielt dieses positive körperliche Gefühl der Wärme mich trotzdem weiter bei der Stange. Manchmal denke ich, dass Läufer eine ganz besondere Verbindung zueinander haben – stärker und besser als in anderen Gruppen. Aber ich glaube nicht, dass wir in dieser Hinsicht einzigartig sind: Alle Menschen sehnen sich nach Zusammengehörigkeit, und wenn wir danach suchen, können wir sie auch finden.

Die Unterstützung einer Gemeinschaft ist nicht einfach nur wichtig: Manchmal ist sie sogar unverzichtbar. In solchen Gemeinschaften mag es Gruppenzwang geben, aber es gibt auch eine enge Kameradschaft zwischen Menschen, die alle die gleichen Aktivitäten und Interessen verfolgen. In der von dir gewählten Bewegungsform gibt es wahrscheinlich schon eine solche Gemeinschaft. Vielleicht ist es der Racquetclub, die Golfliga oder (wie bei mir) die Laufgruppe. Das ist im Grunde unsere *Sangha*.

Es gibt viele Gründe für die Mitgliedschaft in einer Gruppe, zum Beispiel:

1. *Gruppenzwang und Verantwortungsgefühl:* Oh! Deine Freunde trainieren heute. Solltest du da nicht auch dabei sein? Diese mahnende Stimme in deinem Kopf könnte dein bester Cheerleader sein. Sicherlich steckt da auch eine gewisse Angst dahinter, etwas zu verpassen, doch diese Angst sorgt dafür, dass du deine Aufgabe nicht vernachlässigst. Aber achte immer darauf, dass dieses Pflichtgefühl die Saite deines Instruments nicht zu fest anzieht! Achtsamkeit hält dich auf dem goldenen Mittelweg.

2. *Gegenseitige Inspiration:* Vielleicht möchtest in deiner Gruppe nicht unbedingt etwas lernen. Das war jedenfalls nicht der Grund, warum du ihr beigetreten bist, doch wissenschaftliche Untersuchungen zeigen, dass Menschen mit der Zeit genauso werden wie ihre engsten Freunde: Man tut das, was sie tun, und kauft sich das Gleiche, was sie auch haben. Und wenn du dich nach Freiheit von Leid sehnst, warum solltest du dann nicht die Gesellschaft von Leuten suchen, die etwas praktizieren, wodurch man sich von Leid befreien kann?

3. *Feedback:* In einer Gruppe gibt es oft Mitglieder mit unterschiedlichem Niveau. Als Neuling in deiner Gruppe bekommst du Antworten auf deine Fragen, lernst etwas Neues und kannst Dinge ausprobieren, die du alleine vielleicht niemals machen würdest.

4. *Schutz vor Einsamkeit:* Einsamkeit ist in den USA und vielen anderen entwickelten Ländern eine echte Volkskrankheit. Unzählige Studien zeigen, welche körperlichen und geistigen Gefahren Isolation mit sich bringt. Eine Gruppe hilft dir nicht nur, deine eigene Einsamkeit zu bekämpfen, sondern mit deiner Anwesenheit in dieser Gruppe kannst du auch anderen Menschen helfen.

Bei der Meditation spielt es keine Rolle, ob sie auf persönlicher oder virtueller Ebene stattfindet. Laut einer Studie aus dem Jahr 2021, über die im *Clinical Social Work Journal* berichtet wurde, bringt die Meditation in einer Gruppe im Vergleich zur Einzelmeditation einen größeren Nutzen, selbst wenn es sich dabei um eine virtuelle Gruppe handelt. Die Autoren der Studie kamen zu dem Ergebnis, dass virtuelle Gruppensitzungen den Menschen während der Pandemie, als sie keine gemeinsamen Meditationssitzungen abhalten konnten, halfen, und dass solche Sitzungen auch in Bevölkerungsgruppen sinnvoll sein könnten, die aufgrund persönlicher Probleme oder fehlender Zugangsmöglichkeiten wahrscheinlich nicht persönlich an Sitzungen von Meditationsgruppen teilnehmen würden.[71] Sangha ist Sangha – auch wenn diese Gemeinschaft sich nur in der virtuellen Realität abspielt, wie wir es während der Pandemie erleben mussten.

Vielleicht hast du bereits die Erfahrung gemacht, was für ein wunderbares Gefühl es ist, zusammen mit anderen Menschen Sport zu treiben. In seinem Buch *The Practice of Groundedness* (Deutsch: *Die Prinzipien des nachhaltigen Erfolgs*) empfiehlt der Autor Brad Stulberg das, was er *Deep Community [tiefe Gemeinschaft]* nennt. »Zusammen mit anderen Menschen Sport zu treiben, fördert die Verbundenheit und das Zusammengehörigkeits-gefühl.«[72]

Dafür gibt es gleich mehrere Gründe. Erstens sind wir als Spezies darauf programmiert, Freude an Bewegung in der Gruppe zu haben. Stulberg bezeichnet dieses Phänomen als »Synchronität mit anderen« und erklärt, dass es auf den evolutionären Vorteil der Zusammenarbeit bei der Jagd in Gruppen zurückgeht.

Zweitens werden durch die Zuneigung und Bindung, die bei Gruppenaktivitäten entstehen, Glückshormone im Gehirn (beispielsweise Endorphine und Oxytocin) ausgeschüttet.

Drittens schaffen die Rituale, die mit sportlichen Aktivitäten so oft einhergehen – das Gruppenfoto, das gemeinsame Aufwärmen, das Posten eines Fotos deiner Medaille in den sozialen Medien, das gemeinsame Frühstück nach dem Laufen oder das Geschwindigkeitstraining in der Gruppe – eine »Identitätsverschmelzung« (Stulberg): »das Gefühl, mit etwas verbunden zu sein, das größer ist als man selbst«.[73] Das ist der Grund, warum manche Menschen laufen, Treppen steigen oder sich für wohltätige Zwecke bestimmten Herausforderungen stellen. Teil eines größeren Ganzen zu sein, ist intrinsisch positiv.

Viertens: Gruppenaktivitäten schaffen Vertrauen, vor allem, wenn man sich dabei gemeinsam Herausforderungen stellt. Dein Vertrauen zu den anderen Mitgliedern der Gruppe wächst. Wenn du etwas Schwieriges tust, bist du verletzlich. Du könntest dabei scheitern; doch wenn du in der richtigen Gruppe bist, werden die anderen Mitglieder dich anfeuern, und wenn du Erfolg hast, werden sie dich bejubeln. Diese »muskuläre Bindung« – der Aufbau von Beziehungen, während man sich gemeinsam einer körperlich schwierigen Aktivität widmet – liegt den Übergangsriten vieler Organisationen zugrunde, zum Beispiel in Stammeskulturen oder beim Militär (ja, sogar damals im Ferienlager, als du irgendwelche merkwürdigen Aufnahmerituale absolvieren musstest, während dir die anderen grinsend dabei zusahen).

Ich möchte hier auch noch einen fünften Grund hinzufügen, den Brad Stulberg in seinem Buch nicht erwähnt hat: Wenn du innerhalb einer Gruppe eine Zeit lang einer bestimmten Aktivität nachgegangen bist, wird dir früher oder später ganz bestimmt jemand, der noch neu in dieser Gruppe ist, eine Frage stellen, und du kennst die Antwort darauf nicht aus dem Studium (obwohl das auch nicht schaden würde), sondern aus deiner eigenen Erfahrung. Plötzlich merkst du, dass du dich tatsächlich ganz gut auskennst. Positive körperliche Empfindungen, Baby!

Etwas für andere tun – das große Erfolgsrezept

In vielen Traditionen geloben Menschen, die meditieren, alle Lebewesen zu retten. Das ist ein hohes Ziel. Vielleicht kannst du nicht *alle* Lebewesen retten, aber du kannst zumindest kleine Anstrengungen unternehmen, um anderen zu helfen (also schrittweise Fortschritte machen). Und das könnte dir wiederum dazu verhelfen, deine Bewegungspraxis aus einem positiveren Blickwinkel zu betrachten. Es ist niemals verkehrt, der Welt etwas zurückzugeben.

Mitgefühl fördert den Wunsch, anderen zu helfen, und die Gemeinschaft ist ein Ort, an dem man helfen kann. Wenn jemand noch neu in deiner Gruppe ist, erkläre ihm oder ihr, wie sie funktioniert, und sporne diesen Menschen bei seiner körperlichen Aktivität und seiner Meditation an. All das ist Dienst an anderen Menschen; und all das zählt.

Du musst nicht unbedingt Meditationslehrer werden; doch wenn dich das interessiert, solltest du es tun. So bin ich mit dem Sage Institute in Kontakt gekommen: Ich unterrichtete ohnehin bereits Meditation, also beschloss ich, mich dort zertifizieren zu lassen, mehr zu lernen, meine Praxis zu vertiefen und dafür zu sorgen, dass ich mit meiner Arbeit als Meditationslehrerin mehr Gutes als Schlechtes bewirke.

Doch selbst der einfache Akt, jemandem zu erzählen, wie du Bewegung mit Meditation verbindest, kann den Menschen in deinem Umfeld weiterhelfen. Natürlich solltest du es dabei nicht übertreiben. Mit der Meditation ist es genauso wie mit jedem Reha-Programm: Sie zieht die Teilnehmer nicht dadurch an, dass jemand Reklame dafür macht, sondern weil sie eben einfach eine Menge Vorteile bietet. Trotzdem ist es nicht verkehrt, anderen Menschen zu erzählen, dass du einen Weg gefunden hast, der dir hilft, auf eine weniger schmerzhafte und freudvollere Weise zu leben.

Etwas für andere zu tun, kann die verschiedensten Formen annehmen. Hilf ehrenamtlich bei einer Veranstaltung oder einem Wettkampf mit. Unterrichte junge Menschen in der Sportart, die du liebst. Spende Geld für eine Sache, die mit Bewegung und/oder Meditation zu tun hat.

Durch Dienst an deinen Mitmenschen bleibst du in die Gesellschaft eingebunden. Du bist präsent – du nimmst an einer Aktivität teil, tust etwas, bist mit anderen Menschen zusammen. So bleibst du involviert und präsent und bewegst dich vorwärts.

Gleichzeitig ist das auch eine gute Möglichkeit, Menschen kennenzulernen und nicht zu vereinsamen. Wenn du dich freiwillig meldest, um bei der Renovierung des Meditationszentrums (oder des Golfclubs oder Tanzstudios) deiner Stadt mitzuhelfen, wirst du das sicherlich nicht alleine tun. Du tauchst an einem Samstagmorgen dort auf, und vielleicht ist irgendjemand da, mit dem du dich über eine Sportart oder Meditationspraxis unterhalten kannst, die ihr beide betreibt. Solche Gemeinsamkeiten sind ein hervorragender Klebstoff, der Menschen miteinander verbindet.

Und wenn du die Vorteile der Bewegungsmeditation spürst, willst du diese Praxis natürlich auch am Leben erhalten. Du bist den Menschen, die dich in sie eingeführt haben, etwas schuldig, aber du kannst es ihnen nicht direkt zurückzahlen, sondern diese Praxis nur an andere Menschen weitergeben.

Nicht die Sangha, die du dir vorgestellt hast?

Wenn du keine Gruppe findest, die bereits Bewegungsmeditation praktiziert, musst du vielleicht eine eigene Gruppe gründen. Und selbst wenn du dich einer Bewegungsmeditationsgruppe anschließt, kann es sein, dass sie nicht die von mir beschriebene achtsame Bewegung praktiziert. Was kann man da tun?

Du könntest zum Beispiel einer Gruppe beitreten, die die körperliche Aktivität praktiziert, die dir gefällt – auch wenn niemand in dieser Gruppe meditiert. Wenn du mit diesen Leuten zusammen bist und die von dir gewählte Bewegungsform ausübst, dann lass im Stillen Bewusstheit und Gelassenheit in deine Bewegungen einfließen. Recycle alle deine Reaktionen. Man kann überall und auf alles meditieren.

Führe die Gruppe in die Meditation ein. Wenn die Bewegungsmeditation dir etwas bringt und du sie auch anderen Menschen nahebringen möchtest, entwickeln die anderen Mitglieder

der Gruppe vielleicht Interesse daran, und dann können sie einfach mitmachen. Zeige anderen Menschen, die neugierig auf Bewegungsmeditation sind, dieses Buch und verweise sie auf den Abschnitt »Das Wichtigste auf einen Blick«.

Finde eine Gruppe, die bereits achtsame Bewegungsmeditation praktiziert. Das erkennst du an dem Begriff »Achtsamkeit« im Namen oder in der Beschreibung einer Gruppe, eines Workshops oder Kurses. Achtsamkeit ist inzwischen längst im Mainstream angekommen. Man begegnet ihr auf Schritt und Tritt! Frage den Kursleiter oder die Kursleiterin, ob er/sie die Art von Achtsamkeitsmeditation anbietet, die in diesem Buch erklärt wird, oder nimm an der ersten Sitzung teil und stelle Fragen dazu. Hole Informationen ein, bevor du dich auf die betreffende Aktivität einlässt.

Oder gründe eine eigene Gruppe! Soziale Medien und andere Websites machen es uns heutzutage einfacher denn je, mit gleichgesinnten Menschen Kontakt aufzunehmen. Falls du Hilfe dabei brauchen solltest, wende dich an deinen Meditationslehrer oder deine Meditationslehrerin. Erkläre den Leuten, dass du nicht dafür ausgebildet bist, Meditation zu unterrichten oder eine Gruppe zu leiten: Du schaffst einfach nur die Voraussetzungen dafür, dass eine Gruppe zusammenfinden kann und bietest anderen Menschen, die aus ihrer Bewegungsaktivität eine Meditationspraxis machen möchten, einfache Hilfestellungen an.

Oder du schließt dich einer bereits bestehenden Meditationsgruppe an und motivierst ihre Mitglieder während einer dieser Sitzungen zu einer Bewegungsmeditationsübung. Auf diese Weise erhältst du die Unterstützung eines Lehrers, der vielleicht auch bereits irgendeine körperliche Aktivität praktiziert, und gibst der Sangha gleichzeitig etwas zurück, indem du sie in eine neue Praktik einführst.

Oder du stellst fest, dass du eigentlich gar keine persönliche Gruppe brauchst, mit der du Bewegungsmeditation praktizieren kannst. Aber du möchtest trotzdem mit einer Art Sangha verbunden sein, um in den Genuss der Unterstützung anderer Menschen zu kommen, die meditieren. Virtuelle Sanghas auf der ganzen Welt können dich bei der Stange halten und dir Struktur, Informationen und Ressourcen bieten, die du ohne diese Gruppe nicht hättest. Auch wenn du mit deiner virtuellen Sangha keine Bewegungsmeditation praktizierst, profitierst du doch von der kollektiven Weisheit der Gruppe und der Fachkompetenz des Lehrers oder der Lehrerin.

Ich mache zum Beispiel Folgendes:

Als Absolventin des 200-stündigen Meditationsleiter-Ausbildungsprogramms des Sage Institute for Creativity and Consciousness bleibe ich mit meinem Lehrer Sensei Sean Murphy und der Gemeinschaft der Schüler und Lehrer dieses Programms in Kontakt. Bei meinen regelmäßigen Treffen mit Sean sprechen wir auch über meine Bewegungsmeditationspraxis.

Er fragt mich, wie es läuft, welche Probleme ich habe und welche Techniken ich anwende. Das ist meine reguläre Sangha.

Außerdem lerne ich auch weiterhin von Shinzen Young. Er bietet verschiedene Möglichkeiten des Gedanken- und Erfahrungsaustauschs an, zum Beispiel eine allmonatliche »Frag-mich-alles«-Session für Menschen, die früher einmal bei ihm gelernt haben. Ich gehöre der Shinzen Young Mindfulness Community und der Unified Mindfulness Private Group Coaching Facebook-Gruppe an, wo ich Fragen stelle und beantworte.

Manchmal praktiziere ich auch Sitz- und Gehmeditationen mit Achtsamkeits- und Zen-Gruppen aus meiner Region. Außerdem besuche ich weiterhin Retreats mit Natalie Goldberg, die

Sitz-, Geh- und Schreibmeditation unterrichtet. Ihre Retreats und Sitzmeditationstage bieten mir eine wunderbare Möglichkeit, mit Menschen zusammenzukommen, die sich für Bewegungsmeditation interessieren, und etwas von einer Lehrerin zu lernen, die auf eine jahrzehntelange intensive Meditationspraxis zurückblickt.

Auch mit dem Lauftrainer Denny Krahe tausche ich mich regelmäßig über das Thema Meditation aus. Denny bezeichnet das, was er tut, zwar nicht als Meditationspraxis, aber er meditiert. Im Gespräch mit ihm wird mir immer wieder vieles klar, und ich genieße die Unterstützung und Kameradschaft seiner Online-Community.

Außerdem lerne ich bei ChiRunning-Trainern, von denen viele gleichzeitig auch Sitzmeditation praktizieren. ChiRunning hat auch eine Online-Community, in der wir uns über das Thema Bewegungsmeditation austauschen können.

Schon bevor ich zertifizierte Meditationsleiterin wurde (und lange vor dem Erscheinen dieses Buches), habe ich das Thema Achtsamkeit in Gespräche »hineingeschmuggelt«, und zwar sowohl bei Gruppenläufen als auch in den Online-Gruppen »Marathoner in Training« und »Still I Run: Runners for Mental Health Awareness«. Erinnerst du dich noch an die Frau, die mich damals nach meiner Meditationspraxis fragte? Daraufhin erklärte ich ihr, dass ich beim Meditieren auf meinen linken Fuß achte. Sie lachte, erzählte mir aber später, dass sie das ebenfalls ausprobiert und als hilfreich empfunden habe. Die Leute machen sich auch heute noch über meine »Linker-Fuß-Meditation« lustig, und ich genieße ihren gutmütigen Spott. Wenigstens hören sie auf mich!

Zusammenfassung

Da Einsamkeit mittlerweile fast schon zu einer Volkskrankheit geworden ist, bist du es dir selbst und deiner Community schuldig, Kontakt zu Gleichgesinnten zu suchen. Auch wenn es nicht einfach ist, eine Gruppe zu finden, wird es dir mithilfe der Gesellschaft und Unterstützung dieser Menschen leichter fallen, bei der Stange zu bleiben, und deine Freude an der Bewegungsform, für die du dich entschieden hast, wird sich vertiefen.

Im nächsten Kapitel werde ich auf zwei gefürchtete Probleme eingehen: Krankheiten und Verletzungen. So etwas wünscht sich natürlich niemand, aber ich werde beschreiben, wie man selbst solche Unannehmlichkeiten zu seinem Vorteil nutzen kann, falls sie doch einmal auftreten sollten.

KAPITEL 20

KRANKHEITEN, VERLETZUNGEN UND »SCHLECHTE« TRAININGSEINHEITEN

Wie man ein schlechtes Training genießen kann

Hast du schon mal eine Trainingseinheit erlebt, bei der gleich am Anfang irgendetwas schiefgelaufen ist? Dein Schuh war nicht zugebunden; du bist gestolpert und hingefallen; du bist links abgebogen, obwohl du eigentlich nach rechts laufen solltest; du hast die falsche Yogaposition eingenommen und alle anderen Kursteilnehmer haben es gesehen oder du warst schlecht gelaunt.

Es gibt einen »Running Gag« (ja, wirklich!) darüber, wie man einen Marathon läuft: Man braucht nur einen Fuß vor den anderen zu setzen, und das 42 Kilometer und dann noch einmal 0,195 Kilometer lang.

Aber da steckt so viel Wahres drin: Ein Marathon ist wirklich ein laaaanger Lauf. Nur weil ich am Start vergessen habe, meine Uhr anzuschalten (ja, das ist mir tatsächlich schon mal passiert!) oder meine Freunde mich bei Kilometer 4 hinter sich gelassen haben, weil ich auf die Toilette musste, heißt das noch lange nicht, dass das ganze Rennen schlecht verlaufen wird.

Lass dich von einem schlechten Start nicht entmutigen. Schlechte Laune oder ein Missgeschick zu Beginn des Trainings muss nicht unbedingt zu einem schlechten Ergebnis führen. Die

Praxis der Bewegungsmeditation lehrt uns, dass jeder Augenblick für sich allein dasteht, also braucht ein schlechter Augenblick den nächsten nicht zu beeinflussen. Wir erschaffen diese Gedankenverbindungen nur in unserem Kopf.

Und wenn dein Training tatsächlich weiterhin schlecht läuft, dann lass es einfach schlecht laufen. Gib den Versuch auf, es besser machen zu wollen, und werde stattdessen neugierig darauf, wie ein schlechtes Training sich anfühlt. Nimm die Gedanken, die in dir aufsteigen, zur Kenntnis. Mach das »Schlechte« zu deinem Meditationsobjekt. Wenn du dir diese Haltung des Loslassens (sprich: Gelassenheit) zu eigen machst, kann sich dadurch dein ganzer Gemütszustand verändern. Vor allem bei einer Sportart, bei der es von einer bestimmten Zeit oder Punktzahl abhängt, wer der Sieger ist, gerät man leicht in die Versuchung, diese Zeit oder Zahl darüber entscheiden zu lassen, ob eine Trainingseinheit gut oder schlecht war. Natürlich willst du immer dein Bestes geben, doch nicht jedes Training wird großartig sein. Aber jedes Training kann eine Gelegenheit zum Üben – also Wasser für deine Meditationsmühle – sein.

Außerdem weißt du erst dann, wie du abgeschnitten hast, wenn das Training, das Rennen, der Wettkampf oder das Spiel vorbei ist. Also lass los, was gerade passiert ist, und sei stattdessen präsent bei dem, was gerade *passiert*. Das ist der einzige Ort, an dem die Realität lebt: jetzt, in diesem Augenblick. Und dieser Augenblick ist – wenn überhaupt – das Einzige, worüber du ein bisschen Kontrolle hast.

Achte beim Training nicht auf deine Punktzahl oder auf den schlechten Start, sondern auf das Meditationsobjekt, das du dir ausgesucht hast. Wenn du in einer Gruppe bist, spüre die Kameradschaft. Wenn du im Freien trainierst, schau dir die Landschaft an. Achte auf deine innere Einstellung. Kannst du Dankbarkeit empfinden? Solltest du dir mehr Metta entgegenbringen?

Ändere deine Einstellung und werde von einem zielorientierten Menschen zu einem lernenden – innerlich offen, motiviert und ohne vorgefasste Meinungen oder Erwartungen. Dann wird dein Training zu einer Lernerfahrung, die nicht dazu dient, dich selbst auszuschimpfen, sondern deine Einstellung zu ändern. Wenn du dich bemühst, so viel wie möglich über die von dir gewählte Fitnessaktivität zu lernen, statt immer nur daran zu denken, wie gut du dabei abgeschnitten hast, wird dir diese Trainingssitzung viel mehr Spaß machen, und dann wirst du auch deine zukünftigen Trainingseinheiten unbeschwerter genießen können.

Was bedeutet es überhaupt, gut zu laufen oder gut zu spielen? Natürlich wollen die meisten Menschen erfolgreich sein: Wir wollen siegen, auf dem Podest stehen, einen Preis oder eine Medaille gewinnen. Aber selbst Champions gewinnen nicht immer. Jeder hat ab und zu einen schlechten Tag. Das gehört zum Training dazu: Manchmal mahlt die Mühle etwas besser, dann wieder etwas schlechter. Nun, da du begonnen hast, deinen Geist zu trainieren, konzentriere dich von Augenblick zu Augenblick. Verliebe dich in den Prozess, und du wirst nie wieder eine schlechte Trainingseinheit erleben.

Gut? Schlecht?

Woher wissen wir überhaupt, was gut oder schlecht ist? Wer sind wir, um das zu beurteilen? Hier eine meiner Lieblingsgeschichten:

»Das Pferd eines armen Bauern lief davon und
verirrte sich ins Land der Barbaren. Alle seine Nachbarn
sprachen ihm ihr Beileid aus; aber sein Vater sagte:
›Woher wisst ihr, dass das kein Glück ist?‹
Nach ein paar Monaten kehrte das Pferd in Begleitung eines
Barbarenpferdes von erstklassiger Abstammung zurück. Alle
Nachbarn gratulierten dem Bauern, aber sein Vater sagte:
›Woher wisst ihr, dass das kein Unglück ist?‹
Die beiden Pferde paarten sich, und bald hatte die Familie
jede Menge guter Pferde. Der Sohn des Bauern brachte viel Zeit
damit zu, diese Pferde zu reiten. Eines Tages stürzte er
vom Pferd und brach sich die Hüfte. Alle Nachbarn sprachen
dem Bauern ihr Beileid aus, aber sein Vater sagte:
›Woher wisst ihr, dass das kein Glück ist?‹
Ein weiteres Jahr verging, und die Barbaren fielen in das Gebiet
ein, in dem der Bauer mit seinem Vater wohnte.
Alle wehrfähigen jungen Männer wurden eingezogen,
und neun Zehntel von ihnen starben in dem Krieg.
Doch der Sohn blieb wegen seiner Verletzung verschont.
So kann das Glück zum Unglück werden, und umgekehrt. Wer
weiß schon, wie sich die Ereignisse entwickeln werden?«
– »DER HUAI-NAN TZU ERZÄHLT EINE GESCHICHTE« AUS DEM
TAO TE KING, ÜBERSETZT VON STEPHEN MITCHELL[74]

Wenn es kein Gut oder Schlecht gibt, warum beurteilen wir unsere Trainingseinheiten dann? Hast du schon mal eine Trennung erlebt, einen Job verloren oder einen anderen Rückschlag erlitten, bei dem sich später herausstellte, dass er das Beste war, was dir passieren konnte? Genau darum geht es in diesem Kapitel.

Die Devise »Die beste Meditation ist diejenige, die du machst« lässt sich auf alles im Leben anwenden. Der beste Lauf ist der, den du läufst. Der beste Tanz ist der, den du tanzt. Das beste Spiel ist das, das du spielst. Die beste Übungsrunde ist die, die du machst.

Unser Verstand will alles in Schubladen einordnen. Er will Sicherheit. Aber manches weiß man eben nicht so genau. Was heute stimmt, kann schon morgen in einem ganz anderen Licht erscheinen. Natürlich können wir uns über etwas freuen und es feiern. Aber wir können nicht wissen, ob es gut oder schlecht ist. Ein ausgeglichener Geist rechnet mit allem und lässt sich durch nichts überrumpeln.

Mach eine Chance daraus!

Wenn du dich auf eine bestimmte körperliche Aktivität festlegst, um für deine geistige Gesundheit und dein Wohlbefinden zu sorgen, kann dich jede Krankheit oder Verletzung aus der Bahn werfen. In allen Fitnesszeitschriften findest du Vorschläge für den Umgang mit solchen Situationen. Diese Tipps sind sogar oft ganz hilfreich: Ändere deine Perspektive; führe Tagebuch; setz dir ein neues, kleineres Ziel; konzentriere dich auf die Dinge, die du beeinflussen kannst; such dir ein anderes Hobby oder ein anderes Betätigungsfeld, während du dich von deiner Krankheit oder Verletzung erholst; steck deine ganze Energie in den Genesungsprozess; bleibe mit deiner Community in Kontakt; bewahre dir eine positive Einstellung und übe dich in Dankbarkeit. Vielleicht umfasst die Liste dieser Vorschläge auch Atemtechniken (manchmal auch »Meditation« genannt) mit dem Ziel, dich zu beruhigen.

Und was ist, wenn ich mich nicht beruhigen kann?

Diese populären Fitnessartikel verkennen den wahren Nutzen der Meditation und die Chance, die eine Krankheit oder Verletzung bietet. Ja, ich weiß; ich höre dich schon frustriert aufstöhnen. Aber nun hör mir einmal zu. Du bist verletzt oder krank. Daran kannst du nichts ändern. Also mach das Beste daraus. Inzwischen weißt du schon im Voraus, was ich gleich sagen werde: Mach deine Krankheit oder Verletzung zum Wasser für deine Meditationsmühle.

Richte deine Aufmerksamkeit auf die Gedanken und körperlichen Empfindungen, die daraus entstehen, auf den Schmerz und die Frustration. Tue dein Bestes, um dich nicht in den Geschichten zu verlieren, die dein Verstand sich ausdenkt. Nimm stattdessen lieber die Gedanken, das Bedauern, die Sorgen und Projektionen wahr: »Warum habe ich mich bloß auf dieses Durchs-Feuer-Springen, dieses Stacheldraht-Match oder diese Arbeit als Löwendompteur eingelassen?« Richte deine Aufmerksamkeit auf diese Gedanken. Sei bereit, alle negativen Geschichten loszulassen – befreie dich von diesen fixen Ideen über deinen Irrsinn oder über das, was du stattdessen hättest tun sollen. Denn diese Geschichten verändern sich von einer Sekunde auf die andere.

Bei Krankheiten kannst du genauso verfahren. Als ich das letzte Mal krank war, dauerte es ein paar Wochen, bis es mir wieder besser ging. In dieser Zeit konnte ich nicht laufen, und das war hart. »Wann werde ich wieder gesund?« und »Wann kann ich wieder laufen?«, fragte mein Verstand. Also machte ich den »Weiß nicht«-Geist zu meiner Meditationspraxis: Ich nahm mein Unbehagen darüber, keine Antworten zu wissen, einfach zur Kenntnis und tat mein Bestes, um mich zu entspannen.

Tue dein Bestes.

Eine Freundin, die unter Migräne leidet, erzählte mir, dass sie während ihrer schlimmsten Anfälle zu keiner körperlichen Aktivität in der Lage ist. Und trotz jahrelanger Meditationspraxis flippt sie aus, wenn sie versucht, während einer Migräneattacke zu meditieren – das gelingt ihr nicht einmal im Liegen. Der Schmerz ist einfach zu stark. Die Gedanken und körperlichen Empfindungen kommen zu schnell, als dass sie dabei achtsam bleiben könnte. Sie kann zwar für kurze Zeit mit dem kleinen Zeh in die Achtsamkeit eintauchen, doch wenn der Schmerz sie überwältigt, muss sie sich innerlich wegbeamen. Ich habe sie dazu ermutigt, sanft mit sich selbst umzugehen und nicht zu viel zu erwarten. Sie solle weiterhin versuchen, während ihrer Migräneepisoden zu meditieren, aber auch zu anderen Zeiten. Denn durch jede Meditation, die sie macht, verbessern sich ihre Fähigkeiten. Und wer weiß – eines Tages wird das Meditieren während der Migräneattacken ihren Schmerz vielleicht lindern.

Wenn du an einer Krankheit oder Verletzung leidest, dann lass die Klarheit der Konzentration und den Gemütszustand der Gelassenheit in deine Gedanken und körperlichen Empfindungen hineinfließen. Öffne dich in einer Haltung der Akzeptanz dafür und warte ab, was passiert. Mach das zu deiner neuen Herausforderung. Statt dich von der Krankheit oder Verletzung ablenken zu wollen, wende dich ihr zu. Wende dich ihr zu. Wende dich ihr zu.

Eine weitere Chance zum Üben

Vor einigen Jahren meldete ich mich für einen Halbmarathon in Maryland an. Ich möchte in jedem der 50 Bundesstaaten der USA einen Halbmarathon laufen. Deshalb nahm ich mir vor, während einer Reise nach Washington, D.C. nach Baltimore zu fahren und dort am Halbmarathon teilzunehmen, während Ed eine Tagung in der Hauptstadt besuchte.

Doch in den Monaten vor unserer Reise wurde das großartige Design meiner Läuferfreundin Deirdre Pifer von den Veranstaltern eines lokalen Marathons als Schmuck für die Medaille ausgewählt, und unsere Laufgruppe nahm an dem Marathon teil, um sie als Künstlerin zu unterstützen.

Am Tag dieses Rennens habe ich nicht auf meinen Körper gehört. Ich überanstrengte mich in dem Bemühen, einen anderen Läufer zu überholen – und zwar ausgerechnet, als die Strecke bergauf führte. Das knackende Geräusch in meinem Knie drehte mir den Magen um, und als der Schmerz durch mein Bein schoss, dachte ich: »Das kann nicht gut gehen.« Ich fing an zu humpeln, weil ich mein Bein nicht mehr voll belasten konnte.

Als ich daraufhin zum Arzt ging, erhielt ich ein Rezept für mehrere entzündungshemmende Medikamente und eine Diagnose: Meniskusriss. Es brach mir das Herz, als dieser Arzt, der selbst Läufer, Trainer von College-Sportmannschaften und medizinischer Leiter des Columbus-Marathons war, mir eröffnete, dass mein Knie mich für mindestens sechs Wochen außer Gefecht setzen würde. Damit konnte ich das Rennen in Maryland vergessen.

Da es mir beim Laufen nicht nur um meine körperliche Fitness, sondern auch um meine seelische Gesundheit geht, bereiten

Verletzungen mir mehr emotionalen als körperlichen Schmerz. Der Schmerz, sechs Wochen lang nicht laufen zu können, war überwältigend, und mein vertrackter Verstand erfand sofort eine Geschichte dazu: »Du wirst 25 Kilo zunehmen. Mit deiner Fitness wird es vorbei sein. Wie konntest du nur so dumm sein, dich bei einem so unwichtigen Rennen dermaßen zu verausgaben!«

Außerdem humpelte ich. Sogar das Gehen tat mir weh.

Als ich später in der Physiotherapie meine Gymnastikübungen machte, wurde mir klar, dass die Geschichte, die mein Verstand sich ausgedacht hatte, nicht stimmte. Nein: Ich wollte nicht verletzt sein. Ja: Es tat weh. Ja: Ich war enttäuscht, dass ich Maryland nun nicht von meiner 50-Bundesstaaten-Liste abhaken konnte. Und ja: Ich wusste, dass ich mich ausruhen und die Verletzung abheilen lassen musste, was ich schließlich auch tat.

Aber ich tat noch viel mehr.

Das verletzte Knie gab mir so viele Meditationsobjekte, mit denen ich arbeiten konnte:

Körperliche Schmerzen: Beim Gehen bemerkte ich zwangsläufig die unangenehmen körperlichen Empfindungen in meinem Knie. Es schwoll an. Einen Eisbeutel darauf zu legen, tat weh. Es zu beugen, tat weh. Die entzündungshemmenden Medikamente, die mir mein Arzt verschrieb, vertrug ich nicht, und Opioide wollte ich nicht nehmen, weil ich früher schon mal an einer Suchterkrankung gelitten hatte. Also versuchte ich die Schmerzen durch Meditation in den Griff zu bekommen. Ich nahm rezeptfreie Medikamente und meditierte noch mehr als sonst.

Jede körperliche Empfindung – egal, ob groß oder klein – wurde zu meinem Meditationsobjekt. Ich hörte Shinzen förmlich sagen: »Lass Bewusstheit und Gelassenheit in diese Erfahrung hineinfließen.« Nimm wahr, wie die Empfindung entsteht und wieder abklingt. Wie fühlt sie sich an? Bewegt sie sich? Sei im Inneren deines Schmerzes präsent: Nicht über den Schmerz nachdenken, sondern ihn von innen heraus erleben – ganz in meinem Körper sein.

Am liebsten wäre ich vor meinem Schmerz geflüchtet. Essen hat mir zwar ein bisschen geholfen, aber nicht viel. Ich trinke keinen Alkohol. Koffein macht mich verrückt, und ich konnte zusätzlich zu all meinen anderen Problemen nicht auch noch eine Panikattacke gebrauchen. Also blieb mir nichts anderes übrig, als mich ganz in den körperlichen Schmerz hineinfallen zu lassen. Ich bin zwar immer noch nicht bereit, bei Zahnbehandlungen auf Novocain zu verzichten, so wie Shinzen es getan hat, aber ich habe gelernt, bei starken Schmerzen einfach präsent zu sein.

Emotionaler Schmerz: Die Enttäuschung drückte sich wie ein tiefsitzendes, schweres Gewicht in meinen Bauch hinein und lastete auf meinen Schultern. Der Zorn brannte in meinem Inneren, setzte meine Kehle in Flammen, und mein Magen fühlte sich an wie ein siedender Kessel. Die Emotionen hallten in meinem Bauch wider, bewegten und veränderten sich und boten mir Einblicke in die Unbeständigkeit allen Seins.

Gedanken: Meine Gedanken kommen meist von der rechten Seite meines Gehirns. Sie steigen in mir auf und bewegen sich dann von rechts nach links – also genau in umgekehrter Richtung, wie wenn man eine Buchseite liest. Meine Gedanken verspotteten mich, weil ich so dumm gewesen war, diesen Läufer überholen zu wollen. Aber auch Worte des Selbstmitleids mischten sich in meinen inneren Dialog. Warum war mir das passiert? Ich versuche doch immer so vorsichtig zu sein. Und ich sah auch Bilder vor meinem inneren Auge: den Hügel, den ich hochgelaufen war, als es in meinem Knie plötzlich knackte. Visuelle Bilder und akustische Eindrücke. All diese Dinge rissen mich aus der Gegenwart.

Und schließlich: *Wer ist verletzt?* Wer spürte diesen Schmerz und dieses Gefühl der Verwirrung? Natürlich war das »Ich«, aber nichts davon war von Dauer. Es floss immer weiter und veränderte sich, während ich es beobachtete. Einsicht.

Meine Aufgabe bei all diesen Dingen – bei meinem körperlichen Schmerz, meinen Gefühlen und Gedanken – war stets dieselbe: Nimm wahr, wie sie in dir aufsteigen. Bleibe in der Gegenwart. Hole deinen Geist wieder zurück, wenn er abschweift. Lass deine Gedanken und körperlichen Empfindungen tun, was sie wollen. Nimm wahr, was bleibt, was sich verändert und was vorübergeht. Nimm wahr. Nimm wahr. Nimm wahr – und zwar stets mit einem großmütigen, gelassenen Geist. Lass deine Erfahrungen ihren Tanz vollführen.

Schmerz x Widerstand = Leid. Wenn ich meinen Widerstand aufgeben könnte, würde der Schmerz bleiben, aber das Leid würde abnehmen.

Wenn du Hilfe brauchst, dann such dir welche

Zu lernen, Krankheiten und Verletzungen als Meditationsobjekte zu nutzen, ist vor allem für Menschen mit psychischen Erkrankungen wichtig. Wenn du körperliche Aktivität zum Überleben brauchst, kann eine Verletzung, die dich daran hindert, dieses Überlebenswerkzeug zu nutzen, dich viel stärker beeinträchtigen als jemanden, der keine psychischen Probleme hat.

Zusätzlich zur Meditation brauchst du während einer Krankheit oder Verletzung vielleicht auch die Hilfe eines Psychotherapeuten. Vielleicht benötigst du dann mehr Therapiesitzungen oder Medikamente als sonst, um den Genesungsprozess psychisch durchzustehen.

Dafür brauchst du dich nicht zu schämen.

Steh diesen Prozess einfach durch und warte ab, was passiert.

Hört sich das widersprüchlich an? Ist es auch. Denn einerseits kann Meditation dir helfen, wenn sonst nichts hilft. Andererseits solltest du aber trotzdem auch alle anderen Mittel nutzen, die dir zur Verbesserung deines seelischen Befindens zur Verfügung stehen. Meditation kann nichts reparieren. Sie hilft dir einfach nur, klar zu sehen, was passiert, und es auszuhalten.

Also sei nicht unglücklich darüber, wenn irgendetwas anderes dir hilft.

Zusammenfassung

Jetzt besitzt du Fähigkeiten, die dir auf dem Weg zu innerer und äußerer Genesung helfen.

Sobald du wieder in der Lage bist, zu trainieren, wollen wir über Leistungsfähigkeit sprechen und herausfinden, wie Meditation dir dabei weiterhelfen kann.

KAPITEL 21

LEISTUNGSFÄHIGKEIT

Achtsamer Sport

»Wenn du etwas ändern möchtest, musst du dir zunächst einmal bewusst machen, wie der jetzige Zustand aussieht. Schon allein dieses Gewahrsein hat eine heilende Wirkung. Alles, was dein Bewusstsein für das, was ist, schärft, fördert das Lernen; alles, was dein Bewusstsein für das, was ist, vernebelt oder verzerrt, blockiert oder verzerrt den Lernprozess.«[75]
– W. Timothy Gallwey, The Inner Game of Golf

Machen wir uns nichts vor: Wir denken vielleicht darüber nach, erleuchtet zu werden, aber zuerst wollen wir das Spiel gewinnen. Vielleicht wünschst du dir einen präziseren, kraftvolleren Aufschlag, einen längeren, geraderen Golfschlag oder die Kraft und Koordination, um deine Kür auf dem Schwebebalken zu meistern oder schwerere Gewichte zu heben. Egal, für welche Sportart du dich entschieden hast: Du hoffst, dass du nicht nur lange dabei bleiben, sondern auch hervorragende Leistungen erbringen wirst. Vielleicht ist es das, was dich von Anfang an zur körperlichen Aktivität hingezogen hat. Seine Leistungsfähigkeit verbessern zu wollen, ist ein fantastischer und durchaus legitimer Motivationsfaktor. Ich bezweifle zwar, dass ich mich jemals für den Boston-Marathon qualifizieren werde, aber ich freue mich trotzdem von Zeit zu Zeit über einen Sieg in meiner Altersklasse.

In fast allen Büchern über sportliche Leistung, die ich während meiner Recherchen für dieses Buch gelesen habe, wurde Achtsamkeit empfohlen. Manche Autoren haben ein Kapitel dazu geschrieben oder ein Programm dazu entwickelt; bei anderen zieht sich das Thema Achtsamkeit durch das ganze Buch hindurch. Ich selbst hatte zwar nicht vor, ein Buch zum Thema Leistung zu schreiben, aber wenn sich deine Leistungsfähigkeit durch Bewegungsmeditation verbessert, wie es bei mir der Fall war, dann ist das ein wunderbarer Nebeneffekt.

Allerdings solltest du dich davor hüten, die Verbesserung deiner Leistungsfähigkeit zu deinem Ziel zu machen, denn das könnte dein Leid verstärken. Die Art und Weise, wie du dich einem Ziel näherst und es verfolgst, ist wichtiger als das Ziel selbst. Ziele sind an und für sich nichts Schlechtes. Der Buddhismus steht in dem schlechten Ruf, ziellos und weitschweifig zu sein, und teilweise ist dieser Ruf auch berechtigt. Doch in alldem steckt auch eine tiefere Wahrheit.

Meditation ist eine »Ja, *und*«-Philosophie, eine »Dies *und* jenes«-Sichtweise. Sie ermöglicht es dir, ein Ziel und gleichzeitig kein Ziel zu haben. Um dein Leid zu verringern, solltest du dich mehr auf den Prozess als auf das Ergebnis konzentrieren.

Ich wäre gerne in der Lage, schneller zu laufen und längere Strecken zurückzulegen. Dieser Wunsch kann in meinem Herzen und meinem Bauch einen heftigen Schmerz der Enttäuschung hervorrufen, wenn ich sehe, wie Läufer, mit denen ich früher konkurriert habe, mich im wahrsten Sinn des Wortes hinter sich im Staub zurücklassen. Aber wenn ich mich zu sehr anstrenge, kann das zu Verletzungen führen. Mit zunehmendem

Alter trainiere ich weiter, tue mein Bestes, um das Ergebnis zu akzeptieren, und verwandle jede Enttäuschung in ein weiteres Meditationsobjekt. Ich arbeite an meiner Form, meiner Konzentration und der Entspannung meines Körpers (äußerlich), während ich den Wunsch zu gewinnen (innerlich) zur Kenntnis nehme.

Konzentriere dich mehr auf den Prozess als auf das Ziel.

Das widerspricht der auf den Sieg fokussierten Denkweise, die manche Leistungstrainer vertreten. Ja, wir wollen erfolgreich sein. Wir werden uns dafür anstrengen. Wir werden enttäuscht sein, wenn wir nicht gut abschneiden. Aber wir werden weniger leiden, wenn wir locker und entspannt mit diesem Wunsch nach Erfolg und mit eventuellen Enttäuschungen umgehen. Richte deine Aufmerksamkeit mehr auf das, was jetzt in diesem Augenblick geschieht. Lass Gelassenheit in diesen Augenblick hineinfließen, dann wirst du weniger leiden.

Erkenne dich selbst

Der Leistungstrainer Gary Mack (Autor des Buches *Mind Gym: An Athlete's Guide to Inner Excellence*) weist darauf hin, dass jeder Sportler ein Individuum ist. Er drängt seine Athleten dazu, »ihre Zahlen zu kennen«, um optimale Leistungen zu erzielen, und »ihre Frühwarnzeichen zu erkennen«.[76]

Worauf man dabei achten sollte, beschreibt er folgendermaßen:

»Bei Stress reagiert bei manchen Menschen das Herz – ihre Herzfrequenz steigt an. Bei anderen reagiert die Haut – sie beginnen zu schwitzen. Wieder andere fangen an, schnell zu

atmen, bekommen ein flaues Gefühl im Magen oder spüren,
wie sich ihre Nacken- und Rückenmuskeln anspannen.
All das sind körperliche Frühwarnzeichen. Auf mentaler Ebene
beginnen unsere Gedanken zu rasen. Eine leise Stimme fängt an,
uns negative Gedanken einzuflüstern.«

– GARY MACK[77]

Gibt es eine bessere Methode als Achtsamkeit, um »deine Zahlen zu kennen« und »deine Frühwarnzeichen zu erkennen«? Wenn du anfängst, regelmäßig Bewegungsmeditation zu praktizieren, wirst du deine individuellen Reaktionen auf Stress genauer kennenlernen. Du wirst lernen, dich ein bisschen zu schonen, wenn du Frühwarnzeichen wahrnimmst, und dich mehr anzustrengen, wenn es angebracht ist. Du wirst es in deinem Körper spüren, und auch deine Gedanken werden dir sagen, welche Vorgehensweise gerade am sinnvollsten ist. Du wirst dich selbst kennen und in der Lage sein, deine Trainingsintensität auf deine jeweiligen Bedürfnisse, deine Kondition und deine Tagesform abzustimmen.

Stress und Erholung

Die meisten Trainingspläne für ein langes Rennen sehen eine mehrwöchige Aufbauphase vor; anschließend »schaltet man wieder einen Gang zurück«: Das heißt, die Laufleistung wird reduziert. Dahinter steckt das Prinzip von Belastung und Erholung. Körperliche Aktivität beansprucht die Muskeln; in Ruhephasen können sie sich erholen. In der Erholungsphase bauen die Muskeln sich auf und werden stärker als zuvor.

Im Hinblick auf deine Meditationspraxis bedeutet dies, dass du regelmäßig meditieren und zwischendurch immer wieder an intensiven Retreats teilnehmen solltest. Bei deiner Bewegungsmeditationspraxis kannst du ähnlich vorgehen. Anfangs wird es dir vielleicht schwerfallen, daran zu denken, dass du während des Sports meditieren sollst. Jeder Tag, an dem du dich daran erinnerst, ist ein guter Tag. Fordere dich ruhig ein bisschen und mache während eines längeren Trainings eine längere Meditationssitzung. Oder melde dich zu einem Retreat an. So kannst du deine geistigen Muskeln stärken und anschließend mit mehr Bewusstheit und Gelassenheit wieder zu deinem Training zurückkehren.

Zusammenfassung

Genieße alle Vorteile, die das Meditieren dir für deine sportliche Leistung bringt, aber konzentriere dich dabei auf den Prozess und nicht auf das Ziel. Ich weiß: Das ist leichter gesagt als getan, aber es lohnt sich. Hier noch ein weiteres Rätsel, über das du nachdenken kannst: *Es gibt keinen Weg, und doch wandelst du darauf.* Der jetzige Augenblick ist das, was zählt.

Im nächsten (und letzten) Kapitel werde ich mich von dir verabschieden – bis zu unserem nächsten Wiedersehen!

KAPITEL 22

WIR SEHEN UNS AUF DEM »WEG«!

Eagle Up

Meine Füße tun weh: nicht beide und auch nicht der ganze Fuß. Meistens schmerzt nur der untere Teil meines rechten Fußes, der wegen des angeborenen »schiefen Knöchels« mehr Gewicht trägt.

Ich war neun Stunden lang auf dem bewaldeten Treidelpfad am Ohio-Erie-Kanal im Nordosten von Ohio gelaufen und gegangen: fast 47 Kilometer vom Eagle Up, meinem ersten Ultramarathon. Mein Ziel waren gute 50 Kilometer: eine »50k-Strecke«.

Es war heiß. Die Blätter der dicht belaubten Bäume hingen in der Juni-Luftfeuchtigkeit schwer an ihren Zweigen. In meinem schweißnassen, geschwollenen Fuß pochte es. Nach Tausenden von Kilometern, zehnjähriger Lauferfahrung und vorherigen Beratungsgesprächen mit vertrauenswürdigen Ärzten wusste ich, dass das kein dauerhaftes Problem und erst recht keine Gefahr für mich darstellte. Trotz der Geschichte, die mein Gehirn sich ausdachte – »Du wirst sterben oder zumindest nicht mehr laufen können, wenn du diesen Marathon hinter dir hast« –, waren meine Zehen wahrscheinlich nur leicht gequetscht.

Als ich mein Tempo verlangsamte, zogen andere Läufer und Walker an mir vorbei. Ich wollte, dass dieser Lauf endlich vorbei war.

Ich war zwar nah am Ziel, hatte aber noch eine kleine Strecke vor mir.

Die meiste Zeit des Rennens hatte ich einfach nur meditiert und alle 5-Meilen-Schleifen in meinem eigenen Tempo absolviert – bis auf eine besonders schöne Schleife, die ich zusammen mit meiner Freundin Deirdre lief.

Zu Beginn des Rennens hatte ich den Fokus meines Bewusstseins breit gestreut: Ich hatte meinem Geist erlaubt, sich zu konzentrieren, worauf er wollte und mich hin und wieder auf eine visuelle Wahrnehmung fokussiert, die meine Aufmerksamkeit weckte. Doch jetzt trat ein ganz charakteristisches Gefühl in den Vordergrund: der Schmerz in meinem rechten Fuß.

Um mich abzulenken, sang ich »Amazing Grace« und sprach laut meinen Lieblings-Anwaltswitz vor mich hin – einen langen Witz, der aus drei Teilen besteht. Ich versuchte mich von dem Schmerz abzulenken.

Doch nichts von alldem funktionierte. Der pulsierende Fuß zog meine ganze Aufmerksamkeit auf sich.

Inmitten dieses inneren Kampfes stieg ein ruhiger, stiller Gedanke in mir auf: »Das ist das einzige Mal, dass du nur noch drei Kilometer von der Ziellinie deines ersten Ultramarathons entfernt sein wirst. Also sei da, wo du bist. Lass alles so sein, wie es ist.«

Mit Schweiß vermischte Tränen brannten in meinen Augen.

Um aus dem Wald herauszukommen und zum Campingplatz zurückzugelangen, wo die Ziellinie auf mich wartete, hatte ich nur eine Wahl: Weiterlaufen. Ich wollte diesen Lauf nicht so kurz vor dem Ziel abbrechen.

Als Reaktion darauf begann mein Verstand seine üblichen Parolen zu skandieren: »Was glaubst du, wer du bist? Wie konntest du dir einbilden, dass du das schaffen würdest? Du wirst daran sterben.«

Meine Kehle schnürte sich zu. Das grüne Laubdach über mir, das zu Beginn des Tages noch so einladend auf mich gewirkt hatte, schien mich zu verschlucken. Ich blieb stehen und schüttelte meinen Kopf hin und her, um die Gedanken zu vertreiben, als wären es Fliegen. Das Herz hämmerte mir extrem stark in der Brust.

Doch dann erinnerte ich mich an einen anderen Ausspruch von Shinzen: »*Flüchte dich ins Unbehagen hinein.*«[78] Höchste Zeit, meine Taktik zu ändern!

Als ich wieder zu gehen begann, richtete ich meine ganze Aufmerksamkeit auf den unteren Teil meines rechten Fußes, öffnete mich für den Schmerz und ließ mich von ihm durchfluten. Er fühlte sich fest an – wie ein harter, schwerer, brennender Ziegelstein.

Ich konnte nur ein paar Sekunden lang bei diesem Schmerz präsent bleiben, dann flippte ich aus. Also spannte ich mich innerlich an und versuchte meine Gedanken auf irgendetwas anderes zu lenken: die grünen Bäume, meinen verschwitzten Körper, meine aufgewühlten Gedanken.

Aber es war sinnlos, meinen Fokus verlagern zu wollen. Der Schmerz verlangte meine volle Aufmerksamkeit, also konzentrierte ich mich wieder auf die Empfindungen in meinem rechten Fuß.

Ich zoomte den schmerzenden Fuß näher heran und wurde neugierig auf diese Empfindungen, die sich allmählich zu verändern begannen: Der harte, feste Block wurde weicher und verwandelte sich in einen wabbeligen Glibber. Obwohl er immer noch sehr unangenehm war, bewegte er sich jetzt und floss. Ich ließ ihn sich ausdehnen und wieder zusammenziehen. Gleichzeitig bewegte auch ich mich weiterhin.

Nun, da ich beschlossen hatte, mich *in* das Unbehagen hineinzuflüchten, begann auch die Zeit zu fließen. Schließlich ging der Weg, der mir zuvor endlos erschienen war, in die Straße über, die zum Campingplatz führte. Ich lenkte meine Aufmerksamkeit immer wieder auf meinen rechten Fuß zurück, umrundete den Campingplatz, absolvierte die eine Meile Hin- und Rückweg, die für die 50k-Strecke vorgeschrieben war, und überquerte die Ziellinie.

Doch als ich auf die Zeitmessmatte trat, geriet ich ins Stolpern. Sofort kam ein freiwilliger Helfer zu mir herübergelaufen und forderte mich auf, mich auf eine Bank zu setzen. Ich war zehn Stunden lang in Bewegung gewesen. Das plötzliche Stoppen hatte mich aus dem Konzept gebracht. Bei Zieleinläufen erlebt man oft eine Mischung aus Glück, Traurigkeit und Verwirrung – es ist ein erstaunliches, aber auch etwas enttäuschendes Gefühl. Was zum Teufel war gerade passiert?

»Bin ich wirklich am Ziel?«, fragte ich.

Der Helfer nickte und rief Eric, den Rennleiter, der mir eine 50k-Medaille um den Hals hängte und mich umarmte. »Herzlichen Glückwunsch«, sagte er.

Bei seinen Worten stieg ein Gefühl der Freude in mir auf. Am liebsten hätte ich ihn geküsst.

Und ja: Mein Fuß tat mir immer noch weh. Alles tat mir weh! Aber ich litt nicht. Die Meditation hatte ihre Aufgabe erfüllt.

Mein unabsichtliches Engagement für Menschen mit psychischen Erkrankungen

Durch mein Buch *Depression Hates a Moving Target* wurde ich quasi per Zufall zu einer Frau, die sich für Menschen mit psychischen Erkrankungen engagiert, und als ich merkte, dass ich anderen Betroffenen mit meiner Geschichte helfen konnte, übernahm ich diese neue Rolle mit Begeisterung. Wenn ich erzähle, wie das Laufen gegen Angstzustände, Depressionen, Paranoia und gegen die jähen Stimmungsumschwünge bei einer bipolaren Störung hilft, verstehen die Leute das.

Doch obwohl ich auch in meinem ersten Buch oft von Meditation sprach, habe ich an keiner Stelle erklärt, wie ich sie mit Bewegung verbinde, weil mir das offensichtlich zu sein schien. War es aber nicht. Ich hatte schon damals die Strategien Üben, Bewusstheit und Achtsamkeit in meinem Werkzeugkasten, die mir halfen, am Leben zu bleiben. Ich hoffe, das in diesem Buch klargemacht zu haben.

Natürlich braucht man keine psychische Erkrankung, um achtsame Bewegungsmeditation zu praktizieren. Jeder Mensch hat ein Recht auf Wohlbefinden und psychische Gesundheit – vor allem in der heutigen Zeit und auf unserem heutigen Planeten. Und fast jeder kann meditieren, unabhängig von seinem psychischen Gesundheitszustand. Wir befinden uns alle auf einem Kontinuum, und selbst auf diesem verändern wir uns. Niemand ist zu jeder Stunde des Tages völlig gesund oder wohlauf.

Ich habe zwar eine Schwäche für Menschen mit psychischen Erkrankungen, für die das Leben besonders schwer ist, doch in uns allen laufen ähnliche psychische Prozesse ab. Psychische Probleme sind nur eine Frage des Gradmessers. Achtsame Bewegungsmeditation hilft bei den meisten dieser Probleme – egal, an welchem Punkt des Kontinuums du dich befindest.

Und dann gehst du zu deinem Auto zurück ...

Als ich die Ziellinie meines ersten Ultramarathons überquert hatte – völlig erschlagen von der Hitze, dem Schmerz und dem Gefühl, eine besondere Leistung vollbracht zu haben – und mich auf jene Bank in der Nähe der Ziellinie setzte, stürmten heftige Emotionen auf meinen Körper ein. Der Schmerz strahlte von meinen geprellten, geschwollenen Zehen bis in die Beine hinein. Das Gefühl der Freude und Dankbarkeit breitete sich von meinem Herzen in meinem ganzen Brustkorb aus. Aber ich fühlte mich auch ein bisschen taub und benommen.

Ja, ich hatte den Marathonlauf beendet und das Ziel erreicht. Ich hatte es geschafft. Aber ich war noch nicht ganz fertig. Ich musste noch zu meinem Auto zurück.

Als ich mich körperlich stabil genug fühlte, um gehen zu können, stand ich auf, machte mich auf den Weg zu unserem Campingplatz, wo Ed und meine Freunde, die bereits früher im Ziel angekommen waren, warteten, und ließ mich auf einen Stuhl sinken. Später gingen wir zum Auto und fuhren weg.

So ist das nun mal. Dieser Wettkampf, dieses Spiel, dieses sportliche Ereignis, dieser Wettbewerb, dieses Training wird irgendwann enden, und dann wirst auch du zu deinem Auto zurückgehen. Und später kehrst du auf den Tennisplatz in deiner Stadt, den nahegelegenen Wanderweg oder das Fitnessstudio in deinem Wohnviertel zurück, um zu trainieren – immer und immer wieder. Hoffentlich mit Freude und für eine sehr lange Zeit.

Wir sehen uns irgendwo auf dem Weg.

Möge es dir gut gehen.

Mögest du voller Frieden sein.

Mögest du glücklich sein.

Möge dir kein Schaden widerfahren.

Mögest du frei von Leid sein.

Mögest du unbeschwert und mit Leichtigkeit leben.

Willkommen in der Sangha.

EINE EINLADUNG UND EINE BITTE

Ich hoffe aufrichtig, dass dir dieses Buch weitergeholfen hat. Wie die meisten Autoren liebe ich den Gedankenaustausch mit meinen Leserinnen und Lesern. Also betrachte dies als Einladung, meiner Facebook-Gruppe »Mind, Mood, and Movement« beizutreten. Poste deine eigenen Bewegungsmeditationserfahrungen (oder andere Lebenslektionen, die du gelernt hast) auf meiner Facebook-Seite unter www.facebook.com/nitasweeneyauthor/ oder markiere mich auf deinem bevorzugten Social-Media-Kanal.

Als besonderen Bonus kannst du dir unter www.nitasweeney.com kostenlos die Broschüre »Your Turn Exercises« herunterladen. Dort findest du auch mein kostenloses E-Book *Three Tools for a Happier, Healthier Mind* und ein paar geführte Meditationen.

Ich freue mich über jedes Feedback. Wenn dir mein Buch gefallen hat, lass es mich bitte wissen (per E-Mail an nita@nitasweeney.com) und schreibe eine positive Rezension auf Amazon und Goodreads. Wenn es dir nicht gefallen hat, bin ich auch offen dafür, das zu hören, aber es sollte unter uns bleiben. ;-)

Vielen Dank fürs Lesen!

DAS WICHTIGSTE AUF EINEN BLICK

Die Formel

*»Lass Bewusstheit und Gelassenheit in
deine Erfahrung hineinfließen.«*
– SHINZEN YOUNG

Definitionen

Erfahrung: Gedanken und körperliche Empfindungen

Körperliche Empfindungen (die fünf Sinnestore): gefühlter Sinn
(Tastsinn) einschließlich der Atmung, Gesichtssinn, Gehör,
Geschmackssinn, Geruchssinn

Gedanken (das sechste Sinnestor): auditiv oder visuell

Gewahrsein (Fokus oder Konzentration): auf einen Punkt gerichtet, diffus, scannend oder frei schwebend

Gelassenheit: ein innerer Zustand, der entsteht, wenn du alle
oben beschriebenen Dinge in der richtigen Absicht praktizierst

So machst du jede Bewegung
zu einer Meditation

0. Fasse eine Absicht.
1. Wähle irgendeine Form von Bewegung.
2. Wähle ein Intervall für deine Meditation aus.

3. Wähle einen Aspekt der Erfahrung (das heißt, ein Meditationsobjekt).

4. Beginne mit deiner Bewegungspraxis. Während du dich bewegst, richtest du deine Aufmerksamkeit auf das gewählte Objekt.

5. Wenn deine Gedanken abschweifen, hole deine Aufmerksamkeit sanft wieder zu deinem Meditationsobjekt zurück.

6. Tue das alles ganz sanft und behutsam, ohne dich dabei anzustrengen oder dein Handeln in irgendeiner Form zu bewerten. Sei neugierig und offen, interessiert und aufmerksam.

7. Wenn dein Körper und/oder Geist auf deine Praxis reagiert, nimm diese Reaktion zur Kenntnis und kehre dann entweder zu deinem ursprünglichen Meditationsobjekt zurück oder mach diese Reaktion bewusst zu deinem neuen Meditationsobjekt.

8. Wenn du nicht mehr weißt, wie man das macht, wende dich an einen qualifizierten Meditationslehrer, um es dir wieder ins Gedächtnis zurückzurufen.

Die fünf Grundsätze von Shinzen

In einem seiner meistzitierten Vorträge hat Shinzen seine Vorgehensweise bei der Achtsamkeitsmeditation folgendermaßen zusammengefasst:

»Es gibt fünf Axiome (oder fünf Grundannahmen), die der Achtsamkeit, so wie ich sie lehre, zugrunde liegen und die – wenn man sie umsetzt – nicht zu logischen Schlussfolgerungen,

sondern zu auf Erfahrung beruhenden Entwicklungen
im Inneren eines Menschen führen:
1. Konzentration: Es ist besser, die Fähigkeit zu besitzen, sich auf
das zu konzentrieren, was man für wichtig hält, wann immer
man will, als diese Fähigkeit nicht zu besitzen.
2. Sensorische Klarheit: Es ist besser, mit seinen fünf Sinnen
klar und deutlich wahrzunehmen, was vor sich geht,
als sensorisch verwirrt zu sein.
3. Gelassenheit: Es ist gut, wenn man nicht
mit sich selbst im Streit liegt.
4. Recycle die Reaktion: Wenn du infolge der Umsetzung
der ersten drei Axiome himmlische, höllische oder bizarre
Phänomene erlebst, dann wende einfach wieder die ersten
drei Axiome auf diese Reaktionen an.
5. Wenn du die ersten vier Axiome vergisst, solltest du die
Kontaktdaten eines kompetenten Lehrers zur Hand haben. Rufe
ihn an, und er wird dich an die ersten vier Axiome erinnern.«[79]

– SHINZEN YOUNG

DANK

An den vielen Tagen, an denen ich mich nicht zum Schreiben dieses Buches in der Lage fühlte, dachte ich an die unzähligen Menschen, die zu seiner Entstehung beigetragen haben, und wenn ich in Gedanken ihre Gesichter vor mir sah und ihre Stimmen hörte, strömten positive Empfindungen durch meinen Körper. Ein einfaches »Dankeschön« reicht nicht annähernd aus, um diesen Menschen ihre Unterstützung zu vergelten. Diejenigen, die ich hier nicht erwähne, sollen wissen, dass sie trotzdem einen wichtigen Platz in meinem Herzen einnehmen. Vor folgenden Personen verneige ich mich in Dankbarkeit:

Natalie Goldberg: Danke für deine weisen Lehren, vor allem für die »Warnung« in deinem Buch *Thunder and Lightning*. Bei Shinzen Young bedanke ich mich für seine klugen, witzigen Meditationsanleitungen, dank deren es sich völlig normal anfühlt, über das Thema Achtsamkeit zu fachsimpeln. Vor allem aber möchte ich ihm für jenes Telefongespräch danken, das zu dem entscheidenden Wendepunkt in meinem Leben geführt hat! Bhante Gunaratana danke ich für seine jahrzehntelange mitfühlende Unterweisung, Marcia Rose für ihren freundlichen, geduldigen Unterricht und Lama Jacqueline Mandell für die sanfte, positive und klare Führung dieser eifrigen, neuen, verwirrten Schülerin. Ein ganz herzliches Dankeschön geht an das Sage Institute for Creativity and Consciousness, das mir gezeigt hat, wie ich auf eine neue (uralte) Weise in diese Welt eintreten kann.

Sean Tetsudo Murphy, Sensei danke ich für seine Vorschläge zur Überarbeitung dieses Buchprojekts, die ich zunächst ablehnte, die aber genau das waren, was das Buch gebraucht hat: Tania Casselle bin ich für die wichtigen und schwierigen Fragen dankbar, die sie mir gestellt hat, Donna Poland und Kae Denino für ihre freundlichen, präzisen (und anspruchsvollen) Verbesserungsvorschläge und Alan Hirsch dafür, dass er sich um die Details gekümmert hat.

Ein ganz herzliches Dankeschön geht an Katherine und Danny Dreyer für die Gründung von ChiRunning, an Doug Dapo und Jeanette Bays dafür, dass sie mich in alle Details einweihten, und an die neuen ChiRunning-Inhaber Harrison Wong, Constanza Lisdero, Lisa Pozzoni, Sarah Richardson und Vince Vaccaro dafür, dass sie die Fackel weitertragen.

Außerdem danke ich Daron Larson, Jeff Sinclair, Alan Francis, Patrick Dement, Brad Constable, Jim Smith, Pez Owen, Victor Cotea, W. T. S. Tarver, Theodora Hinkle, Andrew McMillan, Patricia Houser, Suzie Loveday, Juan Samuel Sangüesa Massiel, Kika Cicmanec und anderen Mitgliedern der Facebook-Gruppe »Shinzen Young Mindfulness Community«. Alle Beispiele für achtsame Bewegungsmeditation, die ihr mir gabt, haben mich in meiner Mission bestätigt!

Den vielen Mitgliedern der Communities »Marathoner in Training« und »Still I Run: Runners for Mental Health Awareness« sowie dem »Still I Run Grove City Chapter« verdanke ich so vieles, dass diese Danksagungen allein ein weiteres Buch füllen würden.

Der *Wall Street Journal*-Reporterin Ellen Gamerman danke ich dafür, dass sie dieses Buch in ihre Besprechung neu erschienener Bücher aufgenommen und dadurch die Aufmerksamkeit eines größeren Leserkreises auf das Thema Bewegungsmeditation gelenkt hat. Dem Greater Columbus Arts Council und dem Ohio Arts Council bin ich dankbar für die finanzielle Unterstützung, die mir bei der Fertigstellung dieses Buches geholfen hat.

Dem Team des Supermarkt-Restaurants im »Market District Giant Eagle« (vor allem Tim, Joy, Anita, Collyn, Stephen, Mani, George, Glorianne, Robin und Tony) danke ich dafür, dass sie mich stundenlang am Community Table sitzen ließen, bis die Pandemie mich von dort vertrieb. Bei Colin Gawel, Tony und dem Rest der »Colin's Coffee-Gang« möchte ich mich für die leckeren McRoy-Sandwiches und dafür bedanken, dass ihr nicht (oder jedenfalls nur verhalten) gegähnt habt, wenn ich wieder einmal darauf bestand, euch das Neueste über meine Bücher zu erzählen. Den Mitarbeitern der Columbus Metropolitan Library (vor allem in den Zweigstellen Hilliard, Hilltop, Karl Road, Main, Dublin und Whetstone) bin ich für die dort herrschende himmlische Ruhe und die Lesesäle zu Dank verpflichtet, Joe und Bill in der Main Library für die Beantwortung meiner Fragen zum »Chicago Manual of Style« und zu verschiedenen Zitaten. Margaret von der Whetstone High School danke ich dafür, dass sie stets ein freundlicher, hilfsbereiter Fan von mir und meiner Arbeit ist, und Brenna in Dublin (Ohio) für die Luftumarmungen. Ferner bedanke ich mich beim Personal des »Best Western Hilliard« in Mill Run (vor allem bei Chris, der mich nicht einmal komisch angeguckt hat, als ich ein Zimmer von 11 bis 22 Uhr buchen wollte). Den Mitarbeitern des »Hyatt Place Dublin« danke ich für frühes Einchecken, spätes Auschecken und literweise koffeinfreien Kaffee.

Bei den Mitgliedern der Facebook-Gruppen »Mind, Mood, and Movement« und »The Writer's Mind« möchte ich mich für ihr positives Feedback zu meinen Experimenten in Sachen Achtsamkeit, psychische Gesundheit und Bewegung und für die Freundlichkeit bedanken, mit der sie mir auch dann noch Beifall gespendet haben, als meine Eigenwerbung allmählich langweilig wurde. Den Abonnenten von »Nita's News«, meinem E-Mail-Newsletter, danke ich für ihre freundlichen Antworten und Anregungen.

Den Damen von »Writer's Night Out« – vor allem Shannon Jackson Arnold, Shirley Hyatt, Pat Snyder, Lora Fish und Candace Hartzler – möchte ich an dieser Stelle ein herzliches Dankeschön für ihre Unterstützung und Großzügigkeit, ihre klugen Ratschläge und ihr Lachen aussprechen. Den Leuten von »Writeth-On« (vor allem Marie Radanovich, Mitsy Rayburn, Pat Snyder, Lora Fish, Shirley Hyatt, Joy Schroeder, Cheryl Peterson, Sharon Mast, Sally Stamper und Karen Burry) danke ich dafür, dass ihr die Wild Turkeys und unseren nicht ganz so geheimen Schreib-Retreat genauso sehr liebt wie ich. Und herzlichen Dank auch an die Ranger und Mitarbeiter der Columbus and Franklin County Metroparks dafür, dass ihr uns einen sicheren Ort zum kreativen Schreiben, Essen, Plaudern und Schlafen bietet! Becca Syme, Susan Bischoff, Krystal Shannan und den Mitarbeitern und Mitgliedern der »Better-Faster Academy« danke ich dafür, dass sie mich in meinen Stärken bestätigt haben; außerdem verdanke ich ihnen die Einsicht, warum ich bei mir zu Hause nicht schreiben kann, und die Erkenntnis, dass man sein Licht nicht unter den Scheffel zu stellen braucht. Ein ganz herzliches Dankeschön geht auch an die restlichen getreuen Mitglieder der Shutupandwrite-Gruppe. Danke, dass ihr dabei geblieben seid! Und Lita Kurth danke ich dafür, dass sie stets ein offenes Ohr für mich hat.

Janice George, Beth Scherer, Dr. Julie Guthrie. Dr. Darrin Bright und Dr. Rich Davis bilden die tragende Säule des Teams, das für meine körperliche und psychische Gesundheit sorgt. Außerdem danke ich den Kirchenkeller-, Klappstuhl- und Kaffeekannenleuten, die mir dabei helfen, es auch weiterhin auf diesem Planeten auszuhalten. Bei Kim Watton bedanke ich mich für jenen ganz besonderen Social-Media-Post.

Scott Edelstein: Ganz herzlichen Dank für deine Ratschläge und Vorschläge und dafür, dass du stets ruhig geblieben bist, wenn ich es nicht war!

Brenda Knight, Associate Publisher bei der Mango Publishing Group (meiner guten Fee), bin ich dankbar, weil dieses Buch ohne ihre liebevolle Betreuung (und ohne dass sie sich immer wieder mit mir darüber gestritten hat) nie entstanden wäre. Möge sie noch viele Jahre lang ihren Zauberstab schwingen! Meloni Williams danke ich für ihre geduldigen redaktionellen Verbesserungsvorschläge, und sämtlichen Mitarbeitern von Mango Publishing (die übrigens zu den nettesten und fleißigen Menschen der Welt gehören) bin ich für alles dankbar, was sie tun, damit dieses Buch und andere wunderbare Bücher das Licht der Welt erblicken.

Außerdem danke ich meiner Familie, vor allem meiner Schwester Amy, meinem Bruder Jim und meiner Schwägerin Deanna, die mir Memes schicken, niemals an mir zweifeln und mich aus der Nähe und Ferne anfeuern.

Dankbar bin ich auch meiner derzeitigen hündischen Laufgefährtin Scarlet (alias »Pupperina«), die in den sozialen Medien als #ninetyninepercentgooddog bekannt ist und deren Liebe zu mir grenzenlos ist (solange ich sie mit Leckerlis versorge). Morgan, ein wahrer Zen-Meister auf vier Beinen, wird für immer einen Platz in unseren Herzen einnehmen.

Schließlich und endlich danke ich Ed, meiner großen Liebe, meinem Freund, meinem Alpha-Leser, meinem #onehundredpercentgoodhusband. Auf viele weitere gemeinsame Abenteuer!

ÜBER DIE AUTORIN

Egal, ob sie ein Buch schreibt, einen Ultramarathon läuft, vor einer Gruppe von Anwältinnen und Anwälten spricht oder eine Meditationssitzung leitet – Nita Sweeneys Mission besteht darin, Menschen bei der Heilung ihrer Seele und ihres Geistes zu helfen.

Paradoxerweise versucht Nitas eigene Seele immer noch ab und zu, sie umzubringen. Nita, die an einer bipolaren Störung, Angstzuständen, einer posttraumatischen Belastungsstörung und Paranoia leidet, hat entdeckt, dass sie außer Therapie und Medikamenten auch Bewegung und Meditation braucht und regelmäßig schreiben muss, um zu überleben. Diese Erkenntnis hat sie dazu motiviert, ihre Geschichte zu erzählen und diese Praktiken auch anderen Menschen zugänglich zu machen.

Nita meditiert seit über 25 Jahren. Sie lernt hauptsächlich bei Shinzen Young und Sean Tetsudo Murphy, Sensei, war aber auch Schülerin von Bhante Gunaratana, Marcia Rose, Lama Jacqueline Mandell und anderen Meditationslehrerinnen und -lehrern. Nita selbst hat ihr Zertifikat als Meditationsleiterin am Sage Institute for Creativity and Consciousness in Taos (New Mexico) erworben.

Nitas erstes Buch *Depression Hates a Moving Target: How Running With My Dog Brought Me Back From the Brink,* in dem sie ihre Geschichte über ihre Entwicklung zur Langstreckenläuferin und ihre psychische Gesundheit niedergeschrieben hat, wurde mit der »Maxwell Medallion for the Human Animal Bond« der

Dog Writers Association of America ausgezeichnet und kam in die Endrunde für den Faulkner Award. Zusammen mit Brenda Knight hat Nita das Schreibjournal *You Should Be Writing* herausgegeben. Eine Rohfassung des vorliegenden Buches war ein preisgekrönter Finalist in der Kategorie »Gesundheit: Ernährung & körperliche Aktivität« der International Book Awards.

Nita hat einen Abschluss in Journalismus an der E.W. Scripps School of Journalism der Ohio University, einen Abschluss in Jura an der Ohio State University und einen Master of Fine Arts in kreativem Schreiben am Goddard College erworben. Sie war zehn Jahre lang Assistentin der »Writing Practice«-Begründerin Natalie Goldberg und unterrichtet seit über 20 Jahren Schreiben und Meditation.

Nita hat die Gruppen »Mind, Mood, and Movement« gegründet, deren Ziel es ist, das Wohlbefinden durch Meditation, körperliche Aktivität und regelmäßiges Schreiben zu fördern. In ihrer Gruppe »The Writer's Mind« will sie Interessierten vermitteln, wie man mithilfe einer regelmäßigen Schreibpraxis veröffentlichungsfähige Werke produziert. Außerdem gibt sie »Nita's News« für Leserinnen und Leser heraus, die sich für ihre Arbeit interessieren, und publiziert den Newsletter »Write Now Columbus« mit Informationen und Hilfestellungen für alle Menschen, die schreiben. Ihr E-Book *Three Tools for a Happier, Healthier Mind* ist kostenlos auf ihrer Website nitasweeney.com erhältlich.

Nita lebt zusammen mit ihrem Mann Ed und ihrem blonden Labrador Scarlet in Zentral-Ohio (USA).

REGISTER

LITERATURHINWEISE

Abrahams, Matthew: »*The Trauma Dharma: The First Do No Harm training program aims to make meditation safer, in part by recognizing its pitfalls*«. Interview mit Willoughby Britton. *Tricycle*, 10. April 2018. tricycle. org/trikedaily/trauma-meditation

Baker, Douglas: *Five-Minute Mindfulness: Walking – Essays and Exercises for Mindfully Moving Through the World*. Beverly, MA: Fair Winds Press (2016)

»Brahmavihara«: Aufgerufen November 2021. en.wikipedia.org/wiki/Brahmavihara

»Buddhism for Beginners: Four Noble Truths«. *Tricycle*. tricycle. org/beginners/buddhism/four-noble-truths

»Buddhism for Beginners: Eight-Fold Path«. *Tricycle*. tricycle. org/beginners/buddhism/eightfold-path

Clinical and Affective Neuroscience Laboratory (Brown University): »*Meditation Safety Toolbox*« www.brown.edu/research/labs/britton/meditation-safety-toolbox

Egoscue, Pete: *Pain Free: A Revolutionary Method for Stopping Chronic Pain*. New York: Bantam (überarbeitete Ausgabe 2021). Deutsch: *Schmerzfrei leben mit der Egoscue-Methode: Das revolutionäre Übungssystem gegen chronische Schmerzen*. Rottenburg am Neckar: Kopp Verlag (3. Auflage als Sonderausgabe, März 2020)

Ferris, Timothy: *The Four-Hour-Body: An Uncommon Guide to Rapid Fat-Loss, Incredible Sex, and Becoming Superhuman.*

New York: Harmony Books 2010. (Deutsch: *Der 4-Stunden-Körper: Fitter – gesünder –attraktiver. Mit minimalem Aufwand ein Maximum erreichen.* München: Riemann 2011

Fronsdal, Gil: »*Equanimity*«. 29. Mai 2004. www.insightmeditationcenter.org/books-articles/equanimity

Fronsdal, Gil und Sayadaw U Pandita: »*A Perfect Balance*« *Cultivating Equanimity. Tricycle*, Winter 2005. tricycle.org/magazine/perfect-balance

Gallwey, W. Timothy: *The Inner Game of Golf.* New York: Random House 1998. Deutsch: *INNER GAME GOLF: die Idee vom Selbstcoaching.* Todtnauberg: allesimfluss-Verlag; 6. aktualisierte Ausgabe 2013

Gallwey, W. Timothy: *The Inner Game of Tennis: The Classic Guide to the Mental Side of Peak Performance.* New York: Random House 1997. Deutsch: *Tennis – Das innere Spiel: Durch entspannte Konzentration zur Bestleistung.* München: Goldmann (Neuausgabe 2012

Gamerman, Ellen: »New Books on Better Workouts That Include Brain as Well as Body«. *The Wall Street Journal*, 11. Jan. 2022 www.wsj.com/articles/best-books-2022-workout-fitness-11641905831

Gindin, Matthew: »The Buddhist Roots of Hatha Yoga«. *Tricycle*, Herbst 2019. tricycle.org/magazine/is-yoga-buddhist

Goldberg, Natalie: nataliegoldberg.com.

Goldberg, Natalie: *Writing Down the Bones.* Boulder, Colorado: Shambhala 1986. Deutsch: *Schreiben in Cafés – Writing Down the Bones.* Berlin: Autorenhaus Verlag, 4. Auflage 2014

Goldberg, Natalie: »Meet Your Life«. Mountain Cloud Zen Center, 18. März 2021. www.mountaincloud.org/dharmatalk-meet-your-life

Goleman, Daniel und Richard Davison: *Altered Traits*. New York: Penguin Random House 2018

Gunaratana, Ven. Henepola Bhante: bhavanasociety.org

Gunaratana, Ven. Henepola Bhante: *Mindfulness in Plain English*. Wisdom Publications 1993 Deutsch: *Die Praxis der Achtsamkeit – Einführung in die Vipassana-Meditation*. Heidelberg: Kristkeitz 1996

Hanh, Thich Nhat: »The Heart of the Matter: Thich Nhat Hanh answers three questions about our emotions«. *Tricycle*, Winter 2009. tricycle.org/magazine/thich-nhat-hanh-emotions

Hanh, Thich Nhat: *No Mud, No Lotus: The Art of Transforming Suffering*. Berkeley: Parallax Press 2014. Deutsch: *Ohne Schlamm kein Lotos: die Kunst, Leid zu verwandeln*. München: Nymphenburger 2015

Harp, David: *Mindfulness to Go: How to Meditate When You're on the Move*. Oakland: New Harbinger Publications2011. Deutsch: *Achtsamkeit to Go. Meditation für Menschen auf dem Sprung*. München: Goldmann 2014

Hanley, Adam W. PhD, Vincent Dehili PhD, Deidre Krzanowski RN, Daniela Barou MSW, Natalie Lecy LCSW, QMHP & Eric L. Garland PhD: »Effects of Video-Guided Group vs. Solitary Meditation on Mindfulness and Social Connectivity: A Pilot Study«. *Clinical Social Work Journal* (2021). doi.org/10.1007/s10615-021-00812-0

Kabat-Zinn, Jon: *Wherever You Go There You Are*. New York: Hachette Books 2005. Deutsch: *Im Alltag Ruhe finden*. München: Knaur 2015

Kaufman, Keith A., Carol R. Glass und Timothy R. Pineau: *Mindful Sport Performance Enhancement: Mental Training for Athle-*

tes and Coaches. Washington, DC: American Psychological Association 2018

Laozi: *Tao Te Ching*. Übersetzt von Stephen Mitchell. New York: Harper Perennial 1994

Mack, Gary (mit David Casstevens): *Mind Gym: An Athlete's Guide to Inner Excellence*. New York: McGraw-Hill 2001

Mandell, Jacqueline, Lama: www.samdenling.org/teachers

Murphy, Sean Tetsudo, Sensei: www.murphyzen.com/bio.htm

Murphy, Sean, Tetsudo, Sensei: *One Bird, One Stone: 108 Zen Stories*. Folkestone, Kent, UK: Renaissance Books 2002

Naumann, Robert K., Janie M. Ondracek, Samuel Reiter, Mark Shein-Idelson, Maria Antonietta Tosches, Tracy M. Yamawaki und Gilles Laurent: »The reptilian brain« (20. April 2015). www.ncbi.nlm.nih.gov/pmc/articles/PMC4406946

Orsillo, Susan und Lizabeth Roemer: *The Mindful Way Through Anxiety: Break Free from Chronic Worry and Reclaim Your Life*. New York: Guilford 2011. Deutsch: *Der achtsame Weg durch die Angst: Wie wir andauernde Sorgen und Grübelei hinter uns lassen und zu einem erfüllten Leben finden*. Freiburg: Arbor 2012

Parent, Joseph: *Zen Golf. Mastering the Mental Game*. New YorK. Doubleday 2022. Deutsch: *Zen-Golf: Das mentale Spiel meistern*. München: Goldmann 2009

Poole, Steven: »*The big idea: does practice make perfect?*« *The Guardian*, Montag, 4. Oktober 2021. www.theguardian.com/books/2021/oct/04/does-practice-make-perfect

Ratey, John J.: *Spark: The Revolutionary New Science of Exercise and the Brain*. Boston, MA: Little, Brown & Co. 2008. Deutsch: *Superfaktor Bewegung: Das Beste für Ihr Gehirn!* Kirchzarten: VAK Verlag, 2. Auflage 2013

Riggs, Benjamin: »Everything the Buddha Ever Taught in 2 Words«. *Elephant Journal*, 12. Mai 2014. www.elephantjournal.com/2014/05/everything-the-buddha-ever-taught-in-2-words

Russell, Tamara, MSc, PhD, DClinPsych: *Mindfulness in Motion: a happier, healthier life through body-centered meditation*. London: Watkins 2015

Sachter, Lawson, Sunya Kjolhede: »The Mind's Dragons: Deep practice mobilizes powerful healing energies – and stirs repressed forces that lie in our subconscious«. *Tricycle*, Winter 2018. tricycle.org/magazine/the-minds-dragons

Sarno, John, MD: *Mind Over Back Pain: A Radically New Approach to the Diagnosis and Treatment of Back Pain*. New York: Berkley 1999.

Segal, Zindel V, John D Teasdale, Mark J. Williams: *Mindfulness-Based Cognitive Therapy for Depression*. New York: Guilford 2022. Deutsch: Die Achtsamkeitsbasierte Kognitive Therapie der Depression: Ein neuer Ansatz zur Rückfallprävention. Tübingen: dgvt-Verlag 2015

Seppala, Emma PhD: »18 Science-Backed Reasons to Try Loving-Kindness Meditation«. *Psychology Today*, 15. September 2014

Sheehan, Dr. George: »Did I Win?« (1993). www.georgesheehan.com/essays/did-i-win

Shinzen Young Mindfulness Community (Facebook-Gruppe): www.facebook.com/groups/shinzenyoungmindfulnesscommunity

Shy, Yael: »Five Practices for Your Daily Commute: How to live in the moment when you're on the go«. *Tricycle*, 19. März 2018. tricycle.org/trikedaily/practice-daily-commute

Singer, Michael A.: *The Untethered Soul: The Journey Beyond Yourself.* Oakland: New Harbinger 2007. Deutsch: *Die Seele will frei sein: eine Reise zu sich selbst.* Berlin: Ullstein 2016

Snyder, Gary: *The Practice of the Wild.* Berkeley: Counterpoint Press 2010. Deutsch: *Lektionen der Wildnis.* Berlin: Matthes & Seitz 2011

Storr, Will: »The Brain's Miracle Superpowers of Self-Improvement«. BBC.com, 24. November 2015. www.bbc.com/future/article/20151123-the-brains-miracle-superpowers-of-self-improvement

Stulberg, Brad: *The Practice of Groundedness. A Transformative Path to Success That Feeds – Not Crushes – Your Soul.* New York: *Die Prinzipien des nachhaltigen Erfolgs: Der einfache Weg zu mehr Glück durch Bodenständigkeit.* München: FinanzBuch Verlag 2023

Sweeney, Nita: »Bibliography for ›No Time to Meditate? Try a ›Micro-hit‹ of Mindfulness‹«. Juli 2021. nitasweeney.com/2021/07/bibliography-for-no-time-to-meditate-try-a-micro-hit-of-mindfulness

Unified Mindfulness: unifiedmindfulness.com

Unified Mindfulness: Wiki.unifiedmindfulness.com/wiki/index.php

»What the ›Finger Pointing to the Moon‹ analogy really means – from Zen Buddhism, the Buddha in the Shurangama Sutra‹ «. essenceofbuddhism.wordpress.com/2016/04/19/what-the-finger-pointing-to-the-moon-analogy-really-means-from-zen-buddhism-the-buddha-in-the-shurangama-sutra

Young, Shinzen: shinzen.org

Young, Shinzen: »An Outline of Practice«. Mai 2014, aktualisiert Aug. 2016. www.shinzen.org/an-outline-of-practice

Young, Shinzen: »What to Expect and Do After a Mindfulness Retreat ~ Shinzen Young (Transkription)« unifiedmindfulness.com/wiki/index.php/What_to_Expect_and_Do_After_a_Mindfulness_Retreat_~_Shinzen_Young_(transcript)

Young, Shinzen: »A.D.D. & the ›Do Nothing‹ Technique«. www.youtube.com/watch?v=YNV6Y_JlhoA&t=1s

Young, Shinzen: »Do Nothing« Meditation. www.youtube.com/watch?v=cZ6cdIaUZCA

Young, Shinzen Young: »Do Nothing« Meditation transcript. unifiedmindfulness.com/wiki/index.php/%22Do_Nothing%22_Meditation_

Young, Shinzen: »Five Basic Assumptions in Mindfulness Practice«. 27. Nov. 2009. www.youtube.com/watch?v=slQWEk9c0D4

Young, Shinzen: »Purpose and Method of Vipassana Meditation«, erstellt am 29. November 2010, überarbeitet am 7. Dezember 2016. www.shinzen.org/wp-content/uploads/2016/12/art_purpose.pdf

Young, Shinzen: »The Power of Gone«. 6. November 2015. www.shinzen.org/wp-content/uploads/2016/12/art_PowerofGone.pdf

Young, Shinzen: »Natural Pain Relief«. 7. Dezember 2016. www.shinzen.org/wp-content/uploads/2016/12/art_synopsis-pain.pdf

Young, Shinzen: *Natural Pain Relief,* Audio-CD. Boulder: Sounds True 2011

Young, Shinzen: »Meditation: Escaping into Life – An Interview with Shinzen Young by Michael Toms«. 7. Dezember 2016. www.shinzen.org/wp-content/uploads/2016/12/art_escape.pdf

Young, Shinzen: »Escape Into Discomfort / My Interview with Shinzen Young«. Interview mit Noah Rasheta, *Secular Buddhism Podcast*, 19. November 2017. secularbuddhism.com/shinzen-young

Zeis, Patrick: »30 Evidence-Based Health Benefits of Meditation«. 4. Mai 2017. balancedachievement.com/areas-of-life/benefits-of-meditation

ANMERKUNGEN

1 Ven. Henepola Gunaratana: *Mindfulness in Plain English.* Boston: Wisdom Publications 1993, S. 7. (Deutsch: *Die Praxis der Achtsamkeit – eine Einführung in die Vipassana-Meditation.* Heidelberg: Kristkeitz 1996.)
Alle Zitate wurden von der Übersetzerin aus den englischsprachigen Originalausgaben der aufgeführten Bücher ins Deutsche übersetzt.

2 Patrick Zeis: »30 Evidence-Based Benefits of Meditation«. www. balancedachievement.com/areas-of-life/benefits-of-meditation

3 Jon Kabat-Zinn: *Wherever You Go, There You Are: Mindfulness Meditation in Everyday Life.* New York: Hyperion 1995, S. 4. (Deutsch: *Im Alltag Ruhe finden. Meditationen für ein gelassenes Leben.* München: Knaur 2015.)

4 Patrick Zeis: »30 Evidence-Based Benefits of Meditation«. www. balancedachievement.com/areas-of-life/benefits-of-meditation

5 John J. Ratey: *Spark: The Revolutionary New Science of Exercise and the Brain.* New York: Little, Brown 2018, S. 79. (Deutsch: *Superfaktor Bewegung: Das Beste für Ihr Gehirn!* Kirchzarten: VAK Verlags-GmbH 2013.)

6 Ebd., S. 79.

7 Patrick Zeis: »30 Evidence-Based Benefits of Meditation«. www. balancedachievement.com/areas-of-life/benefits-of-meditation

8 Patrice Voss, Maryse E. Thomas, J. Miguel Cisneros-Franco und Étienne de Villers-Sidani, Abteilung für Neurologie und Neurochirurgie, Montreal Neurological Institute, McGill University, Montreal, QC, Canada. Front. Psychol., 4. Oktober 2017, doi. org/10.3389/fpsyg.2017.01657

9 John J. Ratey: *Spark,* a. a. O.

10 Shinzen Young: »Dharma Talk«. Vortrag anlässlich eines Retreats, Northridge, CA, 18. Januar 1994.

11 Ebd.

12 Charlotte Joko Beck: »Attention Means Attention«. Tricycle Magazine, Herbst 1993. tricycle.org/magazine/attention-means-attention

13 »Equanimity«. Merriam-Webster.com. 2021. www.merriam-webster.com/dictionary/equanimity (11. November 2021)

14 »Equanimity«. Dictionary.com 2021. www.dictionary.com/browse/equanimity (11. November 2021)

15 Dhamma Wheel: Online-Kurs »Right Intention: Developing Equanimity«, 23. November 2021. learn.tricycle.org/p/dhamma-wheel

16 Ebd.

17 Ebd.

18 »A Perfect Balance: Cultivating Equanimity« mit Gil Fronsdal und Sayadaw U Pandita, *Tricycle*, Winter 2005. tricycle.org/magazine/perfect-balance

19 Shinzen Young: »Meditation: Escaping into Life – An Interview with Shinzen Young by Michael Toms«. 7. Dezember 2016. www.shinzen.org/wp-content/uploads/2016/12/art_escape.pdf

20 Robert K. Naumann, Janie M. Ondracek, Samuel Reiter, Mark Shein-Idelson, Maria Antonietta Tosches, Tracy M. Yamawaki und Gilles Laurent: »The reptilian brain«. www.ncbi.nlm.nih.gov/pmc/articles/PMC4406946/ (20. April 2015)

21 Douglas Baker: *5-Minute Mindfulness: Walking.* Beverly: Fair Winds Press 2017, S. 44.

22 Shinzen Young: »An Outline of Practice«. Mai 2014, aktualisiert August 2016. www.shinzen.org/an-outline-of-practice

23 Nita Sweeney: »Bibliography for ;No Time to Meditate? Try a ;Micro-hit' of Mindfulness'«. Juli 2021. nitasweeney.com/2021/07/bibliography-for-no-time-to-meditate-try-a-micro-hit-of-mindfulness

24 Shinzen Young: »The Power of Gone«. 6. November 2015. www.shinzen.org/wp-content/uploads/2016/12/art_PowerofGone.pdf

25 Susan M. Orsillo und Lizabeth Roemer: *The Mindful Way Through Anxiety*. New York: Guilford Publications 2011, S. 35. Vgl. auch mindfulwaythroughanxiety.com

26 Shinzen Young: »Natural Pain Relief«. 7. Dezember 2016. www.shinzen.org/wp-content/uploads/2016/12/art_synopsis-pain.pdf

27 Shinzen Young: »Shinzen Young: The Science of Enlightenment, Part 1«. Sounds True. Aufgerufen November 2021. resources.soundstrue.com/transcript/shinzen-young-the-science-of-enlightenment-part-1

28 »Brahmavihara«. Aufgerufen November 2021. en.wikipedia.org/wiki/Brahmavihara

29 Seppala, Emma, PhD: »18 Science-Backed Reasons to Try Loving-Kindness Meditation« *Psychology Today*, 15. September 2014. www.psychologytoday.com/us/blog/feeling-it/201409/18-science-backed-reasons-try-loving-kindness-meditation

30 30 Aviva Berkovich-Ohana, Meytal Wilf, Roni Kahana, Amos Arieli und Rafael Malach: www.ncbi.nlm.nih.gov/pmc/articles/PMC4511287

31 Shinzen Young: unifiedmindfulness.com/wiki/index.php/%22Do_Nothing%22_ Meditation_~_Shinzen_Young_(transcript)

32 Die meisten Bücher über die Erleuchtung des Buddha enthalten irgendeine Variante dieser Geschichte. Ich habe mich für diese Version entschieden, weil sie mir am sinnvollsten erscheint, und sie auf der Basis meiner jahrzehntelangen Lektüre in eigene Worte gefasst. Natürlich steht es dir frei, für dich eine andere Geschichte zu finden, die dich persönlich stärker anspricht.

33 »Buddhism for Beginners: Four Noble Truths«. *Tricycle*. tricycle.org/beginners/buddhism/four-noble-truths

34 »Buddhism for Beginners: Eight-Fold Path«. *Tricycle*. tricycle.org/beginners/buddhism/eightfold-path

35 Ebd.

36 Thich Nhat Hanh: *No Mud, No Lotus: The Art of Transforming Suffering.* Berkeley: Parallax Press, 2014. (Deutsch: *Ohne Schlamm kein Lotos: die Kunst, Leid zu verwandeln.* München: Nymphenburger 2015.)

37 »What the ›Finger Pointing to the Moon‹ analogy really means – from Zen Buddhism, the Buddha in the Shurangama Sutra«. essenceofbuddhism.wordpress.com/2016/04/19/what-the-finger-pointing-to-the-moon-analogy-really-means-from-zen-buddhism-the-buddha-in-the-shurangama-sutra

38 Gary Snyder: *The Practice of the Wild.* Berkeley: Counterpoint Press 2010, S. 19. (Deutsch: *Lektionen der Wildnis.* Berlin: Matthes & Seitz 2011.)

39 Young, Shinzen: »What to Expect and Do After a Mindfulness Retreat ~ Shinzen Young (Transkript)« unifiedmindfulness.com/wiki/index.php/What_to_Expect_and_Do_After_a_Mindfulness_Retreat_~_Shinzen_Young_(transcript)

40 Shinzen Young Mindfulness Community: www.facebook.com/groups/shinzenyoungmindfulnesscommunity

41 Daron Larson: Kommentar zu Shinzen Young Mindfulness Community (Facebook-Post).

42 Jeff Sinclair: Kommentar zu Shinzen Young Mindfulness Community (Facebook-Post).

43 Unified Mindfulness: unifiedmindfulness.com

44 Alan Francis: Kommentar zu Shinzen Young Mindfulness Community (Facebook-Post).

45 Patrick Dement: Kommentar zu Shinzen Young Mindfulness Community (Facebook-Post).

46 Suzie Loveday: Kommentar zu Shinzen Young Mindfulness Community (Facebook-Post).

47 Brad Constable: Kommentar zu Shinzen Young Mindfulness Community (Facebook-Post).

48 Jim Smith: Kommentar zu Shinzen Young Mindfulness Community (Facebook-Post).

49 Ebd.

50 Ebd.

51 Shinzen Young: *Natural Pain Relief.* Audio-CD. Boulder: Sounds True 2011.

52 Patricia Houser: Kommentar zu Shinzen Young Mindfulness Community (Facebook-Post).

53 Pez Owen: Kommentar zu Shinzen Young Mindfulness Community (Facebook-Post).

54 Victor Cotea: Kommentar zu Shinzen Young Mindfulness Community (Facebook-Post).

55 Ebd.

56 Ebd.

57 Kika Cicmanec: Facebook Direct Message.

58 Ebd.

59 Andrew McMillan: Kommentar zu Shinzen Young Mindfulness Community (Facebook-Post).

60 Juan Samuel Sangüesa Massiel: Kommentar zu Shinzen Young Mindfulness Community (Facebook-Post).

61 W.T.S. Tarver: Telefongespräch.

62 Dr. George Sheehan, »Did I Win?« (1993). www.georgesheehan. com/essays/did-i-win

63 Kommentar von »bmo« zu Prancercise-Video, 2017. www.youtube.com/watch?v=o-50GjySwew&t=8s

64 Bhante Gunaratana: *Mindfulness in Plain English.* A. a. O., S. 47. (Deutsch: *Die Praxis der Achtsamkeit – eine Einführung in die Vipassana-Meditation.* Heidelberg: Kristkeitz 1996.)

65 Goldberg, Natalie: »Meet Your Life«. Mountain Cloud Zen Center, 18. März 2021. www.mountaincloud.org/dharmatalk-meet-your-life

66 Riggs, Benjamin: »Everything the Buddha Ever Taught in 2 Words«. *Elephant Journal*, 12. Mai 2014. www.elephantjournal. com/2014/05/everything-the-buddha-ever-taught-in-2-words

67 »The Heart of the Matter«, *Tricycle*, Winter 2009, von Thich Nhat Hanh. tricycle.org/magazine/thich-nhat-hanh-emotions

68 Shinzen Young: »Meditation: Escaping into Life – An Interview with Shinzen Young by Michael Toms«. 7. Dezember 2016. www.shinzen.org/wp-content/uploads/2016/12/art_escape.pdf

69 Michael A. Singer: *The Untethered Soul: The Journey Beyond Yourself*. Oakland: New Harbinger 2007, S. 10. (Deutsch: *Die Seele will frei sein: eine Reise zu sich selbst*. Berlin: Ullstein 2016.)

70 Dr. George Sheehan: »Did I Win?«, a. a. O.

71 Adam W. Hanley PhD, Vincent Dehili PhD, Deidre Krzanowski RN, Daniela Barou MSW, Natalie Lecy LCSW, QMHP, & Eric L. Garland PhD: »Effects of Video-Guided Group vs. Solitary Meditation on Mindfulness and Social Connectivity: A Pilot Study«, *Clinical Social Work Journal* (2021). doi.org/10.1007/s10615-021-00812-0

72 Brad Stulberg: *The Practice of Groundedness*. New York: Penguin Random House 2021, S. 182. (Deutsch: *Die Prinzipien des nachhaltigen Erfolgs*. München: Finanzbuch Verlag 2023.)

73 Ebd.

74 Laozi: *Tao Te Ching*. Übersetzt von Stephen Mitchell. New York: Harper Perennial 1994.

75 W. Timothy Gallwey: *The Inner Game of Golf*. New York: Random House 1998, S. 68. (Deutsch: *Inner Game Golf: die Idee vom Selbstcoaching*. Todtnauberg: allesimfluss-Verlag 2013.)

76 Gary Mack: *The Mind Gym: An Athlete's Guide to Inner Excellence*. New York: McGraw-Hill 2001, S. 30.

77 Ebd., S. 31

78 Shinzen Young: »Escape Into Discomfort/My Interview with Shinzen Young«, Interview mit Noah Rasheta, *Secular Buddhism Podcast*, 19. November 2017. secularbuddhism.com/shinzen-young

79 Shinzen Young: »Five Basic Assumptions in Mindfulness Practice«. youtube/s1QWEk9c0D4

Mehr Gelassenheit im Alltag und im Job.

336 Seiten. ISBN 978-3-442-34277-8
Auch als E-Book erhältlich

Peter Beer führt ein scheinbar perfektes Leben: Studienabschluss, Karriere, erfolgreich im Job – und dennoch fühlt er sich total ausgebrannt. Als er in dieser tiefen Krise den uralten Heilweg der Meditation für sich entdeckt, kann er endlich (auf-)atmen und beschließt sein Leben umzukrempeln. Heute ist er einer der erfolgreichsten Achtsamkeitslehrer und begeistert mit seiner unorthodoxen Art Hunderttausende Menschen für das Sitzen in Stille. Seine Vision: Meditieren soll das neue Joggen werden. In seinem Meditations-Guide zeigt Peter Schritt für Schritt, wie wir im Lotossitz wieder zu uns selbst finden, emotionale Tiefs überwinden, negative Glaubenssätze loslassen und aus miesen Tagen gute machen. Mit exklusiven Audiomeditationen für den direkten Einstieg.

arkana

Unsere Leseempfehlung

376 Seiten
Auch als E-Book
erhältlich

Dieses Buch lädt uns ein auf eine heilsame Reise durch die Jahreszeiten, auf der wir uns wieder verbinden können mit dem Rhythmus der Natur, das tiefe Gefühl der Erdung erleben und neue Kraft schöpfen. Ganz im Sinne des Slow Living orientiert sich das Buch am Wechsel der Jahreszeiten und enthält speziell auf die jeweilige Monatsenergie abgestimmte Achtsamkeitsimpulse, Rituale, Meditationen und heilsames Pflanzenwissen. Zugänglich und zeitgemäß verbindet Rebecca Lina ihr Wissen als Naturheilkundige, Astrologin und Heilerin der neuen Zeit.